档案管理实践优秀论文集

DANGAN GUANLI SHIJIAN
YOUXIU LUNWENJI

国家电力投资集团有限公司　组编

中国电力出版社
CHINA ELECTRIC POWER PRESS

内 容 提 要

国家电力投资集团有限公司（简称"国家电投集团"）是我国第一家拥有光伏发电、风电、核电、水电、煤电、气电、生物质发电等全部发电类型的能源企业，同时牵头负责"大型先进压水堆核电站""重型燃气轮机"两个国家科技重大专项。"十四五"期间，国家电投集团档案工作者利用人工智能、区块链、机器人流程自动化等前沿技术，在企业档案管理及利用方面形成诸多良好实践和创新案例。本论文集从档案与文化、体制机制建设、档案资源建设、开发利用、信息化建设、安全保障六个方面进行系统梳理，聚焦国家电投集团档案工作重点任务，浓缩企业档案工作的思考、经验和体会，希望能够给企业档案工作者提供参考与借鉴，助力档案工作的共同进步，为国家档案事业的繁荣发展贡献力量。

图书在版编目（CIP）数据

档案管理实践优秀论文集 / 国家电力投资集团有
限公司组编. -- 北京：中国电力出版社，2024. 12.
ISBN 978-7-5198-9930-1

Ⅰ. F426.61-53

中国国家版本馆 CIP 数据核字第 2025VT9803 号

出版发行：中国电力出版社
地　　址：北京市东城区北京站西街 19 号（邮政编码 100005）
网　　址：http://www.cepp.sgcc.com.cn
责任编辑：孙　芳（010-63412381）
责任校对：黄　蓓　常燕昆
装帧设计：赵姗姗
责任印制：吴　迪

印　　刷：北京锦鸿盛世印刷科技有限公司
版　　次：2024 年 12 月第一版
印　　次：2024 年 12 月北京第一次印刷
开　　本：787 毫米×1092 毫米　16 开本
印　　张：16.25
字　　数：334 千字
定　　价：100.00 元

编 委 会

主　　编：李国华

副 主 编：边丽江　柳　黎

参编人员：曾　苏　张翠平　袁佳燕　肖　贝　聂　鑫

前　言

　　档案是企业历史的真实记录，更是宝贵的信息资产。企业档案工作是企业管理工作的重要组成部分和基础环节。为了落实习近平总书记对档案工作重要指示批示精神，营造良好档案学术氛围，促进档案学术交流，推进档案事业不断深入，国家电力投资集团有限公司（以下简称"集团公司"）面向全系统档案工作者开展了2024年论文征集活动。

　　本次论文征集，得到了集团公司所属各单位积极响应和大力支持，共收集到论文150多篇。经对稿件的逐篇细致审核，遴选出41篇具有代表性的优秀论文，形成了本期档案管理实践优秀论文集。文集学风严谨扎实，内容丰富充实，涉及档案与文化、体制机制建设、档案资源建设、开发利用、信息化建设、安全保障六个方面的工作经验和科研成果。在此，谨向提供稿件的单位，向所有论文作者表示衷心的感谢。

　　"十四五"期间，集团公司档案工作者积极开展档案工作创新研究和实践应用，充分利用人工智能、区块链、机器人流程自动化等前沿技术，在企业档案管理及利用方面积累众多宝贵经验，形成一系列良好实践和创新案例。在此次征集的论文中，充分总结和展示了这些前沿技术的应用成果。希望通过本次论文集的编辑出版，能够激励引导系统内广大档案工作者，深入总结实践经验、持续探索前沿科技在档案工作中的创新应用，以更加优质、高效的工作推进集团公司档案事业蓬勃发展。

　　由于编辑时间有限，加之编者水平存在一定的局限性，在编辑过程中难免存在疏漏之处，恳请广大读者不吝批评指正，以便后续修订再版时能够加以完善。

编　者
2024 年 12 月

目　　录

第四部分　档案信息化建设与安全保障

第一部分　档案与文化

多元协同视角下科研档案资源整合

李 玲

（青海黄河上游水电开发有限责任公司新能源分公司，
青海省西宁市 810000）

摘 要： 科研档案本身承载着数据，是科学研究单位搜集和形成带有档案属性数据的主要资料来源。它的集成，对推动专业发展，推动科学进步，起着重大的基础支持作用，彰显科研活动所设计数据的历史性或档案价值。本文从科研档案资源集成中存在的一些本质问题进行了阐述和剖析，明确科研档案资源的集成原理，并从资源、手段、安全、外延4个角度描述科研档案的实体特征，认为在科研档案数据资源集成中具有一定的局限性，更根本的还是要扎根现实，立足科研档案产生的时空场域，在整个科研项目进程中，要将科研档案资源的集成与工程的管理紧密结合起来。从"多个协作"的角度，对科研档案资源进行有效集成并应用。

关键词： 科研档案；资源整合；协同管理

0 引言

随着大科学的兴起及科学技术的加速更迭，科学研究数据密集。在此背景下，科研数据的保管利用及资源共享亦开始为业界所关注。作为一种新兴现象，依据科研档案资源来源特征，其整合及多元协同受多种因素的影响，统一的规范和标准相对欠缺，迟滞了科研档案数据理论和实践的发展。鉴于此，本文拟结合有关研究和科研档案实践，探讨科研档案在国家的科技政策、科技体制改革深化发展时代背景下，紧密结合时代特色，配合国家档案局、科技部15号令宏观层面的落地实施，具有一定实践可操作性，对有效引导科研档案的规范管理，维护科研档案的完整、准确、系统和安全，将起到良好的指引作用，深化对科研档案的认识。

1 科研档案的特点

1.1 专业性

科研档案是指在各个领域和行业中，研究项目在整个生产过程中所生成的一种有保护价值的原始记录。它记载着项目管理和研发的整个过程，而每一种科学研究活动都是由其专业性质来确定的[1]。表达内容及方式都有鲜明的专业性，特别是随着学科大交叉的发展，科学研究工作涵盖了更加广阔的范围，研究方法也变得更加的复杂和专业，而在这种专业而又繁杂的研究工作中，所产生的原始记录，当然也就带有了专业的特征。

1.2　外延性

科学研究是一种具有前沿性、探索性和创新性的工作，而学术文件是人类科技发展的最直接的载体，它记载着各个领域的最新科技成果[2]。科学研究的延续性很高，科学研究的开展都是以早期有价值的研究结果为依据。与此同时，伴随着档案生命周期的演进和科研档案业务活动中也会产生相关数据。因此，科学文件的使用价值是非常巨大的，其中记载的知识也有着巨大的使用需要。

1.3　科学性

科学研究领域的拓展，使其在内容、载体等方面都有了越来越多的独特特征[3, 4]。在其内容方面，各学科的科学研究活动均有专门的表述用语和描述性标志，其中也有大量采用电脑语言进行研究等的情形；在载体方面，《科学技术研究档案管理规定》颁布实施后，各类数据、实物等多种形式、多种载体的原始记录均被列入科学研究档案的范围，其表现形式也呈现出多样化、专门化的特征。

2　科研档案资源整合面临的问题

2.1　科研档案资源整合标准不规范

科研档案具有专业、独特等特征，因为前端业务文件多，文档数据存储于各个部门及系统中，在以数据为驱动的新技术的日益渗透下，科研档案的存在开始变幻为各种数据载体，使得科研文件呈现出的形式多样，分散存储、收集负担重，特别是随着学科的不断深化，不同专业、不同领域的科研文件，在记录形式、存储载体、编码类型、著录形式等方面都有很大的差异，这就造成了科研档案的管理比较零散，缺少一个统一的标准和规范，科研档案的集成渠道、方向、定向收集内容比较困难，亟需以数据科学的思维和方法进行应对。

2.2　资源整合存在管理和技术壁垒

因为科研档案的特殊性和知识性，所以在很多时候，它都是承担方的一种非常有价值的知识来源，它代表着研究机构的核心技术能力和研发能力，经常还会牵涉到企业的技术秘密、商业机密乃至国家机密[5, 6]。所以，科研档案的整理，特别是跨组织和跨行业的，一般都会遇到知识产权和保密等管理障碍，而且还存在着跨学科、跨领域的技术障碍，这些都对科研档案的集成工作产生了不利的影响。

2.3　科研档案资源整合缺少复合型人才支撑

与文献文件等档案资源的集成不同，科研档案资源有着很高的专业化特征，它所记载的都是某一学科的研究进程与结果。科研工作者、科研档案管理人员、科研档案用户，在科研档案数据的形成中发挥着源头作用。这些人员是科研档案管理活动的承办者，他们在管理科研档案的过程中，除了要采集、整合、传递科研工作者所形成的科研档案数据外，也会生成新的有关数据。因此，他们既是科研档案数据的保管者和传递者，在利用科研档案的活动中获取、吸收科研档案数据。综上所述，科研档案数据具有形成主体多样化、差异化的特点，这些不同的主体基于各自的活动和需要，既分工又合作，为科研档案数据的产生注入源源不断的动力，成为科研档案数据持久的生产源，要想做好科技档案资源的集成与发展，就离不开对档案内容信息的集成与开发，这就要求具备对档案工作的基本理论与知识有比较全面的认识与把握的复合型人才，才能将科研档案资源的整合工作做到最好。

3　多元协同视角下的科研档案资源整合路径

3.1　管理协同

科研档案的集成是一个系统的工作，它涉及收集、整理、保存和使用等各个方面。要想做好科研档案资源的集成，就需要站在项目管理的高度，将其全面地融入到整个科学研究工作的全过程之中，坚持"系统思维、全程管理、协同融合"的基本思想，将整个科研文件工作向前推进，实施前端控制、过程管理、末端反馈，对整个科研项目实施全程控制，将归档工作贯穿于整个科研生产中，并将其与科研案卷进行管理协同，从而将科研文件由"纸质管理"转向"数字管理"，由"被动接受"转向"融合管理"，由"末端管理"转向"全程管控"，从而构建起一个完善的工作架构，并为之奠定工作基础[7]。

3.2　资源协同

高质量的科研档案是信息资源集成的基本条件，而科研档案是科技文献的重要组成部分，因此，必须强化科研档案的源头管控，构建高质量的科研档案资源系统。高水平的科学研究档案，不仅要有大量的文件，还要有高的质量。在量的层面上，要加强对科研档案资源系统的建设，要加强顶层规划，在项目的前期，档案工作者要与项目组一起，做好整个工程的文档编制计划，编制出一份技术资料存档列表，确定负责的人和存档的时限，保证所有的资料都能被归还。在质的层面上，要将质量管理的思想主动地融入到科研档案的系统中来，根据研究项目对技术文档的管理要求，对技术文档进行识别和规划，并对监控测量项目、方法、时间进行规划，并建立起文档管理与项目管理之间的交流与反馈机制，通过 PDCA 循环来不断提高技术文档的存档品质。总而言之，强化与科技文献的协作，强化前端的管控，是构建高品质的科研档案资源建设的重点。因此，要让档案工作积极地走到科学研究的前沿，并对其进行必要的文档需求[8]。只有这样，才能为科研档案的集成工作提供一个高品质的资源基础。

3.3　手段协同

在科学研究的数字化水平持续提高的同时，还需要在数字化的研究背景下，构建一套完整的、平台化的、数字化的科研档案运行系统，从文件形成、运行到归档的整个生命过程中，将纸质档案向电子档案转变的存储方式进行管理。这就需要强化业务系统和档案体系之间的协作,以数字化的环境和信息平台为基础,构建一个全过程的、统一的、规范的、标准化的技术文件和科研档案的管理规范,包括对档案的元数据和背景信息进行标准化的处理,通过一个体系的界面来打破系际界限,使档案的背景信息、元数据和原始信息在整个流程中进行标准化流动。

3.4　专业协同

科研档案资源集成是一项非常专业的工作,在资源集成的时候,既要和专业技术人员进行协作,又要准确地掌握使用者对文件的需要,建立起使用者参与的科研资源集成机制。通过调查问卷、实地调研等方式,以及采用诸如数字档案馆使用行为分析等一些技术方法,对档案使用者的需要进行一个较为全面的了解,从而对档案资源的集成进行准确的了解。此外,还可以通过组建科研档案资源集成项目组等方式,让研究者参与到科研档案资源的集成和发展过程中来,这不仅能够对使用者的需要有一个直观的认识,而且还能够在某种程度上缓解缺乏专业科研档案资源集成方面的专业人才。

3.5　安全协同

科研档案的集成,特别是对不同机构间的信息进行有效的管理,不仅要对文件权利进行科学的管理,同时还要要对知识产权、国家机密和商业秘密进行有效的保护。在科研档案资源集成过程中,要做到对知识产权、国家秘密和商业秘密的控制,要与科技活动中对知识产权、国家秘密和商业秘密的控制要求保持一致[9]。从管理方面来看,要按照科技项目的保密管理需要,建立一套科学的、严格的、文件的安全和保密管理体制。在技术上,要建立一套科学的、健全的、能够有效地运用身份认证、访问权限控制、加密技术、数据备份技术等手段来保证档案数据的安全性和可控性。

4　结语

档案是人类科技发展过程中最宝贵的印记,也是人类研究人员的智慧和经验的集中体现。在数字化的背景下,从多个要素、多个层面、多个利益相关者的互动和合作,从多个角度出发,探讨怎样才能更好地融合这些资源,把集成的思想和方式落实到实践中去,这都是一个有待于档案工作者不断探讨的问题。

参考文献

[1] 张文颖,黄仁彦. 基于科技创新的农业科研档案管理——以"第二届中国数字农业发展大会"为例 [J]. 核农学报,2024,38(4):I0002-I0003.

[2] 戴柏清,秦顺,何思源. 科研档案与科学数据利益主体协同机制探析 [J]. 档案学通讯,2023(1):61-70.

[3] 虞香群,张斌指导. 国家科技创新体系背景下科研档案开放共享模式研究 [J]. 档案学通讯,2023(5):108-112.

[4] 邓未希. 福建省科技档案馆科研档案资源开发研究 [D]. 福州：福建师范大学，2023.

[5] 蒋兰君. 地震科研档案开发利用路径研究 [J]. 2024.

[6] 王琛. 一种科研管理用档案分类管理装置. CN202110061996.7 [2024-11-04].

[7] 姜瑞博.《医院档案管理与实务》出版：规范化科研档案管理在医院科研管理的作用 [J]. 介入放射学杂志，2022，31（11）：I0002.

[8] 康蠡，王先发. 科研档案数据的界定及与相关概念的关系 [J]. 档案管理，2023（1）：38-40.

[9] 姜瑞博. 医院科研档案管理现状及改革意见——评《新时期医院档案管理与发展研究》[J]. 中国油脂，2022，47（5）：164.

作者简介

李 玲（1987—），女，助理工程师，主要研究方向：档案管理。E-mail：18797146499@163.com

Integration of Scientific Research Archive Resources From the Perspective of Multiple Collaboration

LI Ling

（Qinghai Yellow River Upstream Hydropower Hydropower Development Co., Ltd., New Energy Branch, Xining 810000, China）

Abstract：Scientific research archives themselves carry data and are the main data sources for scientific research units to collect and form data with archival attributes. Its integration plays a significant basic supporting role in promoting professional development and scientific progress, demonstrating the historical or archival value of data designed by scientific research activities. This paper expounds and analyzes some essential problems existing in the integration of scientific research archive resources, clarifies the integration principle of scientific research archive resources, and describes the entity characteristics of scientific research archive from the four perspectives of resources, means, security and extension. It believes that there are certain limitations in the integration of scientific research archive data resources, and more fundamentally, it should be rooted in reality. Based on the time and space field of scientific research archives, the integration of scientific research archives resources should be closely combined with the management of engineering in the whole process of scientific research projects. From the Angle of "multi-collaboration", the scientific research archive resources are effectively integrated and applied.

Keywords：scientific research archives; resource integration; collaborative management

提高 EPC 核电总承包项目施工方案审查效率研究

孙岩青

（上海核工程研究设计院股份有限公司，上海市 200233）

摘　要： 在项目管理观念日趋国际化的今天，EPC 总承包管理模式的优势越发凸显。施工方案审查效率对 EPC 核电项目建设的进度和质量影响重大，对项目成本、安全风险的管控也同样重要。因此，如何有效提升施工方案审查效率，减少项目延误的风险，成为摆在项目管理人员面前的一项重要课题。本文研究了在 EPC 总承包模式下某核电项目施工方案审查存在的问题，并探讨了一些可能的改进方案，旨在提高施工方案的审查效率。

关键词： 核电；施工方案；审查效率

0　引言

EPC 总承包是指工程总承包企业按照合同约定，承担工程项目的设计、采购、施工、试运行一体化服务，并对承包工程的建设质量、安全、工期、造价等全面负责[1]。施工方案是对单位工程或分部/分项工程中某一施工工艺和施工方法的分析，是对施工实施过程中所耗用的劳动力、材料、机械费用及工期等在合理组织的条件下通过技术经济分析，从中选择切实可行、最优的施工工艺和方法[2]。上海核工程研究设计院有限公司（以下简称"上海核工院"）作为某核电项目工程总承包方，负责全厂工程总承包管理。某项目施工方案审查时间较长，为保障项目进展，需要采取一些改进措施。

1　施工方案审查效率低原因分析

对施工组织和施工方案的审查是总承包方、监理、业主工程师在工程项目开工前进行进度、投资、质量控制的主要内容，承包商所采用的施工方案应使施工进度、质量满足合同的要求外，还应保证工程的施工方法符合相应的规程规范。上海核工院、监理、业主对施工方案的审查方式为逐级审查，即承包商线上发起审查流程后，总承包方先审查完成再提交监理审查。经调查，该核电项目开工前施工方案平均审查周期为 15.6 天，而业主要求总承包单位收到施工方案后，应组织各方在 14 天内完成审查，该项目施工方案审查效率较业主管理要求有偏差。

某核电项目 EPC 工程工期仅 56 个月，面临工期紧张、施工方案审查量大的现状，如何根据现场进度需求及时完成施工方案审查成为当前急需解决的问题。

1.1 审查耗时环节分析

为进一步确定问题症结，本文对 450 份文件的审查时间进行了调查，调查结果如表 1 和表 2 所示。

表 1　　　　　　　　　　　承包商施工方案审查及时率统计

序号	报审时间	报审文件数量（份）	超期完成审查（份）	超期率（%）
1	2021 年 10 月	73	19	26.03
2	2021 年 11 月	102	31	30.39
3	2021 年 12 月	123	42	34.15
4	2022 年 1 月	152	67	44.37
	平均值			33.73

表 2　　　　　　　　　　　承包商施工方案审查超期情况统计

序号	报审时间	报审文件数量（份）	计划天数（天）	实际天数（天）	超出天数（天）
1	2021 年 10 月	73	（73×14）=1022	1045	62
2	2021 年 11 月	102	（102×14）=1428	1557	168
3	2021 年 12 月	123	（123×14）=1722	1880	197
4	2022 年 1 月	152	（152×14）=2128	2539	363
	统计	450	6300	7021	790
	平均审查天数			15.6	

根据表 1、表 2 统计结果显示，承包商施工方案审查过程中，文件审查平均超期率达到 33.73%，文件平均审查天数为 15.6 天，不满足业主、公司程序要求及现场施工进度需求。为进一步确定问题症结，本文对 450 份文件的审查完成时间进行了统计分析，具体统计情况详见表 3。

表 3　　　　　　　　　　　施工方案审查天数统计

统计量＼审查天数	10 天内	11~15 天	16~20 天	21~25 天	26~30 天	31 天以上
文件数量（份）	183	124	87	29	18	8
占比（%）	40.76	27.62	19.38	6.46	4.01	1.78
累计占比（%）	40.76	68.37	87.75	94.21	98.22	100.00

表 3 统计结果显示，大多数文件可在 25 天内完成审查，占比 94.21%。为使问题层次更加清晰，本文对承包商施工方案审查流程进行调查梳理，大致分为 6 个环节："文档分

发→项目部审查→项目部汇总意见→项目部文档检查、传递→监理审查→项目部文档汇总监理意见、提交流程"。

本文针对不同审查天数，共抽取 10 份施工方案，对整个审查流程各个环节的具体耗时做进一步统计分析，结果如表 4 所示。

表 4　　　　　　　　承包商施工方案审查流程各节点处理耗时统计表

序号	文件名称	接收时间（年/月/日）	返回时间（年/月/日）	项目部文档分发（天）	项目部审查（天）	项目部汇总意见（天）	项目部文档检查、传递（天）	监理审查（天）	项目部文档汇总监理意见、提交流程（天）	总耗时（天）
1	3 号机组 CR10 钢框架和钢筋组合模块除锈施工方案	2021/11/11	2021/11/20	0.08	1.17	1.11	0.75	5	0.25	8.36
2	2022 年雨季施工方案	2021/10/4	2021/10/18	0.02	4.08	1.03	1.3	6	0.17	13.6
3	筒体焊接施工方案	2021/11/2	2021/11/16	0.04	2.5	2.11	1.08	6	0.21	13.94
4	CV 厂房修缮施工方案	2022/1/17	2022/1/28	0.04	1.42	2.19	1.67	5	0.17	10.49
5	3、4 号机组生产临建区龙门吊安装专项施工方案	2021/12/1	2021/12/14	0.04	1.75	2.27	1.75	6	0.29	12.1
6	3 号核岛附属厂房底板（1～3 区）施工方案	2021/11/1	2021/11/14	0.02	1.67	2.15	1.17	7	0.25	12.26
7	3 号常规岛汽轮发电机基座 0m 以上框架结构模板支撑及脚手架施工方案	2021/12/27	2022/1/10	0.02	3.21	0.57	2.04	8	0.17	14.01
8	4 号核岛基坑通道施工方案	2021/11/10	2021/11/27	0.04	3.38	1.97	1.51	9	0.21	16.11
9	3 号常规岛主厂房地下室缓做区顶板施工方案	2021/10/24	2021/11/16	0.02	3.96	3.22	1.96	13	0.33	22.49
10	4 号机组 CA20 子模块翻转吊装施工方案	2021/12/8	2022/1/8	0.08	3.29	2.65	2.5	22	0.17	30.69
平均耗时（天）				0.04	2.64	2.23	1.57	8.7	0.22	15.4
所占时间比例（%）				0.26	17.14	14.48	10.19	56.49	1.43	
累计比例（%）				0.26	17.40	31.88	40.08	98.57	100.00	

通过表 4 统计的占比数据可以看出，项目部审查、项目部汇总意见、项目部文档检查/传递，以及监理审查这四个环节在整个文件审查流程中耗时最长，约占审查总工时的 98.31%。

经对比，发现该核电项目施工方案审查耗时较长的环节在于文件在各单位之间的流转以及参与审查的单位内部审查。

为进一步论证各处理环节耗时比例是否合理，本文调研了同类型其他核电项目施工方案的审查流程，统计了 2021 年 10 月至 2022 年 1 月其他核电项目承包商施工方案审查时间，以及针对各处理节点耗时情况共抽查了 20 份文件，具体情况如表 5、表 6 所示。

表 5　　　　　　　　同类型其他核电项目承包商施工方案审查工日统计表

序号	报审时间	报审文件数量（份）	实际审查耗时（天）
1	2021 年 10 月	389	4445
2	2021 年 11 月	491	4670
3	2021 年 12 月	413	4704
4	2022 年 1 月	265	3220
统计		1558	17039
平均审查工日（天）			10.9

表 6　　　　　　　　同类型其他核电项目承包商施工方案审查耗时统计表

序号	文件名称	接收时间（年/月/日）	返回时间（年/月/日）	项目部文档分发（天）	项目部、监理审查		项目部主审部门汇总意见（天）	项目部文档检查、提交流程（天）	总耗时（天）
					项目部主审/辅审部门审查（天）	监理审查（天）			
1	1 号核岛冲洗用临时给排水施工方案	2021/11/1	2021/11/6	0.08	2.65	2.61	2.22	0.02	4.93
2	2 号机组核岛非辐照控制区室外金属表面常温防护涂层施工方案	2021/12/30	2022/1/4	0.06	2.09	2.3	2.55	0.04	4.95
3	2 号机组核岛反应堆压力容器成品保护施工方案	2021/10/30	2021/11/4	0.08	3.55	3.82	1.09	0.04	5.04
4	凝结水精处理自用水箱焊接施工方案	2022/1/13	2022/1/19	0.04	2.22	3.68	2.24	0.04	6.00
5	管道安装施工方案	2022/1/6	2022/1/12	0.08	3.37	4.22	1.58	0.04	5.93
6	1 号常规岛及 BOP 仪表管敷设施工方案	2021/10/31	2021/11/7	0.06	3.31	4.24	2.12	0.04	6.46
7	2 号机组 SC 非闭合区组件装车吊装施工方案	2021/12/2	2021/12/9	0.08	3.42	4.25	2.88	0.04	7.26
8	环吊端梁脚手架施工方案	2022/1/4	2022/1/12	0.04	2.85	4.66	3.27	0.04	8.01

续表

序号	文件名称	接收时间（年/月/日）	返回时间（年/月/日）	项目部文档分发（天）	项目部、监理审查		项目部主审部门汇总意见（天）	项目部文档检查、提交流程（天）	总耗时（天）
					项目部主审/辅审部门审查（天）	监理审查（天）			
9	保卫控制中心装饰装修施工方案	2022/1/5	2022/1/13	0.04	3.4	5.14	2.62	0.04	7.84
10	2号机组核岛大型结构模块酸洗钝化施工方案	2021/11/20	2021/11/30	0.04	2.95	6.48	3.32	0.04	9.88
11	核岛厂房外墙油漆施工方案	2021/11/11	2021/11/21	0.04	3.13	7.37	2.59	0.04	10.04
12	附属厂房非安全级楼板检修门制作施工方案	2021/10/31	2021/11/11	0.04	3.77	8.54	2.46	0.02	11.06
13	2号机组核岛管道贯穿件密封填充施工方案	2021/10/11	2021/10/23	0.04	3.06	8.16	3.11	0.04	11.35
14	2号机组核岛除盐水贮箱现场安装施工方案	2021/12/8	2021/12/21	0.08	3.13	10.04	2.33	0.04	12.50
15	2号常规岛发电机氢气和二氧化碳系统管道安装施工方案	2021/11/22	2021/12/5	0.04	3.32	11.27	2.27	0.04	13.62
16	2号机组核岛通用设备安装施工方案	2022/1/15	2022/1/27	0.04	3.41	9.64	2.53	0.02	12.23
17	剪力钉焊接施工方案	2021/10/19	2021/11/2	0.08	3.24	11.23	2.72	0.04	14.08
18	反应堆主冷却剂管道吊装施工方案	2022/1/7	2022/1/24	0.08	4.47	13.44	3.27	0.02	16.81
19	2号机组核岛管道预制通用施工方案	2022/1/24	2022/2/11	0.08	5.55	14.14	3.78	0.04	18.05
20	2号IHP电气施工方案	2021/10/18	2021/11/10	0.08	5.59	18.15	3.65	0.04	21.93
平均耗时（天）				0.06	3.42	7.67	2.63	0.04	10.4
					7.67				
所占时间比例（%）				0.60	73.75		25.29	0.36	
累计比例（%）				0.60	74.35		99.64	100.00	

根据表6统计的占比数据可知，同类型其他核电项目承包商施工方案审查平均耗时为10.4天，其中项目部审查、监理审查节点及主审部门汇总意见节点耗时最长，约占审查总耗时的99%。

1.2　审查耗时原因分析

从对比结果可知，××核电项目施工方案审查流程项目部及监理审查节点、项目部文档检查节点相对耗时较长，其余审查节点耗时则较为接近。因此，制约××核电项目施工方案审查延误的主要症结有两点，分别是文件流转慢和文件审查周期长。

1.2.1　文件流转慢

上海核工院与监理、业主系统接口未打通、流程未延伸过去，项目部与业主、监理之间的文件传递仍需通过邮箱，报审监理的文件需文控编制发函、并下载通过外网邮箱传递至两家单位，人为搭建传递通道。监理返回的文件，监理方需编制外发传递单并进行线下编审批之后通过邮箱传递至上海核工院。对比其他项目文件全程线上流转，单份文件传递平均耗时比其他项目多 2～3 倍；文件传递方式落后，文件流转效率低。

1.2.2　文件审查周期长

承包商文件经上海核工院审查完成后，再经监理审查，危大方案等需再经业主审查，按目前串行审查的方式，文件审查周期长，审查效率低下，在现场工期紧张的情况下，不利于施工进度的及时推进。

本文从文档系统、人员培训、设备配备、审查方式、审查流程、跟踪机制等 6 个方面进行了分析，发现各单位之间系统接口未互通、施工方案审查方式不优化、各单位文件内部流转流程繁琐、缺少跟踪督促机制等是施工方案审查效率低的主要原因。针对以上 4 个问题，项目部组织开展专题调研，并提出了适合该项目的承包商文件审查流程优化方案。

2　提高施工方案审查效率的目标及措施

运用文档管理系统实现项目电子文件控制管理的逻辑起点是项目各参与方都遵从和认可电子文件流转的工作理念。只有在电子文件流转的工作理念得到项目内外各方认可后，才能真正实现基于文档管理系统的核电工程项目文件控制管理[3]。

本文从公司流程配置、项目成员素质、领导重视等方面进行分析，认为施工方案审查效率通过线上流转的方式，并运用信息化手段进行提升。经过专业评估，核电项目施工方案可在 10 天内完成审查，如图 1 所示。

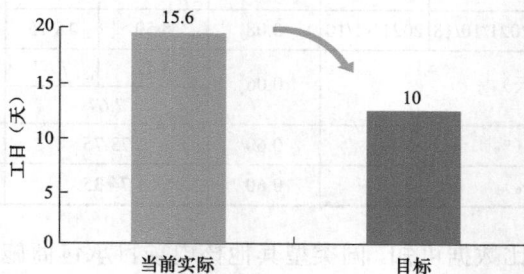

图 1　××核电项目承包商一般施工方案审查耗时优化目标

项目组织业主、监理、承包商及项目部各业务部门共同商议"串联"改"并联"思路、审议优化方案并达成共识，制定工作实施行动项，并制定了 2022 年年底前完成系统流程开发、测试并具备上线条件的工作目标。

2.1 搭建系统接口，开发审查流程

建立与上下游单位之间的系统接口，强化系统保障。为确保施工方案在各单位间顺畅流转，项目部搭建了与业主文档系统接口；为监理、承包商配置了文档管理系统前置区，并开通了系统账号及权限，承包商可从线上发起施工方案审查流程。

开发并行审查流程。某核电项目当前的施工方案审查流程为逐级审查，存在线上审查流程不完善，审查流程经常卡在某个节点而无法继续向下流转的问题，是导致文件审查效率低的主要原因。针对该问题，项目部组织上下游单位讨论确定施工方案并行审查方式，并据此开发了线上并行审查流程（见图 2），承包商发起审查流程后，文件可同时到达总承包方、监理和业主；同时为业主、监理、总承包方配置了内部流转计审查流程，实现了业主、监理和总承包单位同时审查，大大提升了文件审查效率。

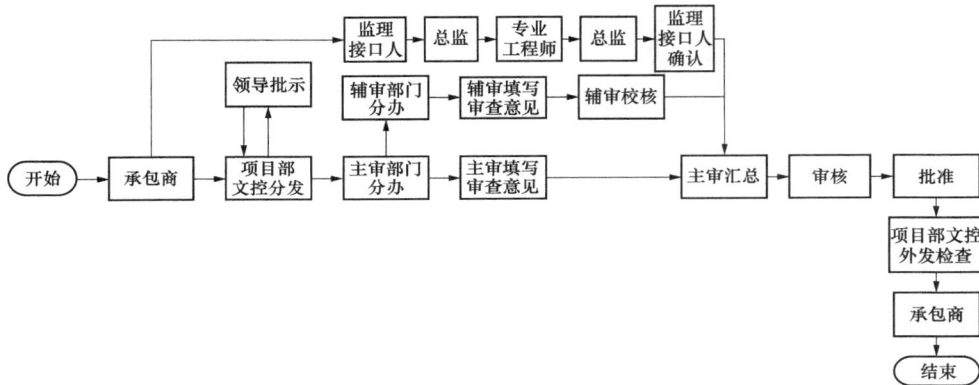

图 2 ××核电项目承包商施工方案并行审查流程图

同时，为方便各单位跟踪施工方案的审查流程，项目部开发了流程日志查看功能，实现了审查流程状态、流程节点、流转日期实时同步更新。各单位能够通过系统实时跟踪查询审查流程最新进展。

2.2 实现施工方案审查规范化管理，建立跟踪督促机制

基于××核电项目施工方案审查效率低的现状，结合业主及公司管理要求，项目部建立了一套行之有效的跟踪督促机制，规范了施工方案审查流程，规定了明确的审查周期要求，并将施工方案审查效率与各部门绩效考核进行关联，确保施工方案得到及时审查，保证项目建设的高效推进。

（1）制定考核指标。根据施工方案审查周期要求，项目部制定了相应的考核指标并纳入了项目部绩效考核方案。

$$施工方案审查效率指标成绩＝（实际审查数/应审查数）×100\% \qquad (1-1)$$

执行指标为 100% 时不扣分，每降低 1%，责任部门扣 0.05 分。

（2）定期通报/考核逾期文件并对下周逾期文件进行预警。项目部文档人员在文档系统中每周运行搜索条件，对施工方案审查周期进行统计，对超过 10 天未完成审查的施工方案,项目部采取以下措施:①文档人员每周以邮件方式向项目部及监理通报文件审查逾期情况,并对下一周即将逾期文件进行预警;②每周在项目经理周会对逾期文件进行通报;③项目部每月按考核指标对逾期文件主审部门进行考核。

(3)开发培训资源,保障施工方案审查顺利进行。为确保各单位人员能够正确使用系统及审查流程,项目部编制发布了《文档管理系统操作培训课件》《施工方案报审流程操作指南》,并组织各单位进行培训学习。课件与指南秉承"看了就懂,拿来就用"的原则,说明与举例相结合,减少了学习时间,达到了高效指导的目的;此外,项目部还录制了前置区文件处理流程教学视频(见图 3),各个操作步骤均有详细的操作演示,应用于文件上传、发起流程、接收、提交、审查、回退等不同场景,为各单位人员熟悉系统、掌握审查流程提供了坚实的资源保障。

图 3　前置区文件处理流程教学视频

3　实施效果

在经过上述一系列改进措施后,经统计,2023 年××核电项目施工方案平均审查周期由 15.6 天降到 9.2 天,如表 7 所示。

表 7　　　　　　　　　　　　实　施　效　果

审查时间	施工方案数量(份)	审查耗时(天)	平均审查周期(天)
2023 年	3360	30915	9.2

通过本次管理提升,不仅提高了施工方案审查效率,还推动了文件报审流程的规范性,并促进了文件形成的规范性,有效提高了项目文档质量,为项目创优以及后续竣工文件归档移交打下了良好基础。活动前、后施工方案审查耗时对比图如图 4 所示。

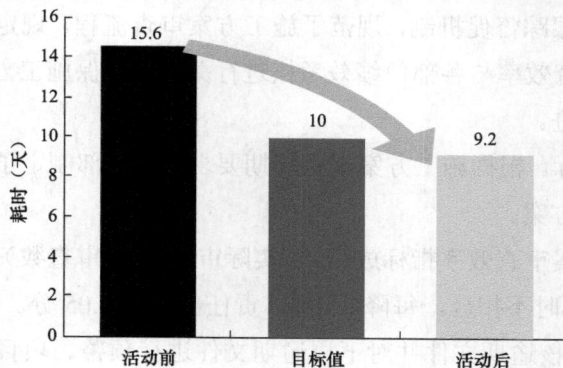

图 4　活动前、后施工方案审查耗时对比图

4 结语

EPC 总承包是当今核电普遍运用的项目运作模式，而施工方案是 EPC 总承包项目建设的重要部分，为施工提供明确的指引，确保项目建设能够按照预定目标高效、有序地推进。因此，施工方案的高效审查至关重要，不仅影响施工进度，更彰显项目管理水平。本文研究分析了某核电项目施工方案审查效率低的主要原因并讨论了改进措施，希望这些经验和建议能为其他核电建设项目施工方案审查效率的提升提供有益的参考和借鉴。

参考文献

[1] 国兆峰. 浅谈 EPC 总承包文件控制在施工管理中的价值体现 [J]. 知识经济，2015（19）：1.

[2] 程平. 监理工程师对施工方案审查的探讨 [J]. 总裁，2009（11）：192-193.

[3] 曾苏. 基于 EDRMS 的核电工程项目文件控制管理 [J]. 工程与建设，2016，30（6）：4.

作者简介

孙岩青（1986—），女，副研究馆员，主要研究方向：核电项目文件管理。E-mail：sunyanqing@snerdi.com.cn

Research on Improving the Efficiency of Construction Scheme Review for EPC Nuclear Power General Contracting Projects

SUN Yanqing

（Shanghai Nuclear Engineering Research and Design Institute Co., Ltd., Shanghai 200233, China）

Abstract: Under the increasingly internationalized project management, the advantages of the EPC general contracting management are becoming more and more prominent. The efficiency of construction scheme review has a significant impact on the progress and quality of EPC nuclear power project construction, and the control of project costs and safety risks is equally important. Therefore, how to improve the efficiency of construction scheme review and simultaneously reduce the risk of project delays has become a serious problem. This article studies the problems in the review of construction schemes for nuclear power project under the EPC general contracting mode, and explores some possible improvement plans aimed at improving the efficiency of construction plan review.

Keywords: nuclear power；construction scheme；review efficiency

试析企业档案文化建设的意义及发展

张 杨

（国家电投集团贵州金元股份有限公司，贵州省贵阳市　550081）

摘　要： 基于企业档案文化建设在新时期呈现出以信息技术为核心高效整合、快速传播的发展趋势，有必要分析企业档案文化建设的意义并找出存在的问题，给出针对性的解决策略。以电力系统为例，采用文献分析法、信息研究法、案例分析法，结合其档案文化建设现状，分析目前企业档案文化建设的意义及存在的问题，并就其未来发展给出建议，以期对档案文化建设本质特点有更为深刻的认知。目前，企业档案文化建设存在的问题较为普遍，主要是企业对企业档案文化建设认知不深刻、企业对档案文化资源的利用效果一般、企业内部档案文化建设的路径不明确。企业档案文化建设首先要从认知层面着手加强档案管理，其次要凸显企业档案文化资源实效性，最后要明确企业档案文化建设的路径。

关键词： 档案文化；建设意义；信息化

0　引言

关于企业档案文化建设的既有研究中，学术界主要认为企业档案文化体现了企业的文化成果，包含企业的档案管理文化与资源开发效果，这对于企业发挥档案文化价值和展现自身特点尤为重要。不过，有学者则认为，目前企业档案文化建设存在工作主体单一、工作内容混乱、工作成效一般等问题。学术界对于企业档案文化建设的研究多集中在概念及意义探究之上，对建设意义及内容等核心要素的研究不多，这也是此次研究重点涉及的内容。希望通过此次研究，能够对企业档案文化建设的进一步发展起到一定启示，以体现研究的理论价值与实践作用。

1　企业档案文化建设的意义

1.1　有助于企业文化的发展传承

作为企业信息化建设的重要组成部分，企业档案文化建设所涉及的内容包括企业历史文化资料的收集与整理、保存与利用，这些都是企业发展历史中的重要记录，体现了企业的发展过程、文化传承、经营成果与管理制度等全面信息。企业文化档案能够完整地记录企业文化的演变历程。从企业成立初期的文化雏形，如领导层的理念、早期团队的价值观，到后续随着企业发展，在不同阶段形成的新观念、新准则等都被一一记录。这些记录如同历史画卷，清晰展现文化的发展轨迹，方便后人梳理文化脉络。企业文化档案为文化传承提供了真实可靠的素材。新员工入职后，可以通过查阅档案了解企业的历史文化。比如，企业早期艰苦奋斗的故事、对品质的执着追求等精神文化内容，以及一些具有代表性的产品设计、生产工艺等物质文化内容，这些都能以档案为载体传递给新员工，让企业文化薪火相传。利用企业档案可以更加深入的对企业文化进行认知与理解，并且可以激励员工在岗位上发光发热，让员工的企业荣誉感与归属感更为强烈，进而以企业档案文化建设实现企业的发展传承。目前发电企业已经建成数字档案馆，这对企业档案文化建设进一步发展大有裨益。员工通过数字档案馆可以更加高效便捷的查询到所需要的信息，进而对企业的发展过往有更加清晰准确的了解，并最终对企业文化产生高度认同。

1.2　有助于企业实现可持续发展

就企业档案文化建设而言，虽然看似是一项独立工作，但其对企业发展影响深远。企业档案是企业知识的重要载体，涵盖了企业的经营发展、生产技术、设备改造、客户信息等诸多方面，这些知识资产可以通过档案文化传承下去。档案文化还能帮助企业在市场变化中找准定位，通过对过往市场策略、市场价格、制约因素、竞争对手分析等档案资料的研究，能够了解市场的动态变化规律。企业档案文化建设是对企业的过往进行记录，并且帮助企业总结经验、发现不足、采取措施，以推动企业经营管理的持续优化。另外，企业档案文化建设让企业真正做到了以史为鉴，在面对法律纠纷时，良好的企业文化建设能够提供有力的支持。如果企业一直秉持诚信、合规的文化价值观，那么在日常经营活动中就会注重合同管理、知识产权保护等诸多法律事务。当面临法律纠纷，这些完善的记录和合规的操作流程可以作为证据，保障企业自身的合法权益。企业档案文化建设并非是单行道，其对企业的可持续发展起到的作用不容小觑，不论是新公司的成立及合并、设备的改扩建、参数的优化还是文化传承，企业档案文化建设都能够发挥出应有的作用。

2　企业档案文化建设存在的问题

2.1　企业对企业档案文化建设认知不深刻

企业档案工作人员首先对企业档案文化建设的认知存在不足，主要表现为对档案工作的短期性、功利性过于看重，对其工具性、技术性，以及文化性的价值未能重视。在内部管理方面，可能会导致员工缺乏凝聚力和归属感。因为没有深入人心的企业文化来团结员工，大家只是为了工作而工作，不会产生对企业的强烈情感认同。在战略规划上，企业可能会忽视文化因素的引导作用。这会使得企业的发展方向不够明确，或者在决策过程中容易只考虑短期利益，频繁地改变业务方向，而没有基于自身文化的核心价值来考虑业务的可持续性。其次，企业档案文化建设长期以来的政治性色彩过重，而文化性色彩薄弱，导致不少企业将其视作行政类工作，在企业文化建设工作中未能成为核心，导致企业档案文化建设工作停滞不前。

2.2 企业对档案文化资源的利用效果一般

从知识传承来看，企业档案中蕴含着丰富的知识资产，如经营战略性改变、生产技术的演变、管理经验的积累等。但由于利用效果一般，这些宝贵的知识无法很好地传递给员工。员工可能很难接触到以往的成功案例和失败教训，导致一些问题反复出现，企业在知识传承上出现断层。在决策支持方面，档案里有大量关于市场动态、竞争对手和企业自身发展历程的数据。然而，企业在做战略决策、市场营销决策等时，没有充分挖掘这些档案资源的价值，使得电源产品与地理位置分布及其特性，都可能无法精准满足市场需求。当前发电企业已经实现了信息化发展，数字档案馆的使用，让档案资源体系进一步完善，但问题是其对档案文化资源的利用效果方面仍旧有待提升。档案文化资源长期以来呈现出来的特点是"重保管、轻利用，重保密、轻开发"，在日常利用过程中，主要是信息查阅为主，举办档案展览、档案研讨会等不同形式的活动相对匮乏。如今虽然网络传播渠道极为便利，但是档案文化资源缺乏宣传、创新不足，无法真正满足员工对档案文化资源的实际需求。

2.3 企业内部档案文化建设的路径不明确

企业在档案文化建设过程中，普遍存在路径不明确的问题，核心原因是企业对自身档案文化建设的目标没有明确认知。从观念意识方面，管理层重视不足，企业管理层往往更关注生产经营、发展等能直接带来经济效益的环节，而忽视档案文化建设的潜在价值，认为档案管理只是简单的文件保存，没有意识到档案对于企业知识传承、文化凝聚等方面的重要性。员工认知局限，大部分员工可能只把档案工作当作行政事务，不清楚档案与自身工作的关联，以及档案在企业长远发展中的作用，员工可能随意处置工作文件，不主动收集和整理有价值的档案材料。制度规范方面，缺乏完善制度，很多企业没有建立全面的档案管理制度，没有明确档案的收集范围、整理标准、保管方式和利用流程。这使得档案工作无章可循，员工不知道该如何正确地参与档案建设。制度执行不力，即使有相关制度，在实际工作中也可能因为监督机制缺失或奖惩措施不到位，导致制度难以有效执行。资源投入方面，人力不足，没有根据公司经营体量大小，配备足够的专业档案管理人员，现有的档案工作人员可能也缺乏系统的培训，专业知识和技能跟不上时代的发展，知识储备有限，这都导致档案工作无法深入开展。资金匮乏，档案文化建设需要资金支持，包括档案设施设备的购置、档案管理软件的开发或档案库房的建设等，资金不足会限制档案工作的开展，使档案建设路径难以规划和实施。企业文化方面，文化融合困难，企业没有将档案文化与其他企业文化很好地融合。档案文化建设如果孤立于企业文化之外，就很难得到员工的认同和支持，路径也会因此变得模糊。企业改革方面，企业在快速发展或战略转型过程中，可能会忽视档案文化建设的同步性，原有的档案管理模式和文化理念被打乱，新的建设路径又没有及时确立，在工作的开展过程中更多是被动行为。不论是数字化技术的使用还是信息化技术的融合，档案文化建设的路径不够清晰，每个环节所涉及的工作内容及目标要求没有清晰呈现出来，这导致企业档案文化建设形式大于实质，虽然各方面的准备已经足够，但是最终呈现的效果却不尽人意。

3 企业档案文化建设的发展对策

3.1 从认知层面着手加强档案管理

企业档案文化建设过程中，首要改变的就是人员的认知，要对传统档案工作中的封闭守旧思想及时打破，以开放创新的姿态面对档案工作，主要将档案工作与文化建设相结合。针对企业管理层和员工开展档案文化重要性的培训和教育。通过组织定期的专题讲座，邀请档案领域专家来深入讲解档案管理对企业战略规划、风险防控、文化传承等方面的意义，也可以从档案的新技术为抓手，针对档案的利用、档案查阅时间、价值层面着手。对档案工作人员的培训要持续进行，以为档案文化建设涉及的专业要求不仅仅是传统的资料整理，更涉及内容分析、价值挖掘与服务保障，对档案工作人员的综合能力要求日益提升，所以对于相关人员的培训不能停止，从档案的内容转变为知识，这是确保档案文化建设工作顺利实施的基础。其次企业档案文化建设的目的是提升档案文化资源的影响力、体现档案文化资源的价值，进而达到让档案为企业发展服务的效能。所以企业对档案原本的服务角色要重新定位，重点强调档案的工具性、技术性与文化性，让其成为员工与企业互动交流的基础。在档案价值的挖掘中要敢于创新、主动实践、总结经验，不能让档案成为"死档"，而要将其"动起来""活起来"，真正体现出企业档案对企业发展所起到的珍贵价值，以此来实现企业档案文化建设质的飞跃。

3.2 凸显企业档案文化资源实效性

企业档案文化建设的目的是对档案文化资源的潜力进行挖掘，可以通过与专业机构合作的方式，增加档案编制与研究的专业性。企业在档案文化建设中对信息技术要敢于引入，在确保信息安全的基础上实现对档案文化资源的高度开发，并借助新媒体平台加以广泛宣传，实现档案与员工的密切基础，让档案的企业影响力与员工关注度均得以显著提升。在档案文化建设中涉及的文件资料、数据信息等都是企业发展的财富，这是企业的智慧结晶，因而企业要对其有效整合、高效利用，以提升企业核心竞争力。关联当下决策，当企业制定战略，迅速整理相关资料，如类似时期的战略档案、当时市场反馈等，让档案为当前决策及时服务。突出热点融合，当社会热点出现时，企业在参与热点相关活动后，快速整合活动档案，包括策划方案、执行、活动照片以及社会反馈等，展现企业与时俱进的文化。如今发电企业的数字化档案管理其目的就是要凸显企业档案文化资源的实效性，使得企业档案信息能够给企业的发展及决策产生积极启示。另外，企业要积极推动档案人才队伍建设，实现企业档案文化建设的稳步发展。

3.3　明确企业档案文化建设的路径

企业档案文化建设中首先要立足面对，明确顶层化设计方向，以发电企业为例就是从企业的整体性发展需求出发，新时代的发电企业是以绿色为主、低碳为主，紧紧围绕发电企业形成文化品牌，以档案资源来实现对品牌的构建，档案人员在品牌文化传播过程中采取各项措施，以形成广泛影响力。其次，企业要细分企业档案文化建设的职责，对档案资源采集、整理与保存等工作进一步明确，在企业内部形成对档案文化资源的高度认可与主动支持，并将其规划至企业长期的工作任务内，阶段性目标、工作标准、发展方向均清晰明了。再者，要确保企业档案文化建设的整体性，在充分挖掘现有档案文化资源的基础上及时补充新资源，例如在某公司关于优秀员工的档案内容采编中，可以将资料来源从员工本人延伸至其亲属评价、同事口碑、媒体宣传等多个方面，以此来形成更加系统的文化资源采编方式。最后，要实现创新技术的准确运用，以目前的数字档案馆为例，人工智能技术的赋能效果也在逐步体现，通过这些创新技术能够真正形成档案文化资源矩阵，比不过借助新媒体得以高效传播、及时宣传，以真正彰显企业档案文化建设的实践效能。

4　结语

综上所述，本次研究分析了企业档案文化建设的意义、存在问题及发展，通过研究可以得出企业档案文化建设已经引发了重视，但仍旧存在认知不足、利用效果一般、发展路径不明确的问题，对此结合实际工作提出了切实可行的解决对策，可以从改善认知、体现实效、明确路径三个方面加以改进，以帮助企业解决档案文化建设中存在的问题，助力企业档案文化的健康发展、有效传承。研究涉及企业模型有限，因而论述中如有不足之处还需在日后工作中加以改进，以期进步。

参考文献

[1] 步同亮，陈湛.企业档案信息资源文化价值的开发 [J]. 文化产业，2024（1）：166-168.

[2] 刘芳英. 试论企业档案对企业文化的作用 [J]. 机电兵船档案，2024（2）：6-7.

[3] 唐妍麟，陈志强，等. 融媒体时代企业档案文化资源的开发利用 [J]. 文化产业，2024（17）：109-111.

[4] 罗占健. 我国企业档案文化建设的几点思考 [J]. 兰台世界，2024（1）：79-80.

作者简介

张　杨（1978—），女，档案管理，主要研究方向：文书档案管理、科技档案管理、信息化建设、数字化转型等。E-mail：1278364589@qq.com

Analyze the Significance and Development of the Construction of Enterprise Archives Culture

ZHANG Yang

（National Power Investment Group Guizhou Jinyuan Co., Ltd., Guiyang 550081, China）

Abstract: In the new period, the construction of enterprise archive culture shows a development trend with information technology as the core, which breaks the limitation of traditional resources development in time and space, and truly realizes the efficient integration and rapid dissemination of archive cultural resources. This time, taking the power system as an example, combined with its archival culture construction status, analyzes the significance and existing problems of the current enterprise archival culture construction, and gives suggestions on its future development, in order to have a deeper understanding of the essential characteristics of archival culture construction.

Keywords: archival culture; construction significance; informatization

浅谈核电项目工程档案管理

国兆峰

（山东电力工程咨询院有限公司，山东省济南市　250013）

摘　要： 核电项目工程档案管理经常面临收集不全、整理不规范、保管不善、利用不便和信息化水平不高等问题。优化策略包括加强档案收集与整理，提高保管与利用水平，推进信息化建设，加强人才培养与团队建设，以及完善法律法规与标准规范体系。通过建立健全制度和监督机制，拓宽收集渠道，提高保管条件，优化检索方式和借阅手续，建设信息化管理平台，加强人才培养和团队建设，以及完善体系等措施，可以有效提升核电项目工程档案管理的质量和效率。

关键词： 核电项目；工程档案管理；常见问题；优化策略

0　引言

核电项目工程档案管理是确保核电设施安全运行和工程质量维护的重要环节。然而，在实际操作中，档案管理面临着诸多挑战。本文旨在分析核电项目工程档案管理中的常见问题，并提出相应的优化策略，以期为核电项目工程档案管理的改进提供参考和借鉴。通过深入探讨档案管理的各个环节，我们期望能够找到提升档案管理质量的有效途径。

1　核电项目工程档案管理中的常见问题

1.1　档案收集不全

核电项目建设和运营过程极为复杂，所产生的文件种类繁多且数量巨大。从项目的可行性研究报告、初步设计文件，到施工过程中的各种变更通知单、验收报告，再到设备的安装调试记录、运行维护手册等，涉及众多专业领域和部门。在如此庞大的文件体系中，很容易出现档案收集不全的情况。档案收集不全可能导致关键信息的遗漏，这对于核电设施的安全运行和工程质量的维护带来极大的隐患。例如，某个关键设备的技术参数缺失，可能在设备维护和故障排查时无法准确判断问题所在，影响维修效率和设备的可靠性。

1.2　档案整理不规范

核电项目工程档案的整理需要严格遵循一定的规范和标准，以确保档案的易读性和利用效果。然而，在实际操作中，常常会出现整理不规范的情况。例如，档案的分类不明确，可能导致在查找特定文件时无从下手，浪费大量时间。编号不连续则会使档案的系统性受到破坏，难以进行有序的管理。装订不规范可能会造成档案的损坏，影响其保存寿命和可读性。

1.3　档案保管不善

核电项目工程档案需要长期保存，以满足核电站全生命周期的管理需求。但在保管过程中，常常会出现档案损坏、丢失或被盗的情况。这可能是由于保管环境不佳所致。如果档案库房的温度、湿度控制不当，可能会导致纸质档案受潮、发霉或纸张脆化。保管措施不到位，如缺乏防火、防虫、防盗设施，也会增加档案受损的风险。此外，人为疏忽也是一个重要因素，例如档案管理人员未严格执行出入库登记制度，可能导致档案丢失而无法及时发现。

1.4　档案利用不便

核电项目工程档案的利用是档案管理的最终目的，然而在实际操作中，常常会出现档案利用不便的情况。档案的检索方式不便捷，可能需要耗费大量时间和精力才能找到所需文件。借阅手续繁琐也会影响档案的利用效率和效果，特别是在紧急情况下，可能会延误决策和处理问题的时机。

1.5　档案信息化水平不高

随着信息技术的不断发展，核电项目工程档案管理的信息化水平也在不断提高。然而，一些核电项目在档案管理方面仍然存在信息化水平不高的问题。档案管理系统不完善，可能无法满足档案的快速检索、分类存储和信息共享等需求。数字化程度低，大量纸质档案未进行数字化处理，不仅占用大量存储空间，而且查找和利用不便。信息共享不畅，不同部门之间的档案信息无法及时交流和共享，影响工作效率和协同性。

2　核电项目工程档案管理的优化策略

2.1　加强档案收集与整理工作

首先，建立健全档案收集制度。明确各部门在档案收集工作中的职责和义务，规定文件移交的时间节点和流程。例如，设计部门应在项目设计完成后及时将设计图纸、技术规范等文件移交档案管理部门；施工部门在工程竣工后，要将施工记录、质量检验报告等文件整理归档。同时，建立档案收集的监督机制，对各部门的文件移交情况进行定期检查和考核，确保档案收集工作的顺利进行。其次，拓宽档案收集渠道。除了传统的纸质文件收集外，还应重视电子文件的收集。随着信息技术的发展，核电项目建设和运营过程中产生了大量的电子文件，如电子邮件、电子图纸、电子报表等。这些电子文件具有存储方便、检索快捷等优点，但也存在易丢失、易篡改等风险。因此，应建立电子文件收集管理系统，对电子文件进行及时收集、备份和归档，确保电子文件的安全和完整。此外，加强对项目参与各方文件的收集。核电项目建设涉及众多的设计单位、施工单位、监理单位等，这些单位在项目建设过程中产生的文件也是核电项目工程档案的重要组成部分。应与项目参与各方签订档案管理协议，明确各方在档案收集工作中的责任和义务，确保各方产生的文件能够及时移交档案管理部门。

在档案分类方面，应根据核电项目的特点和档案管理的要求，制定科学合理的分类方案。可以按照项目阶段、文件类型、专业领域等进行分类，例如将档案分为项目前期文件、设计文件、施工文件、调试文件、运行维护文件等大类，再根据具体的文件类型进行细分。同时，要确保分类方案的稳定性和可扩展性，以便随着项目的进展和档案数量的增加，能够及时调整和完善分类体系。应制定统一的编号规则，对每一份档案进行唯一编号，确保编号的连续性和准确性。编号规则可以包括项目代码、文件类型代码、流水号等要素，以便快速识别和检索档案。同时，要建立编号管理台账，对档案编号的使用情况进行记录和跟踪，防止编号重复或遗漏。装订规范是保证档案美观、耐用的重要措施。应根据档案的载体形式和保存要求，选择合适的装订材料和方法。对于纸质档案，可以采用线装、胶装等方式进行装订，确保档案的牢固性和耐久性；对于电子档案，可以采用光盘、硬盘等存储介质进行备份，并进行妥善的封装和标识。同时，要注意装订的美观性和规范性，使档案整齐划一，便于保管和利用。

2.2 提高档案保管与利用水平

建设专门的档案库房是保障档案安全的基础。档案库房应选择在地势较高、环境干燥、通风良好的地方，远离易燃、易爆、易腐蚀等危险区域。库房的建筑结构应坚固耐用，具备防火、防水、防潮、防虫、防盗等功能。同时，要配备必要的设施设备，如恒温恒湿设备、消防设备、监控设备等，为档案提供良好的保管环境。配备专业的保管设备也是确保档案安全的重要手段。例如，采用防火保险柜存放重要档案，防止火灾对档案造成破坏；使用防虫剂、干燥剂等，防止档案受潮、发霉、被虫蛀；安装防盗门窗、报警系统等，防止档案被盗。此外，还应定期对保管设备进行维护和检查，确保设备的正常运行。除了硬件设施的保障外，还应加强档案的日常管理。建立健全档案库房管理制度，严格执行档案出入库登记、库房巡查、温湿度监测等制度，确保档案的安全保管。同时，要对档案进行定期清理和整理，及时发现和处理档案的破损、缺失等问题。在检索方式方面，应充分利用信息技术，建立档案信息管理系统。通过对档案进行数字化处理，实现档案的全文检索、分类检索、关键词检索等功能，提高档案检索的速度和准确性。同时，要建立档案目录数据库，对档案的编号、题名、责任者、时间等信息进行录入和管理，方便用户查询和利用档案。优化借阅手续也是提高档案利用效率的重要措施。应简化借阅流程，减少不必要的审批环节，提高借阅的便捷性。可以采用电子借阅的方式，通过档案信息管理系统实现档案的在线借阅和归还，提高借阅效率。同时，要建立借阅登记制度，对档案的借阅情况进行记录和跟踪，确保档案的安全和完整。此外，还应加强档案的利用服务。档案管理人员应主动了解用户的需求，为用户提供档案查询、咨询、复制等服务。同时，要开展档案编研工作，对档案中的信息进行整理和分析，编写档案参考资料，为用户提供更有价值的档案信息服务。

2.3 推进档案信息化建设

档案信息化管理平台应具备档案的数字化存储、分类检索、信息共享、统计分析等功能。通过对档案进行数字化处理，将纸质档案转化为电子档案，实现档案的长期保存和快速检索。同时，要建立档案分类体系，对电子档案进行科学分类和管理，提高档案的利用效率。此外，平台还应实现档案信息的共享，方便不同部门之间的档案信息交流和利用。在建设档案信息化管理平台时，应注重平台的安全性和稳定性。采用先进的信息技术，如加密技术、备份技术、容灾技术等，确保档案信息的安全和可靠。同时，要对平台进行定期维护和升级，保证平台的稳定运行。首先，建立健全信息安全管理制度。制定档案信息安全管理办法，明确档案信息安全的责任和要求，规范档案信息的采集、存储、传输、利用等环节的安全管理。同时，要加强对档案管理人员的信息安全培训，提高其信息安全意识和防范能力。其次，采用先进的信息安全技术。例如，加密技术、访问控制技术、防火墙技术等，对档案信息进行加密和保护，防止档案信息被非法窃取和篡改。同时，要建立档案信息备份和恢复机制，定期对档案信息进行备份，确保档案信息在遭受破坏时能够及时恢复。此外，还应加强对档案信息化管理平台的安全监测和防护。建立安全监测系统，对平台的运行状态进行实时监测，及时发现和处理安全隐患。同时，要加强对平台的访问控制，设置严格的用户权限，防止非法用户访问档案信息。

2.4　加强人才培养与团队建设

通过培训和教育等方式，提高档案管理人员的专业素质和技能水平。培训内容可以包括档案管理基础知识、档案法规政策、档案信息化技术、档案编研方法等方面。可以采取集中培训、在线学习、现场指导等多种形式，满足不同档案管理人员的学习需求。同时，要鼓励档案管理人员参加专业技术资格考试和学术交流活动，不断提升自身的专业水平。此外，还应引进高素质的档案管理人才。核电项目工程档案管理具有专业性强、技术要求高等特点，需要引进一批具有档案学、工程学、信息技术等专业背景的高素质人才，充实档案管理队伍。同时，要建立人才激励机制，对表现优秀的档案管理人员进行表彰和奖励，激发其工作积极性和创造性。档案管理工作涉及多个部门和环节，需要团队成员之间的协作和沟通。为了提高档案管理的整体效能，必须加强团队建设。建立良好的团队合作机制，明确团队成员的职责和分工，加强团队成员之间的协作和配合。例如，在档案收集和整理工作中，可以成立由不同部门人员组成的档案工作小组，共同完成档案的收集和整理任务。同时，要建立沟通协调机制，定期召开档案工作会议，及时解决档案管理工作中出现的问题。加强团队文化建设也是提高团队效能的重要措施。营造积极向上、团结协作的团队文化氛围，增强团队成员的凝聚力和归属感。可以通过组织团队活动、开展文化建设等方式，增进团队成员之间的感情和交流，提高团队的整体战斗力。

2.5　完善法律法规与标准规范体系

完善的法律法规与标准规范体系是确保档案管理合法性和规范性的重要保障。应制定和执行相关的标准和规范，明确档案管理的职责和要求。制定核电项目工程档案管理标准，对档案的收集、整理、保管、利用、信息化建设等方面进行规范和指导。标准应涵盖档案管理的各个环节，具有可操作性和指导性。同时，要根据国家和行业的相关法律法规，结合核电项目的实际情况，制定档案管理制度和流程，明确档案管理的职责和要求。在执行标准和规范时，要加强监督和考核。建立健全档案管理监督考核机制，定期对档案管理工作进行检查和评估，对不符合标准和规范的行为进行纠正和处理。同时，要将档案管理工作纳入绩效考核体系，对档案管理工作成绩突出的部门和个人进行表彰和奖励，对档案管理工作不力的部门和个人进行批评和处罚。建立档案管理人员监督机制，对档案管理人员的工作行为进行监督和检查。重点监督档案管理人员是否严格遵守档案管理制度和流程，是否认真履行档案管理职责，是否存在失职、渎职等行为。同时，要建立举报投诉机制，鼓励员工对档案管理人员的不良行为进行举报和投诉。加强对档案管理人员的考核评价。制定科学合理的考核评价指标体系，对档案管理人员的工作业绩、专业素质、职业道德等方面进行考核评价。考核评价结果应作为档案管理人员晋升、奖惩、培训等的重要依据。同时，要建立档案管理人员档案，记录档案管理人员的工作经历、培训情况、考核评价结果等信息，为档案管理人员的管理和使用提供依据。

3 结语

综上所述，核电项目工程档案管理的优化是一个系统工程，需要多方面的努力和配合。通过加强档案收集与整理、提高保管与利用水平、推进信息化建设、加强人才培养与团队建设以及完善法律法规与标准规范体系等措施，我们可以有效提升档案管理的质量和效率。随着信息技术的不断发展和核电项目的持续推进，我们将继续探索和实践档案管理的优化策略，为核电事业的安全发展提供有力保障。

参考文献

[1] 韩燕. 精细化管理在核电项目工程档案工作中的应用 [J]. 兰台内外，2022（18）：25-27.

[2] 汪琳. 核电工程创优与核电项目档案管理探讨 [J]. 工程建设与设计，2021（24）：212-215.

[3] 赵雪梅. 精细化管理在核电项目工程档案工作中的应用与展望 [J]. 办公室业务，2024（16）：49-51.

作者简介

国兆峰（1985—），男，副研究馆员，主要从事核电工程项目文档管理工作。E-mail：guozhaofeng@sdepci.com

A Brief Discussion on the Management of Engineering Archives for Nuclear Power Projects

GUO Zhaofeng

（Shandong Electric Power Engineering Consulting Institute Co., Ltd., Jinan 250013, China）

Abstract：The management of engineering archives for nuclear power projects faces problems such as incomplete collection，non-standard organization，poor storage，inconvenient utilization，and low level of informatization. The optimization strategy includes strengthening the collection and organization of archives，improving the level of storage and utilization，promoting information technology construction，enhancing talent cultivation and team building，and improving the legal，regulatory，and standard specification system. By establishing sound systems and supervision mechanisms，expanding collection channels，improving storage conditions，optimizing retrieval methods and borrowing procedures，building an information management platform，strengthening talent cultivation and team building，and improving the system，the quality and efficiency of nuclear power project engineering file management can be effectively improved.

Keywords：nuclear power project；engineering archives management；common problem；optimization strategy

国有能源型企业档案部门加强自身文化
建设的思考与实践

黄立民，卢开春

（国家电投集团广西电力有限公司，广西壮族自治区南宁市 530000）

摘　要： 新修订的《中华人民共和国档案法》以及《档案法实施条例》已分别于 2021 年 1 月 1 日和 2024 年 3 月 1 日起正式发布实施，在新时代中国特色社会主义思想的引领下，国有能源型企业档案工作更加强调党的领导，并在研究和探索电子文归档、电子档案单套制管理等档案信息化建设的道路上摸索前进。文化建设作为档案工作中的软实力，档案部门要结合新时代的发展特点，打破档案工作固有的传统思维，在原有文化建设的基础上培育创新档案工作技术和方法，探索一条适合国有能源型企业档案部门自身发展的文化建设道路。

关键词： 档案；文化建设；国有企业

0　引言

国有能源型企业肩负着维护国家能源安全，发挥压舱石和稳定器的作用，其在各项重要经营管理活动、重大能源项目建设中直接形成的对国家社会及本单位具有保存价值的各类档案，也是本单位的宝贵精神财富和企业文化积淀的象征。文化是一个国家、一个民族的灵魂，加强文化建设，提升企业文化水平是一个企业立足长远发展必须考虑的事情，本文以国家电投集团广西电力有限公司（以下简称"广西公司"）在档案文化建设中的实践经验为例子，引出档案部门在加强文化建设中面临的问题，并结合自身实践提出解决建议。

1　档案部门文化建设的背景与初心

党的十九大报告提出，文化自信是一个国家、一个民族发展中更基本、更深沉、更持久的力量，没有高度的文化自信，没有文化的繁荣兴盛，就没有中华民族伟大复兴。国有能源型企业在保障国家能源安全、推动经济发展、促进社会稳定以及实施国家战略等方面具有不可替代的作用，是国家经济和社会发展的重要支柱。国有能源型企业在长期的生产经营活动中积累了大量的文件、资料、样品、物件、音视频等档案资源，为其改革发展提供了重要支撑。档案的性质决定了其在促进企业文化发展、推动企业文化建设、服务企业高质量发展中有着不可替代的独特作用。档案部门作为档案工作的归口管理部门，加强其自身的文化建设不仅使档案工作能够满足传统档案工作"收、管、存、用"等基本要求，还能将档案中挖掘的信息资源升级为文化宣传产品，促进能源型企业文化宣传工作，推动提升企业形象，更好地服务本单位乃至全社会。

广西公司作为国家电投集团在桂二级单位以及区域牵头单位，正在积极落实中国"3060"目标及国家电投"均衡增长战略"，探索"新能源+"新业态发展，深入参与东盟国家的清洁能源和综合智慧能源项目开发，为广西经济社会发展作出应有贡献。广西办公室作为档案管理归口部门，从分管档案工作的公司领导、部门领导，再到档案管理人员，自上而下充分认识到档案是企业文化建设中不可缺少的一部分，是记录广西清洁能源建设发展历程有效手段，档案管理人员也时刻牢工作岗位的使命和愿景"为党管档、为国守史，为记录地区清洁能源建设发展贡献档案智慧"。这也构成了广西公司档案部门自身文化建设的初心和使命。

2 档案部门自身文化建设层次内容

2.1 档案工作精神文化建设内容

档案部门应根据国家电投集团以及本单位的发展战略和规划目标、档案事业发展规划等内容，提炼出与自身相匹配的档案工作长远目标，并与企业的使命愿景相结合，总结提炼出档案工作的价值观、档案工作的精神口号、档案工作氛围风气，以及应具备的职业道德。例如，上述提到广西公司档案工作的使命和愿景是："为党管档、为国守史，为记录地区清洁能源建设发展贡献档案智慧"。

2.2 档案工作制度文化建设内容

档案部门应根据企业经营管理和发展需求，梳理、制定、完善与上述精神文化相匹配的档案工作管理机制和管理制度，编写发布的制度能够充分覆盖档案工作各项重要业务内容，以制度支撑和落实档案工作中的行为规范，以此将精神文化加以固定和传承。主要包括但不限于档案管理原则、档案分类编码规则及归档范围与保管期限表、档案保管及借阅利用规定、项目档案验收管理办法等。

2.3 档案工作物质文化建设内容

档案部门应在适合的场所积极考虑布局建立与档案工作相关的标识、宣传图册等，以此提升档案工作视觉效果，树立良好的文档服务形象，通过布置档案工作专业场所、挖掘档案资源、编研档案产品、推进档案信息化建设、展示重要视频和照片档案等多种形式的宣传展示工作，提升能源企业内部全体员工对档案工作的认识程度。

3 在档案文化建设中过程的薄弱点及问题

区别于档案部门的岗位与职责分工等方面实际内容，档案工作文化建设一直以来作为一种无形的能量，很容易被各方所忽略。党的二十大以来，在党的正确领导下，各级档案机构特别是省级以上档案局（馆）、部分重点院校和科研机构以及中央企业等单位结合当今时代的进步和发展，在推动档案文化建设上进行了许多有益的探索和实践，如结合党史学习教育活动或"6·9"档案宣传日集中推出爱国主义教育展览、革命历史纪录片展播、新时代档案事业发展大讲坛、中央企业档案技能竞赛等，这些活动充分彰显了档案的文化属性，有效提升了档案行业在社会上的影响力和公众认知度，为档案事业发展烘托了良好氛围。但是我们也要清醒的看到，在推进档案文化建设中，仍然存在着若干亟待解决的问题。

一是资源分布不均导致档案部门自身对文化建设的认识不均衡。国有能源型企业具有相对扎实的档案工作基础和较为丰富的专业知识，但不同地区、不同行业、不同性质的单位，因档案文化建设程度差异较大，并不是所有企业都能够重视和把握档案文化建设的内容。因此，大部分单位在档案文化建设上主要依托于对档案实体的传统收集、整理、开发和利用，并没有真正从档案文化建设角度出发来思考和推进工作的开展。

二是信息化技术发展迅猛导致档案文化建设跟不上发展步伐。目前国内档案工作主要侧重于对传统档案实体的"收、管、存、用"四个方面工作，并且受制于人才、资金、技术、知识等方面，大多数单位并不会主动提供充足的资源来保障档案部门对档案信息化建设、电子文件整理归档、电子档案单套制方面的研究，在信息化程度日益更新的现代社会，移动端、互联网端产生的电子文件数据将越来越多、信息技术更新换代的频率也越来越快，一旦压缩了自我发展空间，局限了创新思维，必然导致档案文化建设的思路和内容跟不上社会发展的步伐。

三是档案文化产生的影响力与其在企业文化中的地位不相匹配。企业档案部门自身的文化建设属于企业文化建设的重要组成部分，企业文化建设是一项系统工程，是现代化企业发展必不可少的竞争法宝。目前的档案文化建设只是企业文化建设全局中的一项一般性工作，往往是单位在开展企业文化建设和公关宣传时，档案部门被动地从馆藏档案资源中提供本单位发展历程中重要的档案素材、照片、声像资料、实物等协助性工作，各方尚未深刻意识到档案文化建设也是推动企业文化建设、促进企业高质量发展的重要抓手之一。在企业文化的整体战略发展目标规划、核心价值观方面，并不会体现出与档案文化建设方面相近的元素内容，这也是档案文化的地位、作用在企业文化地位中不相匹配的一种体现。

4 加强档案部门自身文化建设的实践经历

广西公司自 2016 年成立以来，档案部门在历经多年的风雨洗礼，档案文化建设从无到有、从小到大逐步得到发展和完善，作为国有能源型企业性质的档案管理工作，同样也见证了近年来国家的重大政治生活和广西新能源建设发展的重大节点，从党的十九大到党的二十大，从新中国成立七十五周年到中国共产党成立一百年，从华南地区首个高山风电集群的建成投产到广西钦州 90 万千瓦海上风电项目的开工准备，档案部门通过加强自身文化建设所取得的成效也逐渐显现，加强自身文化建设的实践经验主要包括以下方面：

4.1　提高政治站位，筑牢文化建设中的政治意识和大局意识

从档案工作的性质和内涵来看，国有能源型企业档案管理工作具有鲜明的政治色彩和服务社会的功能，客观真实反映了国家在能源项目建设进程中的历史记录。国有能源型档案部门在文化建设中不仅要讲政治，而且必须要通过讲政治来不断提高政治站位，将恪守政治意识作为档案工作的根本职守；档案部门和档案从业人员要把讲政治实实在在融入档案文化建设的各个层面和各个角落。新颁布的《档案法》第一章第三条中明确规定了要坚持中国共产党对档案工作的领导，这就要求在档案工作中要时刻以坚定的政治立场维护国家利益，以高度的政治自觉服务国家大事。

广西公司档案从业人员中，党员承担了先锋模范带头作用，定期学习档案工作方面的重要文件，如《习近平关于档案工作、历史学习与研究、文化遗产保护重要论述摘编》《关于认真学习贯彻习近平总书记对档案工作重要批示精神的通知》等，分管档案工作的公司领导在收到上级下发的档案工作重要文件时，提出了具体明确的批示意见。档案部门从政治站位高度出发，通过党建引领业务的方式高效完成了桂林区域、钦州区域 2 个风电项目档案验收以及集团公司数字档案馆试点建设项目验收等重要工作。实践证明，在文化建设中牢固树立政治意识和大局意识、坚持党对档案工作的领导，是档案工作在精神文化建设中的根本遵循。

4.2　推动档案信息化建设，增强档案在文化建设中的创新思维意识

在《档案法》第五章中，专门提到了推进电子档案管理信息系统建设，电子档案与传统载体档案具有同等效力，可以以电子形式作为凭证使用。这足以说明了社会已经步入到信息化的新时代，档案工作的思维不能还停留在只对传统的纸质载体档案进行整理归档工作，要持续关注和研究业务系统生成的电子文件、元数据信息的收集归档、电子档案的特点及管理方式。为此，在推进档案部门自身的文化建设过程中，要紧跟社会新技术发展应用步伐，放宽眼界、开放思维，用前瞻性的眼光看待档案工作的发展方向，通过推动档案信息化建设为档案工作开辟一片新天地。

要将档案信息化建设方面内容纳入到企业数字化转型发展战略规划中，将信息化技术应用到档案工作中，广西公司数字档案馆系统于 2024 年 10 月通过验收，数字档案馆系统已实现了主要业务系统电子文件归档、文档信息数据的著录导入、电子文件档案的在线检索利用和查阅浏览、档案的服务利用申请、档案数据统计等工作，是广西公司实施档案管理各项业务的重要平台。后续，广西公司将在数字档案馆的基础上，打造智慧档案馆，实现更多智能化手段的应用，如 VR 虚拟展厅、库房智能排架识别场景、语音识别和机器人小助手、档案扫码定位等功能。因此，档案部门和人员所具有的创新思维和创新理念，对于推动自身的文化建设也显得尤为重要。

4.3 将档案宣传工作积极融入企业文化建设中，增强档案部门的文化自信

《档案法》第三十四条指出：通过开展专题展览、公益讲座、媒体宣传等活动，进行爱国主义、集体主义、中国特色社会主义教育，增强文化自信，弘扬社会主义核心价值观。开展档案宣传不仅仅是在档案宣传日或企业文化宣传活动日期间将馆藏的档案拿出来进行展览，还要在适当时机把将档案内容进行挑选、归集，制作形成文化产品，通过图文并茂的展览、当事人采访讲述、企业文化宣传视频展播等形式输出具有本单位特色的文化产品、精品，并主动到企业和社会中进行宣传，把档案转化成文化产品，以此增加档案产品在企业文化建设中的地位和增加自身的文化自信。

经统计，在一个规模约为一百兆瓦的新能源项目建设周期内，所形成的项目档案大约为 400 卷，声像、照片数量约 50 件以上，以广西公司现有新能源场址统计，所有的项目档案数量累计将达到上万卷，在这些馆藏档案中，涉及项目前期申报、工程里程碑施工、重大设备安装调试、上级领导调研等相关档案，皆是用于制作企业文化宣传产品中必不可少的素材，例如广西公司提供的桂林坫坪风电场照片档案是集团公司开展企业文化宣传的重要素材之一，在不同重要场合中得到了展示，广西公司拍摄的企业宣传片中，很多素材来源于工程建设期拍摄的照片和视频，这些文化作品成果离不开档案部门对各类档案资源的挖掘和素材的提供，这也是档案形成文化作品输出的最直观最有效体现，极大鼓舞和提升了档案部门的文化自信。

4.4 不断完善企业档案管理制度，建立适应新时代档案工作的制度文化

档案管理规章制度是指导本单位开展档案工作的依据和手段，是新能源领域各项工作开展所必须遵守和执行的要求，"凡事有据可依、凡事有章可寻"充分说明了制度在工作中的重要地位。因此，要建立起自上而下能覆盖整个档案管理工作的规定和细则，从最上层的管理原则到执行办法，再到最基础的工作细则，一系列的规章制度构成了档案部门的制度文化。

随着档案信息化建设的推进和数字档案馆的应用，档案工作已不仅局限于传统的"收、管、存、用"，还应该逐步考虑到编制和完善档案信息化管理制度，使其支持对电子档案进行全过程管理需要。例如，要制定和完善电子文件整理与归档、业务系统文件数据整理要求、档案单套制管理规定、电子档案的存储接口和数据备份迁移要求等方面的管理程序，从而形成一套与当今时代发展相适应的档案管理制度文化。

5 结语

当前，档案学界在研究档案工作与文化建设方面的学术成果越来越多，但无论是从哪个研究方向和分析角度出发，在当前及今后很长一段时间内，档案文化建设的研究都离不开在党和国家政治体制建设和信息技术发展的大潮流大背景。广西公司档案工作起步较晚，在档案文化建设的研究和实践方面经验有限，通过本次探究深刻认识到档案部门作为

国有企业档案管理的机构，要毫不动摇地坚持党对档案工作的领导，以牢记为"党管档、为国守史"的初心使命，在档案工作中坚持严、慎、细、实的作风态度，不断加强文化建设，为新时代能源型国有企业档案文化建设以及国家电投集团档案建设添砖加瓦。

参考文献

［1］李国荣．档案编研开发与档案文化建设．北京：国家图书馆出版社，2019．

［2］杨冬泉．谈档案与文化建设［EB/OL］．［2012-11-08］．https://www.saac.gov.cn/daj/yaow/201211/79b9f5862f4649c2b0454622cf6f7d93.shtml.

作者简介

黄立民（1985—），男，副研究馆员，主要研究方向：企业档案工作基础、项目档案管理、档案制度建设等。E-mail：18777083637@163.com

卢开春（1996—），女，助理工程师，主要研究方向：文化建设、文件控制、公务活动管理。E-mail：1126607523@qq.com

The Contemplation and Practice of Strengthening Cultural Construction in The Archives Department of State-owned Energy Enterprises

HUANG Limin，LU Kaichun

（SPIC Guangxi Electric Power Co., Ltd., Nanning 530000，China）

Abstract：The newly revised "Archives Law" and the "Regulations on the Implementation of the Archives Law" have been officially implemented on January 1，2021，and March 1，2024. Under the guidance of the thought of socialism with Chinese characteristics for a new era，the archival work of state-owned energy enterprises has placed greater emphasis on the leadership of the Party. They are exploring the path of electronic document filing，single-set management of electronic archives，and other aspects of archival informatization. As the soft power in archival work，cultural construction requires the archives department to combine the development characteristics of the new era，break away from the inherent traditional thinking in archival work，cultivate innovative archival work technologies and methods based on the original cultural construction，and explore a path of cultural construction suitable for the development of the archives department of state-owned Energy Enterprises.

Keywords：archives；cultural construction；state-owned enterprise

探索历史记忆、传承路径与创新策略

侯亚东

（国能扶沟生物发电有限公司，河南省周口市　461300）

摘　要：档案作为人类历史记忆的重要载体，蕴含着丰富的文化价值与信息资源。本文旨在探讨档案与文化之间的内在联系，分析档案在文化传承、文化创新以及前瞻性发展中的作用。通过学术性视角审视档案的文化属性，结合具体实践案例，提出档案文化保护与利用的策略，同时展望档案文化在未来社会发展中的前景。研究发现，档案不仅是历史的见证，更是文化创新与发展的重要资源，其开发利用对于推动社会文化繁荣具有重要意义。

关键词：档案；文化；文化传承；文化创新；档案利用

0　引言

档案是人类社会活动的真实记录，是历史与文化的重要载体。它们以文字、图表、影像等多种形式存在，记录了人类社会的发展历程、文化变迁与智慧结晶。在全球化与信息化的时代背景下，档案的文化价值日益凸显，成为连接过去与未来、传承与创新的重要桥梁。本文将从学术性、实践性、创新性和前瞻性四个维度，深入探讨档案与文化的关系，以期为档案文化的保护与利用提供新的思路与策略。

1　档案的文化属性及其价值

1.1　档案的文化属性

档案作为人类文明的产物，具有鲜明的文化属性。首先，档案是文化记忆的重要载体。它们记录了特定时期、特定地域的文化特征、价值观念与生活方式，是文化传承与认同的重要依据。其次，档案是文化多样性的体现。不同文化背景下的档案，反映了不同民族、不同地区的文化特色与智慧，促进了文化多样性的交流与融合。最后，档案是文化创新的基础。通过对档案的研究与利用，可以挖掘历史文化的深层内涵，为文化创新提供灵感与素材。

1.2　档案的文化价值

档案的文化价值主要体现在以下 4 个方面：一是历史价值，档案记录了人类社会的发展历程，是研究历史、认识历史的重要资料；二是教育价值，档案中的真实故事、历史人物与事件，为教育提供了生动的素材，有助于培养人们的历史意识与文化认同感；三是艺术价值，档案中的书画、摄影、音像等艺术作品，展现了不同时期的艺术风格与审美观念，为艺术创作提供了丰富的灵感来源；四是经济价值，档案中的商业信息、技术资料等，对于经济发展、产业升级具有重要价值。

2　档案在文化传承中的实践路径

2.1　档案的文化保护

　　档案的文化保护是确保档案文化价值得以传承的基础。一方面，需要加强档案的物理保护，通过改善保存环境、采用先进保存技术等手段，延长档案的寿命。另一方面，需要加强档案的数字化保护，通过数字化手段将档案转化为数字资源，实现档案的长期保存与便捷利用。同时，还需要加强档案的安全保护，建立健全档案安全管理制度，防止档案被损毁、丢失或非法利用。

　　例如，某档案馆通过实施档案数字化工程，将大量珍贵档案转化为数字资源，不仅方便了公众查阅，还有效保护了档案原件。同时，该馆还建立了完善的档案安全管理制度，确保了档案的安全与完整。

2.2　档案的文化利用

　　档案的文化利用是档案文化价值得以实现的关键。一方面，可以通过举办档案展览、出版档案史料等方式，将档案资源转化为文化产品，满足公众的文化需求。另一方面，可以通过档案编研、档案数字化等方式，深入挖掘档案的文化内涵，为学术研究、艺术创作等提供丰富的素材与灵感。此外，还可以通过档案信息化建设，实现档案资源的共享与利用，促进档案文化的广泛传播与深入影响。

　　例如，某市档案馆举办了"城市记忆——档案展"，通过展示大量珍贵档案，让公众了解了本市的历史变迁与文化特色。同时，该馆还出版了多部档案史料，为学术研究提供了重要资料。

2.3　档案的文化传播

　　档案的文化传播是档案文化价值得以扩大的重要途径。一方面，可以通过传统媒体与新媒体相结合的方式，扩大档案文化的传播范围与影响力。例如，通过电视、广播、报纸等传统媒体进行档案文化的宣传与报道；通过社交媒体、网络直播等新媒体进行档案文化的互动与传播。另一方面，可以通过文化旅游、文化创意等方式，将档案文化与旅游业、文化产业等相结合，打造具有地方特色的文化品牌与旅游产品，推动档案文化的产业化发展。

　　例如，某档案馆与当地旅游局合作，推出了"档案文化之旅"项目，让游客在游览过程中了解当地的历史文化。同时，该馆还与当地文化创意企业合作，开发了多款以档案文化为主题的文创产品，深受游客喜爱。

3　基于数字技术的档案文化创新策略

3.1　档案数字化与智能化

档案数字化是档案文化创新的基础。通过数字化手段将档案转化为数字资源，可以实现档案的长期保存、便捷利用与广泛传播。同时，结合人工智能技术、大数据技术等，可以实现档案的智能化管理与分析，提高档案资源的利用效率与服务质量。例如，通过自然语言处理技术对档案文本进行自动分类、摘要与关键词提取，可以方便用户快速找到所需信息；通过大数据分析技术对档案数据进行挖掘与分析，可以发现档案中的隐藏规律与趋势，为学术研究、政策制定等提供有力支持。

国家档案馆利用人工智能技术，开发了智能档案检索系统。用户只需输入关键词或简单描述，系统即可自动匹配并推荐相关档案资源，大大提高了用户的检索效率与满意度。

3.2　档案虚拟现实与增强现实应用

虚拟现实（VR）与增强现实（AR）技术的快速发展，为档案文化的呈现与传播提供了新的可能。通过 VR 技术，可以构建出逼真的历史场景与文化遗产环境，让用户体验到身临其境的感受；通过 AR 技术，可以在现实世界中叠加虚拟的档案信息，实现档案资源的可视化与互动化。这些技术的应用，不仅丰富了档案文化的呈现方式，还增强了用户的参与感与沉浸感，提高了档案文化的吸引力与影响力。

实践案例：某博物馆利用 VR 技术，复原了古代城市的建筑风貌与生活场景，让游客仿佛穿越时空回到了古代。同时，该馆还利用 AR 技术，在展品上叠加了虚拟的解说信息与互动游戏，增强了游客的参与感与趣味性。

3.3　档案新媒体传播与社交媒体互动

新媒体与社交媒体的快速发展，为档案文化的传播与互动提供了新的平台与渠道。通过新媒体平台（如微博、微信公众号、短视频平台等），可以发布档案文化的相关内容，吸引更多年轻用户的关注与参与；通过社交媒体平台（如 Facebook、Twitter、Instagram 等），可以与国际用户进行互动与交流，推动档案文化的国际化传播。同时，还可以利用这些平台进行数据收集与分析，了解用户需求与反馈，为档案文化的创新与发展提供依据。

例如，某档案馆在微博平台上发布了一系列关于当地历史文化的短视频，吸引了大量用户的观看与转发。同时，该馆还在微信公众号上开设了"档案故事"专栏，定期发布档案背后的历史故事与人物传记，引发了用户的广泛讨论与共鸣。

4　档案文化的前瞻性发展

4.1　档案文化与社会发展深度融合

未来，档案文化将与社会发展更加紧密地融合。一方面，档案文化将成为推动社会进步与发展的重要力量。通过深入挖掘档案中的文化资源与智慧结晶，可以为社会发展提供有力的文化支撑与智力支持。另一方面，社会发展也将为档案文化的保护与利用提供新的机遇与挑战。例如，随着数字技术的快速发展与广泛应用，档案文化的数字化保护与智能化利用将成为重要趋势；同时，随着全球化进程的加速推进与文化多样性的日益凸显，档案文化的国际化传播与交流也将成为重要方向。

4.2 档案文化与文化遗产保护相互促进

档案文化与文化遗产保护之间存在着密切的联系与互动。一方面，档案文化可以为文化遗产保护提供重要的历史依据与技术支持。通过档案中的历史记录与研究成果，可以了解文化遗产的历史背景、文化内涵与价值意义；同时，通过数字化技术、虚拟现实技术等先进技术的应用，可以为文化遗产的保护与修复提供有力支持。另一方面，文化遗产保护也可以推动档案文化的传承与发展。通过加强对文化遗产的保护与利用，可以丰富档案文化的内涵与外延；同时，通过文化遗产的国际化传播与交流，也可以提升档案文化的国际影响力与知名度。

4.3 档案文化与公众教育的深度融合

未来，档案文化将与公众教育更加紧密地融合。一方面，档案文化将成为公众教育的重要内容与资源。通过将档案文化融入学校课程、社区活动、文化旅游等领域，可以培养学生的历史意识与文化认同感；同时，通过举办档案展览、出版档案史料等方式，也可以为公众提供丰富的文化教育资源。另一方面，公众教育也将为档案文化的保护与利用提供新的思路与方法。例如，通过引导学生参与档案文化的保护与利用活动，可以培养他们的历史责任感与文化自信；同时，通过利用公众教育的力量来推动档案文化的传播与交流，也可以提高档案文化的社会认知度与影响力。

5 结语

综上所述，档案作为人类历史记忆的重要载体与文化传承的重要媒介，在推动社会文化繁荣与发展中发挥着不可替代的作用。通过加强档案的文化保护、利用与传播工作以及基于数字技术的创新策略实施，可以深入挖掘档案的文化内涵与价值意义；同时通过与社会发展、文化遗产保护以及公众教育的深度融合与互动合作，可以推动档案文化的传承与创新发展。未来，随着数字技术的快速发展与广泛应用，以及全球化进程的加速推进与文化多样性的日益凸显，档案文化将迎来更加广阔的发展前景与机遇挑战。因此，我们需要不断加强档案文化的保护与利用工作以及创新策略研究与实践探索工作力度；同时积极倡导社会公众广泛参与和支持档案文化的传承与创新发展事业中来；共同为推动人类文明的传承与发展贡献智慧和力量。

参考文献

[1] 赵屹. 档案馆的现在与未来［M］. 北京：世界图书出版公司，2015.

［2］王玉珏. 档案文化创意服务的理论与实践［M］. 武汉：武汉大学出版社，2017.

［3］葛非，付海晏. 文化与科技融合初探［M］. 武汉：华中师范大学出版社，2014.

作者简介

侯亚东（1999—），男，初级文秘，主要研究方向：企业文化与经济效益。E-mail：houyadong092139@163.com

Exploring Historical Memory, Inheritance Paths, and Innovative Strategies

HOU Yadong

（Guoneng Fugou Biological Power Generation Co., Ltd., Zhoukou 461300, China）

Abstract: Archives, as an important carrier of human historical memory, contain rich cultural values and information resources. This article aims to explore the intrinsic connection between archives and culture, and analyze the role of archives in cultural inheritance, cultural innovation, and forward-looking development. By examining the cultural attributes of archives from an academic perspective and combining specific practical cases, strategies for the protection and utilization of archival culture are proposed, while also looking forward to the prospects of archival culture in future social development. Research has found that archives are not only witnesses to history, but also important resources for cultural innovation and development. Their development and utilization are of great significance for promoting social and cultural prosperity.

Keywords: archives; culture; cultural inheritance; cultural innovation; vitalization of archive

第二部分　档案体制机制建设

电力系统档案体制机制建设的探索与思考

李欣欣

（赤峰新城热电分公司，内蒙古自治区赤峰市 024000）

摘　要：随着时代的进步与发展，档案管理的重要性日益凸显。完善的电力企业档案体制机制能够有效防止档案遭受损坏、丢失或被篡改，从而确保档案能为电力设备维护、故障排查、调度决策等提供关键依据，确保电力系统稳定运行。本文从档案体制机制建设的重要性和新时代背景下，对组织机构健全、管理标准统一、人员配置齐全、专业技能提升、数字化工具运用等方面进行了详细分析，并根据出现的原因，有针对性地提出了相应的处理建议，为实践工作提供参考。

关键词：电力企业；档案管理；体制机制

0　引言

随着社会经济的快速发展，电力需求日益增长，对电力系统的档案管理水平提出了更高的要求。近年来，信息技术的迅猛发展为电力行业的管理带来了新的机遇与挑战。尤其是电力档案作为历史的见证和电力发展的重要记录，对于国家、社会和个人都具有不可替代的价值。目前，我国电力系统档案管理虽然取得了一定成效，但在档案信息化建设、档案资源开发利用等方面仍存在不足，如档案管理方式落后、信息孤岛现象严重等。只有建立健全科学合理的档案体制机制，才能确保档案工作高效、有序地开展，充分发挥档案的作用。

在档案管理领域，如何加强档案体制机制建设，有效利用信息技术提高档案管理效率，保障信息安全，成为电力企业面临的重要课题。本文旨在探讨电力系统档案管理中存在的问题，分析影响档案管理效率的因素，并提出优化电力系统档案体制机制措施，以期为电力企业档案管理提供实践指导。

1　档案体制机制建设的重要性

1.1　保障电力档案资源的完整与安全

完善的电力企业档案体制机制能够明确档案工作的责任主体和管理流程，从收集、整理、保管到利用的各个环节都有严格的规范和制度保障，从而确保档案资源的完整无缺和安全可靠。而严格的保管制度和安全防护措施，则能有效防止档案遭受损坏、丢失或被篡改。从而确保档案能为电力设备维护、故障排查、调度决策等提供关键依据，确保电力系统稳定运行。

1.2　满足合规性要求

国家和某些地区都专门针对档案管理的法律法规，如《中华人民共和国档案法》《中华人民共和国秘密法》等。这些法律法规对档案的收集、整理、保管、利用和销毁等环节提出了明确的要求。电力系统作为重要的基础设施，必须严格遵守这些法律法规，确保档案管理的合法性和规范性。不合规的档案管理可能导致法律诉讼、罚款甚至刑事责任。

电力行业通常受到严格的行业监管，监管机构对电力档案管理有明确的标准和要求。例如，电力行业的安全监管机构可能会要求企业保存特定类型的档案，以备检查和审计。监管机构会定期或不定期对企业进行合规审查，不符合要求的企业可能会面临整改通知、罚款等处罚。

企业二级单位的审计部门、监察部门需要通过档案来验证业务操作的合规性和有效性。不合规的档案管理可能导致审计发现问题，影响企业的运营效率和声誉。合规的档案管理有助于企业识别和管理潜在的风险，如法律风险、财务风险等。通过建立健全的档案管理体系，可以有效降低这些风险。

1.3　促进档案事业的可持续发展

档案体制机制建设是档案事业发展的基础和保障。档案中蕴含的经验教训、技术创新等内容可促进电力企业管理提升、技术改进，实现可持续发展。通过不断完善档案体制机制，能够适应社会发展的变化和需求，推动档案事业与时俱进。同时，健全的档案体制机制还能够吸引更多的人才和资源投入到档案事业中，为档案事业的可持续发展提供有力支持。

2　电力系统档案体制机制建设的现状及问题

2.1　体制方面

某些电力企业高层管理人员对档案管理工作的重视程度不够，往往将更多的注意力放在企业的生产运行、生产安全等方面，而忽视了档案管理的重要性。这种态度导致了档案管理工作的投入（包括人力、物力、财力）不足，影响了档案管理工作的有效开展。部分电力企业档案管理部门与其他业务部门沟通协作不畅，导致档案收集不及时、不全面。部分企业存在档案管理职责不清、多头管理等问题，导致档案工作缺乏统一的领导和协调。一些档案行政管理部门的职能弱化，对档案工作的监督指导力度不够，影响了档案工作的整体质量。

2.2　管理标准方面

不同地区、不同层级的电力企业可能在档案分类、编号、格式等方面存在各自的做法，有些企业没有本专业的管理标准，导致档案管理标准不一致。例如，有的铝业生产单位没有自己专业性标准，档案管理部分采用火电标准，部分由单位自行安排档号，导致档案管理混乱，档案信息不准确、不完整。

2.3 信息化建设方面

项目建设期间，各单位可能采用不同的档案管理信息化系统，这些系统之间往往难以实现无缝对接和数据共享。比如建设单位使用的高端档案管理系统与施工单位相对简单的系统无法有效连通，阻碍了档案信息在整个电力系统内的有效流转及档案移交。

随着电力技术发展和业务拓展，档案管理信息化手段需要不断更新升级。但部分电力单位存在信息化建设滞后的情况，不能及时跟上新技术的应用，影响档案管理的效率和质量，像未能及时引入先进的电子签名、电子档案加密等新技术。

2.4 人员配置方面

档案管理工作需要既懂电力专业知识又熟悉档案管理业务的复合型人才。很多档案管理人员只是单纯掌握档案管理基本技能，对电力业务了解有限，难以对涉及复杂电力业务的档案进行精准管理和有效利用。然而在电力系统中，由于各单位人员配置有限，档案管理人员配置较少，此类专业人才相对匮乏。

对档案管理人员的业务培训不够系统全面，导致其难以适应不断变化的档案管理要求。比如缺乏对新出台的档案管理法规、新的信息化管理技术等方面的培训，影响员工业务能力提升。

2.5 协同管理方面

上下层级沟通不畅，在分级管理体制下，上级单位与基层单位在上级与下级之间的档案管理工作上可能存在沟通不顺畅的情况。上级单位制定的档案管理标准和档案工作操作手册，下级单位不能完全理解及执行。基层在执行过程中遇到的问题也难以及时反馈给上级，影响档案管理工作的整体推进。

企业内部、不同部门之间在档案管理方面缺乏有效的横向协作。例如：电力工程建设部门与档案管理部门，在涉及一个小型技改工程从建设到运行全过程的档案管理上，可能没有很好地协同配合，造成档案信息衔接不完整。

2.6 收集机制不完善

企业一些部门对档案收集重视不足，存在档案遗漏、缺失等情况，影响档案完整性。

3 电力系统档案体制机制建设的优化策略

3.1 完善体制架构

建立集中统一管理模式整合分散的档案管理资源，设立专门的档案管理中心加强对全系统档案的统筹管理。制定详细的岗位说明书，明确各岗位在档案管理流程中的具体职责，确保工作落实到位。

3.2 优化机制建设

健全档案收集机制首先需档案部门同其他部门共同确定生产工作中产生哪些资料，形成归档范围。明确各专业人员在档案收集中的职责和任务。在工程不同阶段对基层专业人员进行有针对性的档案收集培训，使每一个专业人员既是档案的形成者也是档案的移交者。建立定期检查与考核制度，确保档案应收尽收。

升级现有数字化系统，提高档案利用效率。数字化技术人员应与档案人员沟通，使系统中的模块符合档案要求，便于超利用。建立便捷的在线查询利用平台，提高利用效率。推进数字化存储与利用机制。加强集团内档案信息资源共享平台建设，实现档案信息资源的互联互通和共享利用，提高档案信息资源的利用效率。

3.3　推进档案人才队伍建设

档案人才培养制度化，将档案专业教育和培训工作列入公司年度培训计划，提高档案工作人员的专业素质和业务能力。优化档案人才队伍结构，引进和培养一批既懂档案业务又熟悉专业技术的复合型人才，满足档案事业发展的需要。建立健全档案人才激励机制，提高档案工作人员的待遇和地位，激发他们的工作积极性和创造性。

3.4　强化安全机制标准化

制定完善的适合本企业的档案安全应急预案，定期进行安全应急预案演练，提高应对突发事件的能力。采用异地备份、云端备份，形成不同的地理位置进行数据备份，防止因自然灾害或人为事故导致的数据损失。采用定期备份，确保在收据丢失或损坏是能够快速恢复等技术手段，保障档案数据安全。

4　结语

综上所述，现阶段电力企业需加强电力系统档案体制机制建设。新的时代对档案管理工作提出新的要求，为充分发挥档案管理的作用，需要在数字信息化、档案队伍建设、数字信息化、数据共享与安全方面进行管控与创新，以体现档案管理工作的现代化及为工程与安全及运行服务的价值。

作者简介

李欣欣（1979—），女，副研究馆员，主要研究方向：火电档案收集整理、风电光伏档案收集整理及检查等。E-mail：1377949107@qq.com

Exploration and Reflection on the Construction of Archive System Mechanism in Power System

LI Xinxin

（ChiFeng New District Power Company, Chifeng 024000，China）

Abstract：With the progress and development of the times，the importance of archive management is increasingly prominent. A sound archive system and mechanism for power enterprises can effectively prevent archives from being damaged，lost，or tampered with，thereby ensuring that archives can provide key basis for power equipment maintenance，fault diagnosis，scheduling decisions，and ensure the stable operation of the power system. This article provides a detailed analysis of the importance of the construction of the archive system mechanism，under the background of the new era，through the improvement of organizational structure，unified management standards，complete personnel configuration，professional skill enhancement，and the use of digital tools. Based on the reasons for the occurrence，corresponding handling suggestions are proposed in a targeted manner to provide reference for practical work.

Keywords：electric power enterprises；file management；mechanism

电力建设项目档案模块化管理的研究与实践

王海莉

（江苏常熟发电有限公司，江苏省常熟市　215536）

摘　要： 为应对电力建设项目档案管理日益增长的多样性和复杂性，提出了创新管理模式，通过分析电力建设项目档案管理的现状，提出了模块化管理的理论框架，并进行了实践探索，结合实际案例充分验证了该模式在提高档案管理效率、保障档案质量，以及提升档案利用价值的效果显著，并展望了项目档案智能模块化管理的发展方向。

关键词： 电力建设项目；项目档案；模块化管理

0　引言

电力建设项目档案是在电力建设项目从规划、设计、施工到竣工投产的全过程中直接形成的、有价值的各种形式的历史记录，是项目质量验收鉴定的重要依据，为项目今后的运行、维护和改造提供服务。在实现"双碳"目标进程中，新型电力系统的建设日益多元化，伴随着电力建设项目数量大幅增多，电力建设项目档案管理工作面临着前所未有的挑战。因此，研究一种简单高效的档案管理模式已成为一项亟待解决的重要任务。

1　电力建设项目档案的现状分析

1.1　管理难度加大

电力建设项目数量的快速增长使得项目档案规模急剧膨胀，大量文件和数据亟待处理与归档。而且，项目复杂程度提高，档案内容涉及更多专业领域和技术环节，从设计图纸、施工方案，到设备参数、调试报告等，各类档案间的关联错综复杂，这对档案管理人员的专业素质和信息整合能力提出了更高要求。新型电力系统建设涉及多个部门和众多参与方，如设计单位、施工单位、设备供应商等。各个环节都会产生大量文件资料，由于各方工作重点和流程存在差异，在档案收集、整理和移交时，容易出现沟通不畅、标准不一致的问题，档案资料缺失、格式混乱等现象时有发生。

1.2　重视度不足

档案管理工作往往未得到应有的重视和合理规划。许多电力企业在开展电力建设项目时，往往将主要精力集中在施工工作、成本控制以及推动施工进度和保证施工质量上，而忽视了项目档案管理的重要性。建设项目开工后每天都会产生大量有价值的文件资料，平时不重视、不及时收集，等到项目建设后期，才开始收集文件资料和档案整编工作时，发现施工过程文件存在种种问题，如人员进场报审文件不齐全、质量验评文件未完成审核签字、施工记录中整改未闭环、重要节点文件缺失、施工图与实际不符、项目划分表与实际施工不符等等，严重影响了后期档案的整编进度，延长档案验收时间。项目竣工投运后，施工人员纷纷离场，要解决签字审批的问题，沟通协调难度大，整改很难到位，以至于项目文件资料不齐全、整改工作无法闭环[1]。

1.3 档案质量不高

档案整理不规范，组卷时违背成套性、系统性原则，关联紧密的文件被拆分，无关文件被错误组合。案卷题名无法准确反映档案内容和特征，文件编号不统一、不连续，责任者不明确或编写错误。竣工图编制深度与合同要求不符，未正确加盖竣工图章，设计变更单没有修订到竣工图上等。这些问题严重影响档案质量，无法通过档案竣工验收，并阻碍了项目档案的有效利用，档案价值难以充分发挥。

2 电力建设项目档案模块化管理的理论基础

模块化是一种处理复杂系统分解为更好的可管理模块的方式。为了应对电力建设项目档案管理日益增长的多样性和复杂性的挑战，将模块化概念引入到电力建设项目档案管理模式中，形成了电力建设项目档案模块化管理理论，即在电力建设的全过程中，根据不同的组织机构、建设阶段、文件类型等维度，将档案管理工作分解成若干个相对独立的模块，并在每个模块内进行专业化、标准化的管理。每个模块都有其特定的管理范围和质量目标，就像拼图的各个小块，共同构成完整的档案管理系统大拼图。模块化管理强调模块的独立性、可组合性和可替换性。模块之间相对独立，各模块的管理有专人负责，充分发挥专业优势，将工作具体化，实现细节管控，增强各项制度的执行力，促使各项工作能够得到有效落实。另外，模块之间通过标准化的接口进行连接和交互，能够根据建设项目的实际情况和不同的需求进行灵活组合和替换，增强了系统的适应性和可扩展性。同时，协同工作可以实现资源共享和信息流通，提高整体系统的管理效率和效益。

3 电力建设项目档案模块化管理的实践探索

3.1 建立模块

在确定项目档案分管领导、组建档案管理网络、健全项目档案管理制度的前提下，充分调研项目的特点以及档案管理的需求后，参照国家或行业的档案管理标准，根据文件类型建立模块，将电力建设项目档案管理分解成项目前期文件模块、监理文件模块、设计文件模块、施工文件模块、设备文件模块和竣工文件模块等（见图1）。每个文件模块由该文件形成单位总负责，指定模块的责任人，负责整体监督和协调，各专业主管负责本专业相关文件的收集，由该模块档案管理员负责集中整理、保管和利用服务，直至移交归档等工作，确保每个建设环节都有专人负责，便于追溯。科学的建立模块，使管理结构更清晰，提高管理效率。根据文件类型建立模块适用于众多电力建设项目，使复杂多样的电力建设项目的档案管理工作变得简单。

3.2　编写模块内容

模块内容包含项目文件的收集、整理和保管。项目文件收集是明确收集范围、收集时间、收集份数、质量要求等。以设计文件为例，应明确包含总体规划设计、方案设计、初步设计及报批文件、施工图设计、设计计算书等内容。项目文件整理是确保档案信息的准确性和完整性。按照时间顺序或文件类型对项目文件进行分类整理、组卷、排列、编目、装订。具体如档案的格式是否规范、签字盖章是否齐全、内容是否真实有效等。最后由模块责任人按施工工序、节点，分部、分项依据档案标准对模块内容的完成情况进行自检，对于不符合要求的档案及时督促相关人员整改。不同载体文件有不同存储、保管的要求，按规定配置必要的保管设施设备。有了各层级责任人的重视、参与，能有效提高档案的质量。

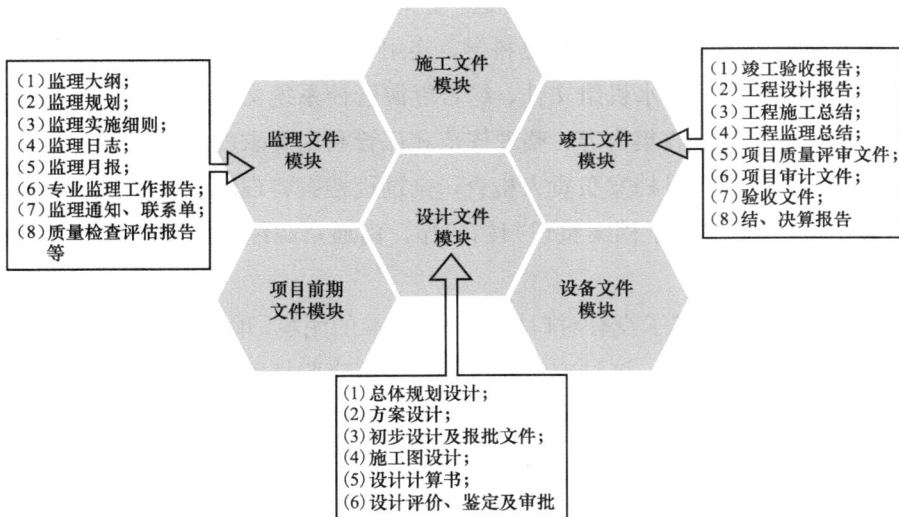

图 1　建立模块

3.3　模块利用

组织档案管理信息系统的检索利用功能的相关培训，学会使用档案模块检索，从大量的项目档案中精准获取有用信息。项目档案全部挂接电子文件，组卷遵循文件的形成规律和成套性特点，规范案卷题名的准确性，有利于提高档案利用效率。对不同模块的利用范围、利用对象、查借阅权限等作出规定，如施工单位人员登录只能管理施工文件模块和查阅设计文件模块的所有内容，无法查看竣工文件模块的相关财务决算内容，确保档案信息的安全和合规使用，且设有数据监控系统，保障档案信息安全[2]。

4 案例分析

江苏常熟发电有限公司是一家综合型能源发电企业，有火力、光伏、综合智慧能源等发电、供热项目，在节能减排技术改造、综合能源建设、火电扩建项目中，项目档案的模块化管理发挥着重要作用。以下是在应用模块化管理的案例。

4.1 在综合能源建设中的应用

在南通京源综合智慧能源项目启动前，我们与项目负责人进行了深入沟通，详细了解了项目规划。该项目规划建设 1.9MWp 屋顶分布式光伏、4 套 4801kW 离心式冷水机组、4 台 80kW 空气能热水机组（用于生活热水）以及综合能源管控系统等配套设施。既有光伏发电项目，又有火电机组设备相类似的能源管控系统，面对综合智慧能源项目缺乏针对性的档案收集整理标准规范的挑战，我们结合 NB/T 32037《光伏发电建设项目文件归档与档案整理规范》和 DL/T 241《火电建设项目文件收集及档案整理规范》的档案分类、归档范围及保管期限划分表，根据项目实际情况，编制了《江苏南通京源综合智慧能源项目文件材料归档范围及保管期限划分表》。这一过程中，我们依据电力建设项目档案的分类原则和模块化管理方法，使档案分类更科学、实用。例如，施工文件模块包含光伏发电单元文件、冷水机组文件、热水机组文件、综合能源管控系统文件。每个文件模块确定责任人，按照我们列出的档案收集内容、整理规范和保管利用要求严格执行，并自检后填写完成情况。项目竣工前经项目档案负责人检查，全过程档案管理情况良好，档案质量符合要求。项目竣工 15 天后完成了档案整理归档工作，南通京源综合智慧能源项目共归档文件264 卷。

通过模块化管理，突破了没有对口档案分类标准的困境，项目档案收集不仅齐全完整、整理也更加规范系统。此外，这种方法显著缩短了移交归档时间，实现了档案管理工作和项目建设的双融合、双促进，有效改变了新能源项目档案移交滞后的现象，为项目生产运营提供了完整、有力的档案支撑。

4.2 在火电扩建项目中的应用

在公司扩建工程收集、整理项目前期文件的工作中，得到了公司领导的高度重视和资源支持。领导亲自参与制定档案模块化管理方案，对每个文件模块责任到人，确保了档案管理工作的高效推进。项目前期文件被分解成立项文件、可行性研究文件、评估文件、项目咨询合同等模块，各模块都有明确的分工和责任人，并注重沟通和协调，保证工作有序进行。

在项目前期音像档案管理方面，我们按拍摄内容划分模块，并编写《替代扩建工程前期工作音像档案移交明细》（见表 1），明确了收集内容、整理要求和责任人，实现了音像文件与工程进度同步完成，提高了音像档案的数量和质量，为项目留下了宝贵的视觉记录。

表 1　　　　　　　　　　替代扩建工程前期工作音像档案移交明细

模块编号	模块名称	收集内容	整理要求	责任人	收集完成情况	整理完成情况
1	重大活动	（1）重要领导参加与本工程有关的重大公务活动；（2）工程开工仪式等活动	（1）归档的音像档案应是用数字成像设备直接拍摄形成的原始图像、音频、视频文件，不能对音像档案的内容和EXIT信息进行修改和处理；（2）对反映同一内容的若干件音像文件，应选择其中具有代表性和典型性的归档，所选音像文件应能反映该项活动的全貌，且主题鲜明、影像清晰、完整；（3）题名应简明概括、准确反映照片的基本内容，附有文字说明，内容包括事由、时间、地点、人物、背景、摄像者等六要素，说明应做到文字简洁、语言顺通，以每一件为单元编写，一般不超过200字；（4）重要领导来访、工程开工、重要会议和活动等照片，不少于8张	××		
2	重要会议	扩建工作会议、招投标会议、对工程前期工作有重大影响的决策会、评审会、表彰会等		×××		
3	安全生产	前期工作期间安全环保监察活动,包括安全、质量、环境保护、水土保持和质量监督等方面		×××		
4	厂容厂貌	工程开工前原始地形和地貌		××		

模块化管理大大降低管理难度。相较于原来档案管理需由公司多名档案管理员事无巨细的管理方法，现在通过模块化管理后，各模块的责任人各司其职，将各个工作环节的文件资料收集齐全并初步整理后移交到档案室，公司档案管理人员进行科学组卷和编目后，就完成了档案归档工作，大大提高了管理效率，也减缓了人员不足的压力。

5　结语

电力建设项目档案应用模块化管理在提高档案管理效率、保障档案质量，以及提升档案利用价值的效果显著。模块化管理通过科学的建立模块，各模块责任人明确自己的档案管理责任范围，避免档案管理工作中的推诿现象；有了模块负责人的监督和协调，模块之间顺畅的沟通和协作，提高了对档案管理工作的重视度；合理编写模块内容，统一标准，使得项目档案的分类、整理的要求更加明晰，可执行性强，大大降低了管理难度。高效、有序、系统的电力建设项目档案模块化管理，为新型电力系统与综合能源服务的发展提供有力的支持。

6　展望

随着信息技术的不断进步，我们将开发档案智能模块化管理。例如，将项目档案管理模块嵌入到档案管理信息系统中，与项目管理信息系统集成一体化信息管理平台，项目建设过程中产生的实时数据能够及时同步到档案管理信息系统的模块中，借助人工智能、机器学习等技术[3]，系统能够自动识别、收集项目建设过程中产生的各种形式的档案信息，并根据预设的模块分类标准进行智能分类和归档。同时，将不同载体模块的档案进行整合和关联，形成多模态的档案信息体系。例如，将建设项目的设计图纸（图形信息）与施工过程的录像（影像信息）、施工记录（文字信息）等进行关联，为电力建设项目用户提供更全面、直观的利用体验，为科学决策的制定提供更具价值的档案信息资源。

参考文献

[1] 刘严蔚. 高速公路建设项目档案精细化管理实践探讨 [J]. 兰台内外，2021（8）：50-51.

[2] 鄢敏. 建设项目档案管理存在的问题与对策 [J]. 兰台内外，2023（5）：49-53.

[3] 赵雪梅. 精细化管理在核电项目工程档案管理工作中的应用与展望 [J]. 办公室业务，2024（8）：49-51.

作者简介

王海莉（1979—），女，助理馆员，主要研究方向：档案资源建设、信息化建设及开发利用等。E-mail：3728938@qq.com

Research and Practice on Modular Management of Power Construction Project Archives

WANG Haili

（Jiangsu Changshu Power Generation Co., Ltd., Changshu 215536，China）

Abstract： This paper presents an innovative management model in response to the increasing diversity and complexity of archive management in electric power construction projects. Through an analysis of the current situation of archive management in such projects，a theoretical framework of modular management is proposed and practical explorations are carried out. Combined with actual cases，it is fully verified that this model has remarkable effects in improving the efficiency of archive management，ensuring the quality of archives，and enhancing the utilization value of archives. Finally，the development direction of intelligent modular management of project archives is prospected.

Keyword： electric power construction projects；project archives；modular management

基于区域管理的新能源电力企业档案管理组织机构设置优化策略研究

邵甜甜

（中国电力国际发展有限公司，北京市　100080）

摘　要： 针对新能源建设项目特点及新能源电力企业档案管理难点，创新性提出基于区域管理的矩阵式档案管理组织机构，以"强企业本部、优区域平台、精场站基层"为目标，以专业管理集约化、专业化为宗旨，集约配置资源，推动区域化建设，增强组织柔性，提升管理效能。

关键词： 区域管理；档案管理组织机构；档案区域中心

0　引言

近年来，新能源项目建设规模不断壮大，未来 40 年预计光伏、风电等新能源占比将提升至 70%以上。新能源项目作为新型电力系统的主力军，与一般大型建设项目类似，但同时存在建设周期短平快、组织架构及定员按区域核定、集控运营中心等智慧化程度较高、专业类别少（主要集中在土建、电气、风电专业上）等特点。这种特点决定了新能源电力企业档案管理组织机构应区别于传统组织架构，形成系统且更具体的改革优化思路。因此，本文针对新能源建设项目特点及新能源电力企业档案管理难点，创新性提出基于区域管理的矩阵式档案管理组织机构。

1　新能源电力企业档案管理组织机构设置现状

1.1　各场站档案管理组织机构单一

新能源项目存在点多面广等特点，导致大多数新能源场站未设立独立的档案管理部门，档案管理职能一般与综合部等相关管理部门合并，缺少一定的权威性、履职能力较弱。各场站上级新能源电力企业一般设立档案中心、档案室等机构，与相关部门合署办公，或者档案管理职能与相关管理部门合并，归口指导、监督、管理风电、光伏等各产业新能源场站的档案管理工作，发挥专业支撑作用，可以称之为直线型组织结构。

随着新能源项目开发建设蓬勃发展，新能源项目数量急剧增加，不论新能源项目大或小，项目档案管理均是"麻雀虽小、五脏俱全"，并且档案专业规范性要求和合规要求不断升高，尤其是项目竣工验收及各类检查审计。直线型组织机构将给新能源电力企业带来前所未有的压力，业务范围广泛且复杂度较高，横向控制幅度过大不利于专业化、精益化管理，纵向管理权责不清晰，组织的灵活性不足，无法较好地履行业务监督指导职能，更无法融入新能源项目建设及运营的主营业务。

1.2 各场站档案业务外包水平参差不齐

直线型组织结构的弊端导致大量新能源场站项目档案整理工作采用第三方机构进行外包，导致同一新能源电力企业所属的各场站分别外包，第三方机构服务水平参差不齐，且大部分第三方机构对电力行业及档案专业了解不深，专业标准把握不一，规范性有待提高。

2 基于区域管理的矩阵式档案机构的设置与运行

2.1 总体思路

以"强企业本部、优区域平台、精场站基层"为目标，以专业管理集约化、专业化为宗旨，集约配置资源，优化机构设置，明晰权责界面，理顺管理关系，着眼于构建"定位清晰、职能完善、管放相宜"的档案组织体系和运行机制，设立基于区域管理的矩阵式新能源电力企业档案管理组织机构，推动区域化建设，增强组织柔性，提升管理效能。

2.2 基本原则

2.2.1 强化企业本部统一领导

紧紧围绕企业战略定位及业务发展实际，加强新能源电力企业本部的统一领导能力，保证档案专业能力和档案人员掌握在自己手里，同时不断提升专业人才队伍建设及工作效率，按区域统筹档案专业人员配置，做到以档案事务核心、关键岗位统一调配，集中力量干大事，实现整体效益最大化。

2.2.2 集约管控、精简高效的原则

横向归并公共职能，加强集约共享的管理和区域服务平台建设；纵向简化工作流程，缩短管理链条，着力提升整体管理效能。

2.2.3 提升档案管理专业能力与水平

加强集约共享的管理和区域服务平台建设的同时，通过建立档案专家库和人才库等柔性方式，持续加强档案人才队伍建设，落实档案管理主体责任，做到精简务实，统一实施监督检查与考核，实施动态化管控。

2.3 基于区域管理的矩阵式档案机构设置方案

2.3.1 设立档案区域服务平台或档案区域中心

可根据企业新能源项目区域分布及业务同质性等情况，设立档案区域服务平台或档案区域中心（简称区域中心），与新能源电力企业档案管理机构一体化运作，实行区域化、矩阵式管理，负责区域管辖范围内新能源项目档案管理业务工作。区域中心人员劳动关系

均保持不变，即集约现有档案资源进行优化配置，如图1所示。

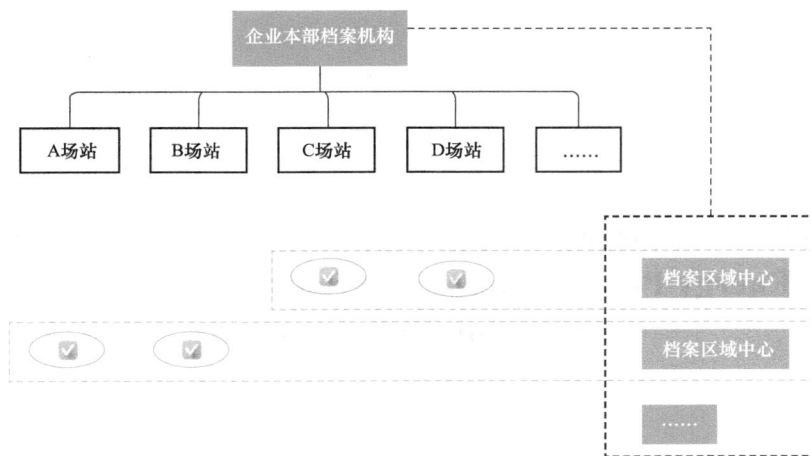

图1 基于区域管理的矩阵式档案机构

区域中心立足"专业支撑、共享服务"两大核心功能定位，由新能源电力企业本部档案机构归口管理，主要发挥新能源项目档案工作组织和推动落实、专业资源协同共享和支持服务等职责。

2.3.2 运行机制

区域中心可采取"分散+集合"式办公方式，即区域中心档案人员不改变现行劳动关系和工作地点，仍在原单位办公，并按照区域中心岗位职级享受原单位同岗位职级的薪酬、福利等待遇。同时，区域中心档案人员根据计划安排，以出差的方式，定期定时段在区域单位轮流集中办公，确保区域单位场站的档案管理可控在控。

这种方式的优点在于在一定程度上解决人员分散带来的管理问题，便于业务整合和业务研讨，能够针对性解决重要业务，促进档案专业能力培养；同时又能增进对区域内企业的了解，便对深度掌握真实情况。但也存在区域中心成员间配合度需要较长时间磨合等管理难点。

不同的新能源电力企业因企业文化、管理理念、发展阶段、档案管理基础不同，可对档案机构的设置采取不同的方案，基于区域管理的矩阵式档案机构设置方案仅供参考，适用于各级新能源电力企业。各企业可结合实际情进行深入分析和持续优化，解决新能源项目档案管理存在的现象、事件或问题，为新能源电力企业档案管理能力提升提供有效组织支撑和保障。

参考文献

[1] 蔡盈芳. 浅谈集团型企业总部档案机构的设置与运行 [J]. 中国档案，2020（10）：64-65.

[2] 周文泓. 组建国家数据局背景下档案机构的职能优化策略研究 [J]. 北京档案，2023（9）：7-12.

[3] 马双双. 基于多元视角的档案机构评估体系研究 [J]. 档案学通讯，2020（2）：109-112.

作者简介

邵甜甜（1988—），女，副研究馆员，主要研究方向：项目档案管理、企业档案管理、人力资源管理等。E-mail：ttshao@cpibj.com

Research on Optimization Strategy of Organizational Structure of New Energy Power Enterprise Archives Management Based on Regional Management

SHAO Tiantian

（China Power International Development Limited，Beijing100080，China）

Abstract： In response to the characteristics of new energy construction projects and the difficulties in managing the archives of new energy power enterprises，an innovative approach based on regional management was proposed to establish a matrix-style archives management organizational structure with the goal of "strengthening the headquarters，optimizing the regional platform，and refining the substations"，to optimize resource allocation，promote regionalization，enhance organizational flexibility，and improve management efficiency.

Keywords： regional management；archives management organization；archives regional center

核电音像"四化"采集归档模式的探索与实践

张雪莲，李　青

（山东核电有限公司，山东省海阳市　265116）

摘　要： 在国家层面"严格监管、确保绝对安全的前提下有序发展核电"的大背景下，海阳核电探索通过制定拍摄要求制度化、工作任务精细化、工作协同多元化、宣传交底常态化的"四化"管理举措，有效改进海阳核电 3、4 号机组工程音像采集归档工作，确保各项施工活动的可视化追溯，从档案视角为核电工程建设质量提升和防造假提供了一个全新的工作思路。

关键词： 核电项目；音像；档案；拍摄；归档；质量提升

0　引言

随着短视频、直播行业的兴起，人们越来越注重视觉需求。作为音像档案重要组成部分的图片、视频已成为人们以最少的时间获取最多的信息资源的首选媒介。音像档案具有生动形象性、直观纪实性等特性，能够真实再现各类活动的原貌和细节。利用音像档案来记录核电工程建设面貌、实现工程建设全过程可追溯，为机组生产运行、变更改造提供素材支持一直以来都是核电行业档案工作者的共识[1]。然而，目前核电企业在音像采集管理方面普遍存在采集范围不明确、权责不清、专业管理缺失等诸多问题[2]。为改善工程音像管理实际，海阳核电开展了音像档案采集专项提升工作，通过探索建立拍摄要求制度化、工作任务精细化、工作协同多元化、宣传交底常态化的"四化"管理举措，重构工程音像管理制度、业务流程、工作机制，增强人员音像归档意识，以音像归档工作倒逼工程质量提升，实现重大工程节点、重要施工活动音像采集归档全覆盖。

1　实施背景

1.1　落实核电工程建设质量监管要求和防造假的需要

音像直观纪实的特性注定了其采集工作的不可逆性，也就意味着拍摄工作必须与各项业务活动同步开展，活动结束后无法补拍。2020 年，国家能源局、生态环境部联合发布的《关于加强核电工程建设质量管理的通知》（国能发核电〔2020〕68 号）将音像档案管理上升到核电工程建设质量防造假高度，要求在开工前建立和落实影像留存制度，对重要施工活动、关键施工工序等内容进行摄录，确保影像记录具有可追溯性。在海阳核电现有的管理模式运作下，音像采集工作难以满足监管要求，亟需转变管理思路、改进工作措施。

1.2 提升项目档案管理水平满足项目档案验收条件的需要

作为项目档案的重要组成部分，音像档案管理情况直接关系到项目档案整体管理水平，历来是国家档案局项目档案验收的关注重点，却也是项目档案管理最为薄弱的环节。2020年10月，海阳核电一期工程项目档案验收时，多名专家提出隐蔽工程照片拍摄数量少、未拍摄工程视频等问题，国家档案局对海阳核电项目提出加强后续项目音像文件相关制度建设的要求，海阳核电也对此作出改进承诺。音像管理工作的好坏将直接影响海阳核电3、4号机组工程完工后的项目档案能否顺利通过国家档案局组织的专项验收。

1.3 顺应公司数字化转型和项目数字化移交形势的需要

在数字中国建设和数字经济高速发展的今天，数字化转型已成为企事业单位降本增效、提升竞争力的关键赛道。集团与公司均发布了数字化规划，将项目数字化移交和数字孪生电站建设作为转型发展的关键落地场景。数字化移交和数字孪生电站集"模型+数据+文档"三位于一体，其建设除需海量的基础数据和文档资源外，还需在核电建设期间积累大量的可视化素材，这就要求我们做好工程建设全过程的音像材料收集。

2 存在问题

2.1 程序制度不完善，采集范围不具体、分工不明确

虽然经过AP1000依托项目的建设，海阳核电参建各方已形成支撑文档工作运作的程序制度体系，但在音像档案管理方面仍存在薄弱环节。下游单位照搬上游的程序内容，未按照本单位的工作实际对采集范围进行细化。这就导致程序中采集范围不具体、工作指导性不强，一方面业务人员不了解具体应拍摄哪些内容；另一方面采集责任分工界限不清晰，同一单位不同专业之间无法有效协作导致拍摄缺失，监理、总承包商、施工单位等不同项目角色单位拍摄内容雷同，不能反映其工作职能。

2.2 人员意识不强，未正确认识到音像档案的价值

音像档案是一种特殊载体的档案，与科技、文书等传统的、以文字为记录形式的档案有着显著的差异。然而，大量的非专业管理人员认识不到音像档案的重要价值，不认为音像档案是项目档案的重要组成部分，是其他载体档案的必要补充。在这样的观念下，业务人员往往只关注业务活动本身的开展，忽略同步开展音像采集工作，活动结束后即使意识到未采集音像，也无法进行补拍。此外，还存在部分人员归档意愿不强，将拍摄的照片、音视频作为个人资料，未移交本单位文档进行统一管理的情况，造成分散管理的过程中文件遗失或损坏。

2.3 专业管理缺失，未形成有效的工作机制

薄弱的人员意识导致工程音像管理工作的开展存在随意性与盲目性[3]。海阳核电一期工程音像档案未形成相对固化的工作机制，处于业务人员在前端无意识、随意拍摄，文档

人员在末端被动接收的状态。核电建造周期长，人员流动大，如不对音像实施专业化管理，很难在采集及时性、要素的规范性、保管安全性等方面实现有效管控。业务人员水平参差不齐，拍摄的音像普遍存在主题不突出、画面不完整、不清晰等问题；采集后的音像也未及时进行整理、补充必要的六要素信息，长此以往，无法对音像所反映的事件进行信息还原。档案人员如不对业务采集、保管的音像进行过程检查和跟踪收集，任由业务人员盲目拍摄、自行保管，很容易出现采集内容不完整、相关信息缺失不规范、保管条件不可靠等一系列问题。

3　实施对策

3.1　拍摄要求制度化，重构音像档案管理程序体系

3.1.1　音像采集归档要求纳入合同管理

作为现代企业管理和项目管理的核心和灵魂，合同条款是项目档案管控最有力的约束手段。为避免海阳核电一期工程照片拍摄覆盖不全、缺少工程视频的问题再次发生，业主档案人员开展经验反馈，将音像采集归档要求纳入合同条款，在总承包合同和监理合同中，约定了音像归档数量要求，并要求总承包单位和监理在合同签订后 3 个月内策划音像拍摄方案。

3.1.2　开展音像管理前端策划工作

业主单位在项目核准之前即启动 3、4 号机组工程音像档案管理策划工作，发布专门的工作方案，确定"提前策划、同步收集""照片与音视频结合、专业化管理""过程监督、定期培训"的工作原则，明确参建各方的采集范围及数量要求。方案发布后，开展宣贯答疑活动，组织参建单位策划音像采集工作，梳理各自合同范围内的音像采集必拍点。

3.1.3　PDCA 循环，重构音像管理程序体系

按照策划先行、试点打样、优化改进、制度固化的思路，重新构建了一套上下游贯通、层层承接的覆盖各自业务领域活动的工程音像采集归档工作制度。在策划工作结束后，以 3 号核岛 FCD 为试点开展音像专项采集归档活动，验证策划的可行性；专项归档工作后，进行效果检查，优化策划方案中工作机制、采集范围和要求；最后，开展标准化工作，组织参建各方通过新编或修订的方式将固化的工作机制、采集范围、归档要求纳入程序制度。

3.2　工作任务精细化，重塑音像采集归档业务流程

3.2.1　采集范围再细化

通过层层细化的清单保证采集范围的覆盖面，确保"应拍尽拍"。首先，业主层面统筹考虑质量监管、机组生产运营音像利用需求，在综合质量保证大纲的 13 个要素和核电工程设计、采购、施工各领域活动的基础上，对拍摄范围进一步细化，从而形成项目总体音像拍摄范围清单。该清单涵盖项目管理、工程设计、采购、建筑、安装等八大业务领域 26 类分项活动 102 个必拍点，同时突出了隐蔽工程、混凝土浇筑等重要施工活动、关键

工序需拍摄视频的要求。然后，总包、监理、施工单位等参建各方按照各自的工作性质、合同范围以及单位工程、专业、工序等特征，逐级对项目总体拍摄清单中的拍摄内容和拍摄要求的颗粒度进行细化。

3.2.2　采集跟踪再实化

形成"定期滚动、季度分解、每月落实、即拍即收"的音像跟踪管控模式，确保采集工作进度可控、责任落实，工作到人。各参建单位将音像采集归档工作纳入本单位工作计划，在各自拍摄范围清单的基础上制定总体拍摄计划。按年度对拍摄计划进行滚动更新；按季度进行盘点、分解，每季度末总结上一季度拍摄、收集情况，报送下一季度拍摄计划；按月明确采集工作任务落实到具体的责任班组以及责任人；责任人员采集整理后即时向本单位文档人员移交。

3.2.3　采集途径多样化

借助信息化手段拓宽音像采集渠道，将智慧工地施工全景监控纳入音像采集来源。施工节点、关键部位以及特写镜头，由业务工程师采用智能手机、摄像机或作业记录仪等工具手动拍摄；总体进展、全景镜头由智慧工地全景监控摄像头自动拍摄。手动与自动摄录相结合的采集方式在减少人工拍摄工作量的同时，一定程度上保证了音像采集工作全天候、全过程。

3.2.4　同步移交再强化

研究优化工程音像收集归档周期，确立年度归档与专项归档相结合的分阶段移交方式。参照管理类和党群行政类档案的归档时间，将工程音像档案归档时间由项目（或单位工程）结束后的三个月向业主移交调整为按年度移交。重大工程节点和重要施工活动音像则采取专项收集归档的方式，在工作结束后及时向业主归档移交。通过分阶段移交能够有效缩短归档周期，规避因采集归档时间跨度大带来的保管不善、问题无法整改等问题。

3.3　工作协同多元化，重搭音像采集管理工作机制

3.3.1　搭建音像采集归档工作机制

协调各方资源，搭建以业主主导、总包单位为主体、监理监督、各家施工单位有序参与的工程音像采集工作网络。根据统一领导、分级管理的原则，成立工程音像一体化管理平台，下设多个专项采集工作组。工作组实行组长负责制，组长由采集责任单位的分管领导担任，工作组成员由业务人员和文档人员组成。一体化平台的搭建在确保各单位的责任不转移的情况下，实现跨组织、跨部门的高效协作，同时也强化了文档人员提前介入、深度参与。

3.3.2　健全工作沟通协调与反馈机制

海阳核电探索可操作性强的信息共享和沟通协调机制，确保文档相关要求融入业务活动。每月召开文档月例会，将音像采集计划和收集归档情况列为月例会重要议题。建立文

档一体化工作接口群，打通各专业间沟通壁垒，强化文档专业与各项专业的融合、协作。此外，为确保音像采集的同步性和拍摄质量，在工程里程碑和重大施工活动专项采集工作中，海阳核电还建立了同步采集工作群。业务人员拍摄音像后随拍随发，档案人员进行即时反馈存在问题、提醒采集注意事项，跟踪采集任务落实情况。

3.3.3　建立音像采集归档经验反馈机制

为便于工作中存在的问题与良好实践信息及时总结、分析、改进和推广，海阳核电项目在音像采集归档工作中引进了经验反馈长效机制，定期组织参建单位收集音像档案管理工作中的异常状态或良好实践信息，对发现的问题进行全面细致的汇总和分析，通过总结报告、文档月例会经验分享等方式进行推广，提升项目标准化水平。

3.3.4　形成模式化的专项采集工作机制

区分日常采集与专项采集工作，建立重大节点专项采集工作机制。在重大工程节点工作开始前，策划专项采集方案，明确专项采集原则、重点、责任人以及保障措施；成立专项工作机构，开展专项培训交底。工作过程中，采集责任单位业务部门与文档部门协同联动，文档人员 24 小时值班确保全过程跟踪、全流程指导，保障音像即时提交、检查、反馈、改进。工程结束后，开展专项收集归档工作，实现"同步拍摄、同步提交、同步检查、同步归档"。

3.4　宣传交底常态化，重树业务人员音像采集意识

3.4.1　开展会前 TOPIC 活动

收集音像材料佐证事故、事件调查案例，通过会前 TOPIC 形式，使参会人员了解音像档案价值，真正意识到做好音像工作就是保护自身，从而达成音像采集共识。

3.4.2　开展不同层次的培训交底、宣传活动

业主单位收集大量音像采集案例，通过案例对比的方式对参建各方的人员进行交底培训；总承包单位编制音像摄录明白卡，每年开展音像管理专项培训工作，指导业务人员音像采集整理工作；施工单位通过班前会、交底会等方式向施工班组人员宣贯采集范围和拍摄要求。

此外，业主单位还经常性开展音像宣传、知识竞赛、调查问卷、音像作品征集等活动，营造良好的音像采集归档工作氛围，调动业务人员音像拍摄、归档积极性。

4　结语

在"四化"采集归档模式运行下，海阳核电 3、4 号机组工程在音像归档周期缩短、归档数量提升的同时，实现了重大工程节点、重要施工活动、关键施工工序过程的可视化追溯。然而，音像归档不是档案工作的最终目的。下一步，海阳核电以实现重大工程节点、重要活动施工过程全方位、360°可视化复现为工作目标，借助信息化技术深度挖掘音像档案的潜在价值，发挥利用其生动、形象、直观的特点，为机组生产运行和后续项目建设

提供生动、直观"鲜活"的档案服务。

参考文献

[1] 邹鸿运. 核电工程声像档案管理实践 [J]. 中国档案, 2014, 38 (9): 1-5.

[2] 姜涵. 核电工程声像档案的管理研究 [J]. 办公室业务, 2021 (5): 122-123.

[3] 李奕奕. 核电工程声像档案采集归档——以田湾核电站3、4号机组为例 [J]. 中国档案, 2014 (12): 52-53.

作者简介

张雪莲（1990—），女，馆员，主要研究方向：核电建设项目档案管理、项目电子文件归档与电子档案管理等。E-mail：zhangxuelian@spic.com.cn

李　青（1988—），女，馆员，主要研究方向：核电建设项目档案管理、数字声像档案智能化管理等。E-mail：liqing01@spic.com.cn

Exploration and Practice for "the Four Management Measures" Collection and Archiving Mode of Nuclear Power Audio and Video

ZHANG Xuelian, LI Qing

(Shandong Nuclear Power Co., Ltd., Haiyang 265116, China)

Abstract: Under the background of the orderly development of nuclear power under the premise of strict supervision at the national level and ensuring absolute safety, Haiyang Nuclear Power project has explore "the four management measures", which means institutionalizing shooting requirements, refining work tasks, diversifying work coordination, and normalizing publicity and disclosure, effectively improving the audio and video collection and archiving for Haiyang Nuclear Power Units 3 and 4, ensuring the visual traceability of various construction activities, and providing a new working idea for improving the quality of nuclear power project construction and preventing fraud from the perspective of archives.

Keywords: nuclear power project; audio and video; photograph; file; quality improvement

基于 PDCA 的火电 EPC 项目档案管理方法探索

李田伟

（山东电力工程咨询院有限公司，山东省济南市　250013）

摘　要：工程总承包模式，作为现代工程建设领域的一种主流组织形式，近年来在全球范围内得到了广泛的推广和应用，电力行业中的火电项目也不例外，火电厂采用 EPC 模式建设已成为主流。EPC 总承包项目的档案管理内容覆盖面广泛，涉及项目立项、设计、采购、施工、物料管理等很多方面，程序复杂且管理要求严格[1]。本文分析火电 EPC 项目档案管理的特点和存在的问题，出基于 PDCA 的火电 EPC 项目档案管理的具体做法，包括计划、执行、检查、处理四个阶段的管理策略、制度和流程，以期提高档案管理的质量与效率。

关键词：火电 EPC；项目档案；管理方法

0　引言

火电 EPC 项目具有文件类型多、数量大，专业性强，载体多样性等自身特点，进而带来的是档案管理意识和管理水平层次不齐的管理挑战。近几年，国内学者对火电 EPC 项目文档管理对策的研究体现在头脑风暴等常规研究思路，缺乏和具体管理理论相结合理念。本文将火电 EPC 项目档案管理方法和 PDCA 的质量管理理论相结合，对项目文档的全过程和经验固化进行有效管理，以期能持续改进管理现状和提高管理效能。

1　火电 EPC 项目档案及管理的特点

1.1　火电 EPC 项目档案特点

1.1.1　来源单位众多

火电 EPC 项目参建单位众多，文件来源方众多。据统计一个 2×1000MW 的火电总承包项目，施工分包单位一般有 10 家左右，设备供货厂家的数量达 300 多家。文件形成单位的档案管理意识和管理水平层次不齐，这对文档管理工作提出了巨大的挑战。

1.1.2　文件类型多，数量大

从 DL/T 241—2012《火电建设项目文件收集及档案整理规范》中可看出文件共分为 6、7、8、9 大类，6 大类为电力生产，7 大类为科学技术研究，8 大类为项目建设，9 大类为设备，每类均可向下细分。8 大类的最细分类级别为四位数，如 8401。可见，文件种类之

多。据统计一个 2×1000MW 的火电总承包项目单套竣工档案约 6000 卷，50000 件。

1.1.3 专业性较强

火电 EPC 项目涉及设计管理、采购管理、施工管理、质量管理、安全管理等多方面的知识，施工管理又包含土建、锅炉、电气、化学、汽机、输煤、除灰、脱硫、脱硝、水工、水结、暖通、焊接等多个专业，专业性较强。

1.1.4 载体多样性

火电 EPC 项目除了形成文本、图纸之外还形成实物档案，声像档案，电子文档。实物档案主要包括探伤底片、奖牌、靶板等；声像档案包括照片、视频等；电子文档包括光盘等。

1.2 火电 EPC 项目档案管理特点

1.2.1 管理体系不完善

EPC 总承包模式下的火电工程项目前期，在项目前期未设置专门的档案管理部门。这在建设单位表现得极为普遍，其至项目建设期快结束也未配备齐全。组织机构不健全必然导致管理制度的不健全，导致档案管理不到位。

1.2.2 组卷质量难保证

由于火电 EPC 总承包项目涉及参建单位多、参建单位地域分散，专业知识面广，建设周期长，各参建单位的文档管理水平层次不齐，如果没有很好的进行管理，过程中容易造成文件形成不规范，过程收集不及时、不齐全，做不到相应细致的分类处理，组卷质量难以保证。

2 基于 PDCA 的火电 EPC 总承包项目档案管理探索

2.1 Plan-计划阶段

2.1.1 统一思想，全员管理

火电 EPC 总承包项目文档管理需要各参建单位、需要专业技术人员和文档管理人员、需要各部门的共同配合，更需要各单位领导的重视。领导重视"事半功倍"，领导不重视文档管理工作必然"事倍功半"。做好火电 EPC 总承包项目文档管理需要各参建单位统一思想，高度重视。

2.1.2 建立健全文档管理体系

建立健全 EPC 总承包项目档案管理体系过程中，建设单位要发挥组织作用，组织总承包单位和各参建单位建立项目文档管理体系，保证项目归档标准统一，文件编制满足要求。

火电 EPC 总承包项目档案应与项目建设同步管理，应将项目档案管理纳入项目建设计划，质量保证体系、项目管理程序合同管理和岗位责任制。

建设单位首先成立档案组织机构，配备专职档案管理人员，应制定本项目的统一管理制度和业务标准，将项目文件的形成、收集、整理要求及归档范围纳入各参建单位和部门的责任制，实行全过程质量管理。并结合实际做好各机制间的互动和衔接。

监理单位对监理范围内各单位形成的文件质量和案卷质量纳入工程质量监控范围，对其收集、整理和移交的竣工档案质量情况负责审查，并签署审查意见。

总承包单位在建设单位的领导下，成立档案组织机构、配备专职档案管理人员，根据建设单位文档管理制度建立项目文档管理实施细则。对单位本部和项目各部门（采购部、科技与信息部、发电事业部、项目采购部、项目工程部、项目信息文控部、项目控制部等）的工作职责进行明确，并建立有关的监督检查和考核问责机制。

各施工单位成立档案组织机构、配备专职档案管理人员，根据建设单位和总承包单位文档管理制度建立项目文档管理实施细则。

2.1.3 招投标、合同管理

招投标和合同管理是项目文件管理的源头，源头管理的情况直接决定项目档案后期管理的方向和难易程度。

在建设单位招标阶段，应设立专门章节或条款明确项目文件管理责任，包括项目文件形成的质量要求、归档范围、归档时间、归档份数，整理标准、介质、格式、费用及违约责任等内容。在 EPC 总承包投标阶段对建设单位文件的编制要求、归档份数、归档内容、移交时间、违约考核和过程移交等进行详细的梳理，提前识别各项风险。在施工招标阶段中对施工单位文档管理人员，施工文件的编制要求、提交份数、提交内容、提交时间和违约考核等进行详细规定。通过以上管理方法保证从源头上控制项目文件的管理质量。

2.2 Do-执行阶段

2.2.1 培训宣贯

根据前期制定的文档管理制度，组织对项目部及施工单位文档人员、专业技术人员进行文档管理培训，培训内容应包括项目文档管理程序相关内容、文档管理执行主要标准及要求、业主单位文档管理制度等。必要时，可邀请集团和行业有关档案专家到项目现场进行专题指导。使有关人员摸透和吃透有关规定，提升管理意识为后续项目文件的管理提供保障。

2.2.2 有迹可循、统一流程

总承包单位作为项目文件的"文件中心"，在项目实施过程中，做好项目文件流转、登记、分发、安全分类保管、提供利用，保证每份文件有迹可循、有迹可查。

火电 EPC 项目文档管理必须借助信息化的手段提升管理效率，可建立统一的文件报审和审批系统，规范文件的形成和审批流程，加快文件的闭合效率，同时对项目文件信息进行安全共享，提高文档管理效率。同时结合电子文件单套制归档有关规定研究文件的自动归档，提高归档效率。

2.2.3 检查指导

联合工程技术人员定期对施工单位文件进行检查，同时借助监督检查、创优检查等专项检查，对存在的问题进行宣贯和培训，提升文档管理质量。

2.2.4　工程款支付会签

施工文件在整个工程项目档案中占比最多，约占 65%，做好 EPC 项目文档管理的一项重要工作是对施工文件的管理。工程款支付是利用费用手段对施工文件质量进行控制的有效手段。对各施工单位进行工程款支付前，总承包单位各部门（尤其注意项目文档管理部门）对施工单位项目文件履责情况进行会签，项目工程部审查施工文件的完整性、有效性和准确性，项目文档管理部门审查施工文件的系统性和归档质量，从而共同保证施工文件的质量。

2.3　Chek-检查阶段

根据项目统一的文件编制和归档标准，定期或不定期对项目文档进行检查。建设、监理及各参建单位的专业技术人员应对竣工档案的完整性、准确性、有效性进行审查。建设、监理及各参建单位的档案人员应对竣工档案的齐全、完整、成套、系统整理、归档文件的质量和有效性进行审查。根据文档管理标准，对发现的问题及时进行纠偏，对好的做法进行推广。将文档管理理念渗入平常的日常工作中，使项目各参建单位时刻将文档质量铭记于心，营造良好的质量氛围。

2.4　Act-处理阶段

火电 EPC 总承包项目文档管理的最终目的是提供利用，在管理过程中以用户为导向、落实提升具体问题，对好的文档管理经验提炼总结并将其标准化，形成制度，加以推广。

同时，对项目文档管理成效较次的单位或个人进行一定的处罚，对管理成效较出众的单位或个人进行适当奖励，通过考核激励进一步固化文档管理的成效。

3　结语

档案管理作为工程管理中重要组成部分，是工程面貌的体现。本文将火电 EPC 项目档案管理方法和 PDCA 的质量管理理论相结合，通过以上管理方法的实施，可实现降本增效和业档融合，全面促进档案管理水平再上新台阶，更好地为公司生产、经营、管理及持续性发展提供优质服务。

参考文献

[1] 高婧文 . 关于加强 EPC 工程总承包项目档案管理的几点思考 [J]. 黑龙江档案，2024，（4）：277-279.

[2] 李建勇 . 基于 EPC 总承包模式下火电工程建设档案管理的难点与对策 [J]. 南方农机，2017，48（12）：124+132.

[3] 王峰 . "前端控制"理论在核电工程设备竣工文件管理中的应用研究 [J]. 机电兵船档案，2022（4）：42-44. DOI：10.3969/j.issn.1007-1970.2022.04.017.

作者简介

李田伟（1991—），女，副研究馆员，主要研究方向：火电项目文档管理等。 E -mail：litianwei@sdepci.com.cn

Research on file management method of thermal power EPC project based on PDCA

LI Tianwei

（Shandong Electric Power Engineering Consulting Institute Co., Ltd.， Jinan 250013，China）

Abstract： The Engineering, Procurement, and Construction (EPC) project management model, as a mainstream organizational form in the modern construction industry, has been widely promoted and applied globally in recent years, including in the power industry for firepower projects. Building a firepower plant using the EPC model has become the mainstream. The archives management content of EPC project covers a wide range of areas, including project approval, design, procurement, construction, and material management, with complex procedures and strict management requirements. This paper analyzes the characteristics and problems of the EPC project archives management in thermal power generation, and puts forward specific practices of archives management based on the PDCA cycle, including management strategies, systems, and processes in the four stages of planning, implementation, checking, and handling, with the aim of improving the quality and efficiency of archives management.

Keywords： thermal power EPC；project archives；management methods

企业科研档案管理存在问题与对策研究

秦金霞

（山东电力工程咨询院有限公司，山东省济南市　250013）

摘　要： 新时代背景下，企业科研档案管理是现代企业档案管理工作的重要组成部分。本文围绕企业科研档案管理中存在的问题，对企业科研档案管理的特点进行分析，并从科研档案管理的全过程出发，提出了加强企业科研档案管理的有效措施，以期助益企业科研档案管理水平提升。

关键词： 科研档案；企业档案；科研数据；全过程管理

0　引言

企业作为经营主体，是科技创新活动的主要组织者和参与者，也是发展新质生产力的重要支撑。科研档案作为企业科技创新活动的原始记录，是企业重要的信息资源和知识资产。随着国家科技体制改革不断深入、科技创新政策日益完善、科研范式发生深刻变革，新时期企业科研档案工作面临着越来越多的问题与矛盾，导致难以发挥其在推动企业创新、助力企业高质量发展中的重要价值。

1　企业科研档案管理存在的问题

1.1　档案意识薄弱，导致管理缺位

企业科研档案管理意识普遍比较薄弱，企业领导者对科研档案的作用价值认识不足，缺乏对科研档案管理战略意义和长期重要性的认识，未充分认识到科研档案为企业储备技术、为创新提供参考，保护企业知识产权，维护合法权益等的重要意义。因此缺少相应资源投入，设施设备、人才岗位配置不足，导致管理缺位。企业从事科研创新的人员，往往仅关注研发任务目标的完成，以及项目是否能够顺利通过验收，忽视研发过程各类文件材料收集、积累。档案管理人员仅注重科研成果、奖项等方面文件的收集、管理，项目研发过程文件缺失，导致科研项目档案的系统性、完整性差，存在"重管轻用"等现象。

1.2　制度体系不健全，导致无据可依

企业科研档案管理制度体系建设缺少总体规划，从科研项目管理到企业档案管理，均未对科研档案管理进行明确规定。例如，企业科研项目管理制度中缺少对科研文件材料收集归档的要求，企业缺少科研档案管理相关规章制度，少有针对科研项目档案管理的专项

制度，导致科研档案工作无从下手，无据可依；有相关制度的，但制度水平低、操作性差或执行情况不佳，同时，企业往往也缺乏一定的科研档案管理激励和考核制度，科技研发任务的考核激励一般会涉及研究成果、验收、评奖等环节，但未考虑科研档案归档方面的考核。

1.3　未纳入科研项目过程管理，管理水平低

随着企业对科技创新工作的重视，近年来企业立项、结项科研项目数量和投入的项目经费均呈现递增趋势。以笔者所在的中央企业二级单位为例，近三年平均每年立项的公司级科研项目超过 150 项，同时在研的项目数量最高达三百余项，科研项目管理、验收压力逐年增大。科研档案未纳入科研项目全过程管理，未将科研文件材料的管理贯彻项目研发全过程甚至重要节点，在开展项目阶段性检查时，也未同步进行文件的阶段性检查，导致科研文件材料存在形成不规范、内容缺失等问题。

1.4　科研档案特殊性强，管理难度大

科研档案具有项目化、周期性，专业性等特点，管理难度高于普通类型档案。首先，科研项目档案涉及档案类型多样，形式复杂，至少包含文书档案、会计档案、科技档案、合同、产品档案、声像档案、实物档案等诸多类型，且传统纸质档案与特殊载体并存，科学数据等多类型电子档案的激增，大大增加了管理难度。其次，周期性是科技研究项目管理的基本特征。周期长短各异，普通企业科研项目研发周期一般 1～3 年，科研项目往往承研（参研）单位多，文件接口关系多，人员变动多，使得文件具有较强的动态性和现实性。此外，科研文件材料具有较强的专业性、成套性特点，归档的文件内容要真实有效、版本可靠、图物相符、数据准确等，保持文件之间的有机联系，确保档案实体和信息安全。

2　新时期企业科研档案管理工作的特点

2.1　科研档案管理工作重要性凸显

伴随科学技术研究工作的重要性与日俱增，科技研究项目全过程管理的规范性，科研项目验收要求越来越严苛，对成果知识产权、转化应用的重视程度越来越高，强化科研文件材料的过程管理，已经成为企业加强创新工作的迫切需求。

2.2　多类型科学数据激增挑战传统科研档案管理模式

国家档案局、科学技术部联合发布《科学技术研究档案管理规定》（国档发〔2020〕15 号）（以下简称 15 号令），明确科研档案的形式包括文字、图表、图像等，并首次将数据纳入管理范围，这体现了科研档案管理颗粒度逐渐细化的趋势。企业科研项目所产生的三维模型、数据库、原始代码、各类试验记录等科学数据无法通过纸质形式进行管理，如何识别和保障数据的真实性、完整性、有效性，如何进行分类保存并确保其可用和安全，成为档案管理者必须要直面和解决的问题。

2.3 企业科研档案工作需要跨组织、跨学科协同

随着科研项目的跨学科、跨领域、跨机构开展，科研文件材料形成主体多样，来源分散，主体牵头单位与参研单位管理制度和要求存在差异，文件材料管理水平层次不齐，增加了资源整合的难度，也影响归档文件的齐全、完整与准确，科研档案的管理需要跨组织、跨学科协同，管理难度大，管理更为复杂。

总之，新时期科研项目档案由分散管理到集中化、项目化，由粗放、传统到精细化、数字化，从重结果到重全程记录，且更具有动态化、多样性的特征。这些问题和特点，不仅影响了企业科研档案的有效管理和利用，还可能对企业的长远发展产生不利影响。

3 提升企业科研档案管理的对策建议

3.1 健全管理机制，从无序到规范

3.1.1 加强顶层规划，完善制度体系

15号令从宏观层面提出了科研项目档案管理要求，《科学技术研究项目档案管理规范》（DA/T 2—2023）（以下简称《规范》）的发布，则为新时期科研档案规范化管理提供了实践指引，是15号令落地实施的重要举措，从实践操作层面为企业优化科研档案管理提供了重要参照。《规范》既适应新时期科研档案管理对象数据化、管理主体多元化、管理环境复杂化和管理手段信息化转变的内在要求，也是贯彻落实《"十四五"全国档案事业发展规划》的必然之举。

企业应在充分遵循15号令及《规范》要求基础上，完善企业科研档案管理体系，建立科研档案管理制度，明确科研文件材料收集、管理岗位职责和要求，并根据企业科技项目管理实际，细化、梳理科研档案归档范围，形成归档科研文件材料清单。同时，编制科研档案整理实施细则或指导手册，明确各类型科研文件材料的收集、分类、组卷、编目以及电子档案的整理要求。

3.1.2 纳入企业信息化规划，着眼长远发展

企业应将科研档案管理工作纳入企业信息化规划，充分考虑其数字化、数据化发展趋势，全面规划科研管理业务系统、档案管理系统的应用。特别是加强科研文件材料过程控制，在部署和实施科研项目管理系统的同时，充分考虑文件的元数据配置和获取，文件的安全和有效性管控措施，以及流程完结后文件的归档要求，为科研文件材料线上归档打下良好的基础。

3.1.3 纳入管理考核，确保要求落实

有效的考核和监督，是优化管理工作的重要抓手。科研档案管理工作可从科技创新管理或档案管理角度予以考核和激励，在明确各岗位文件归档和管理职责基础上，可将本职范围内文件归档完成作为研制任务完成的标志进行考核。例如，某企业科技创新管理人员通过验证该科研项目的档案移交清单，作为审核工日奖励发放的依据。这种企业科研创新

管理人员与档案管理人员联动的方式,有效确保了各科研项目归档的规范性、完整性。

3.2 优化管理模式,从末端到全程

遵从文件生命周期理论,科研文件材料的管控要贯穿科研项目研发全过程、文件材料全生命周期。科研档案工作要与科研项目工作同部署、同实施、同检查,在项目前期开展前端策划,落实责任,把科研档案管理纳入科技项目管理过程。同时,加强过程管控和末端反馈,对科研项目重点节点、重要科研文件材料及时采取管控或检查,严格落实"三纳入、四参加、四同步"的管理要求。在科技项目过程检查中,配合文件积累和产生的检查;在验收阶段应明确未经项目档案验收或者验收不合格的,不得进行或者通过科研项目验收。

针对科学实验数据激增、大量电子文件线上产生等现状,积极借助现代信息技术,探索科研电子文件单套制归档的可行方式,提升科研数据管理的数字化、智能化水平,为科研档案的收集、整理、管理和利用赋能。

3.3 强化过程收集,从分散到集中

3.3.1 确立以"项目"为管理单位的原则

根据企业实际情况,可选择将分散保存的各类型档案按科研项目进行集中,也可在电子档案管理系统中,将归属同一项目但不同类型档案进行互见和引用,保证科研项目档案的集中完整,使后期查询利用、数据挖掘等也更加便捷、全面。

3.3.2 多手段加强过程收集

针对科研档案门类多、周期长的特点,一方面应根据企业科研文件材料归档范围清单,按阶段分门别类,可采用建立"文件包"或标准化电子目录结构的方式,用于科研文件材料的过程收集,纸质材料及时扫描数字化,电子文件及时存入相关类目下。对于周期较长的重大科研项目,可按立项论证阶段,研究实施及过程管理阶段,项目验收或绩效评价、成果管理阶段分阶段进行收集,以减少过程中由于人员变更、项目变化等导致文件材料遗失等情况。此外,《规范》还特别强调对于取得负结果或因故终止、撤销的重要科研项目形成的文件材料也应归档。

3.3.3 严格收集鉴定和归档审查

鉴于科研文件材料的专业性特点,为充分保证其内容的真实性、有效性,可借鉴建设项目相关管理方式,建立文件归档审查流程,由项目负责人对归档的报告、数据、成果文件等进行技术审查,并填写审查意见后办理归档手续;档案管理人员在接收时,重点审查归档文件的规范性、完整性。

3.4 加强数据挖掘,积极提供利用

科研档案具有一定时效性、保密性,在挖掘利用上存在难度。应充分考虑企业创新利用的应用场景,可建立科研项目档案信息资源数据库,确保其规范、系统、有序。尝试应用人工智能、大数据等技术,挖掘科学数据等记录中蕴含的隐性知识,为企业科研项目立项评审提供参考,在研究方法、报告编制、费用统计、成果报奖等具体环节提供可靠支撑,

充分发挥科研档案在提高科研效率、激发创新思路，避免项目过程重复、资源和资金浪费，推动创新成果落地和推广应用等方面的作用，还可以进一步提升企业科研项目管理水平。

3.5 加强人才队伍建设，实现管理提升

加强人才队伍建设，是企业做好科研档案管理工作的一项基础性工作。应从优化科研项目团队组成入手，《规范》明确了科研项目负责人、科研项目参加人员的文件收集和归档职责，且规定科研项目应指定专人负责科研文件材料的收集、整理，确保科研文件材料及时归档。科研项目团队需配备兼职文档人员，档案部门要配置专人管理公司科研档案。对人员的选拔和培养要求素质更综合、全面，科研相关人员要强化档案意识，掌握档案专业相关知识，特别是对文件产生阶段规范性、安全性等要求的掌握。档案人员要提升档案专业素质和技能，掌握国家、行业对各类型档案管理要求，要具备科研及项目管理知识，充分了解项目管理、专利、成果、知识产权及法律等方面的知识和要求。

4 结语

科研档案是企业重要的信息资源，对提升企业核心竞争力具有关键作用。提升科研档案管理水平，确保归档质量，是发挥科研档案价值，为科研创新工作保驾护航的关键所在。因此，企业直面当前科研项目档案管理工作中存在的问题，并采取有效措施进行改进、强化，是企业提质增效、助力发展的必然之行。

参考文献

[1] 李孟秋. 论科学数据管理对数字科研档案管理的启示 [J]. 浙江档案，2022（6）：31-35.
[2] 吴志杰.《科学技术研究项目档案管理规范》主要内容、特点和意义及相关问题思考 [J]. 北京档案，2024（6）：32-36.

作者简介

秦金霞（1987—），女，副研究馆员，研究方向：项目文控、企业档案、电子档案管理等。E-mail: qinjinxia@sdepci.com

Research on the Problems and Countermeasures of Scientific and Technological Research Archives Management in Enterprises

QIN Jinxia

（Shandong Electric Power Engineering Consulting Institute Co., Ltd., Jinan 250013，China）

Abstract： In the context of the new era，the management of scientific and technological research archives is an important part of modern corporate archive management. This article focuses on the problems existing in the management of corporate scientific and technological research archives, and analyzes the characteristics. Starting from the whole process of scientific and technological archive management, effective measures to strengthen corporate scientific research archive management are proposed, in order to improve the level of corporate scientific research archive management.

Keywords: scientific and technological research archives; corporate archives; scientific research materials; whole process management

企业合同档案规范化管理研究

（山东电力工程咨询院有限公司，山东省济南市 250013）

摘　要：企业合同档案对维护企业自身的合法权益、防范法律风险、促进企业的健康发展具有重要意义，是重要的原始凭证和依据，企业合同档案的规范化管理尤为重要。目前，企业合同档案的管理还存在归档文件不齐全、归档不及时、分类管理不科学等问题，为解决以上问题，提出了在通过建立健全合同档案管理制度、多维度分层次提高档案意识、科学分类保管合同档案、加快合同管理系统与档案管理系统的互通等措施，提高企业合同档案的规范化管理水平。

关键词：企业；合同档案；规范化管理

0　引言

合同是企业进行经济活动的重要法律文件，在企业经济活动中扮演着至关重要的角色，同时也是处理企业争议和纠纷的重要凭证，合同档案的管理水平在一定程度上影响了企业经营风险防范能力。科学有效的管理合同档案，提高合同档案的规范化管理水平，尤其在信息化背景下，通过一定的信息化手段提高合同档案的管理效率，实现合同档案管理的规范化、科学化，提高企业档案合同档案管理水平，能够对企业的健康发展提供强有力的支撑和保障。

1　企业合同档案的特点

1.1　法律性

合同制度是人类最古老的制度之一，《合同法》赋予了合同法律效力，而合同档案作为合同签订、变更、终止全过程的原始记录，因此具有显著的法律性。

1.2　凭证性

档案的基本特性之一是原始记录性，合同档案当然也不例外，合同档案在处理经济纠纷时常常作为凭证依据使用，因此，合同档案较其他档案而言，具有更为突出的凭证性。

1.3　规范性

《合同法》对合同签订的基本原则、合同的形式与内容、合同的格式条款等进行了明确的规定，合同需要满足《合同法》的相关规定才生效，因此合同文件本身是具有规范

72

性的。

1.4　数量多

对于一个企业而言，合同签订越多，代表企业经营业绩越好。一般而言，企业一年产生的合同档案远远高于行政机关产生的合同档案。

1.5　相关文件多

合同档案不仅仅指签订的合同或协议文本本身，合同签订之前，会产生相关的招投标文件，合同履约过程中，会产生变更协议、补充协议等，这些相关的文件都属于合同档案的归档范围。目前，企业对于招投标文件的管理分为两类，一类是纳入合同档案，招投标文件归入相应的合同档案中，采取这种归档方式相对比较系统，利用较为方便；另一类是将招投标档案进行单独归档，这种归档方式的优点是方便管理，尤其像笔者所在的工程公司类企业，工程项目招投标数量多文件多，单独归档的优点是便于档案管理。

2　企业合同档案的重要性

合同档案是合同发起、审核、签订、履行，以及合同变更、转让、终止等活动全过程的真实记录和客观反映。它作为记录法人（单位、个人）的经济活动依据，在企业经营活动中有着十分重要的作用。

2.1　合同档案是企业重要的法律依据

合同一旦经双方签订，便具有法律效力，合同条款对双方的权利和义务都进行了明确规定，受法律制约。合同档案，是指合同从签订至终止的整个过程中形成的体现签订各方意志的具有法律效力的文件及与之相关的具有保存价值的其他文件材料，合同档案最突出也是最重要的特点是凭证依据性，通过对合同档案的管理，可以完整保存与合同相关的证据材料，当合同履约发生纠纷时，合同档案是解决合同纠纷、依法进行仲裁、维护企业合法利益的有力证据。因此，合同档案的规范化管理是企业为维护自身的合法权益而采取的必要手段，对企业解决经济纠纷、防范经营风险等具有重要意义。

2.2　合同档案是企业合规性的重要体现

企业合同内容符合国家法律法规、行业行规和企业内部规定，合同签订程序遵循企业内部审批流程，合同文本及合同审批单等文件材料是企业遵纪守法、合规经营的主要体现，对维护企业合规性管理具有重要意义。

2.3　合同档案是企业的珍贵的知识资产

档案是企业自身发展的原始记录，是不可或缺的信息资源和知识资产，档案记录了企业的发展历程，这些记录对于企业的决策、管理和创新都具有重要的参考价值。对于合同档案来说，企业合同中包含了大量有价值的信息资源，如客户信息、供应商信息、商品信息、技术指标、价格信息等，通过这些信息，可以分析挖掘出更多的商业信息，为企业的发展决策提供有用的信息支撑。

3 企业合同档案规范化管理存在的问题

企业合同档案归档文件应当为原件，且齐全、完整、准确、系统，签章手续完备，内容真实、可靠，便于查找利用。随着企业档案意识的增强，目前企业合同档案的管理已较为规范，但在完整性、时效性、科学分类管理与便于查找利用等方面还存在一定的问题。以笔者所在企业为例，合同档案由档案管理部门集中统一管理，并设立合同档案管理专员，制定合同档案管理制度，对合同档案归档与管理的基本要求进行明确，要求各业务部门在合同签署生效后一个月内进行归档。目前合同档案归档与管理总体上比较规范，但也存在上述提到的问题。

3.1 合同文件归档不齐全

合同档案的归档范围包括合同承办过程中各个环节产生的文件，包括但不限于合同文本及附件、与合同签署有关的基础背景资料（含合同立项、审查会签单、合同签署单及合同审批表等）、合同变更或解除合同协议等相关文件，广义上的合同档案还包括合同对应的招投标文件等。合同档案归档齐全完整，才能形成完整的证据链条，在企业经营中提供有效的支持。但是目前企业合同档案仍存在归档不够齐全完整的现象。以笔者所在企业为例，经统计，2000 年以后归档的合同，大概 95% 以上的合同归档时附带合同签署单，合同变更或解除协议、合同履行中产生的相关文件归档率不高。

3.2 合同档案归档不及时

合同本身具有时效性强的特点，合同档案也具备这一属性，一般来说企业会要求合同办理完毕后及时归档，比如一个月、三个月或者半年等，但从目前合同内档案归档情况来看，归档不及时是合同档案管理存在的一个较为突出的问题。以笔者所在企业为例，遵循"谁形成，谁归档"的原则，合同档案由合同的签署部门也就是各业务部门进行归档，但各业务部门归档及时性存在很大的差距，能够按照合同档案管理制度及时归档的占少数，而滞后性归档的占大多数，经档案管理部门集中催归后才进行归档。合同档案在审计、检查等过程中查找利用率很高，归档不及时影响了提供文件的完整性，进而影响到企业形象。

3.3 合同档案分类不科学

企业合同档案的分类管理重点是对文书档案和科技档案进行分类管理，文书档案里的合同档案主要包括企业行政事务的管理以及企业经营管理方面的管理内容，可以称为"综合性管理合同"，科技档案里的合同档案，主要包括企业的生产、科研、建设项目等的相关合同，这一类合同可以称为"科技合同"。对于笔者所在的工程类企业而言，综合性管理合同数量相对少，而科技合同数量多，比如 2023 年全年产生的合同 3061 个，其中科技类合同有 2000 多，占比三分之二以上，考虑到企业自身情况，由于科技合同中工程建设相关合同数量巨大，跟随工程建设项目进行单独管理比较方便，能够体现工程项目的完整性，而科研合同、技术服务合同等并入综合性管理合同进行管理。但是，目前很多企业在合同档案管理的过程中，并未对合同进行分类，仅按年度进行管理，或者分类不明确，导致合同档案的管理不够规范，给档案的统计查找利用带来了不便。

3.4 合同档案利用不方便

传统的合同借阅大多采取纸质版借阅方式，一是查找利用不太方便，二是容易造成合同档案丢失、被篡改或被更换的风险。另外，纸质版合同里含有合同额等信息，存在一定的保密性，如果不想被借阅人查看合同额等信息，纸质版合同就不方便被借阅。因此，合同借阅方式首先考虑提供电子版，可以通过信息化手段抹掉合同额等信息，特殊情况需要借纸质版合同时，档案管理部门要严格履行合同档案借审批流程，并按照合同档案管理制度和保密规定进行提供。

4 如何提高合同档案规范化管理水平

针对企业档案管理存在的问题，需要从建立健全合同档案管理制度、多维度分层次提高档案意识、科学分类保管合同档案、加快合同管理系统与档案管理系统的互通等方面，来提高合同档案规范化管理水平。

4.1 建立健全合同档案管理制度

企业健全完备的合同档案管理制度是合同档案工作顺利开展的基础和前提，企业档案管理部门应根据企业实际制定完善的合同档案管理制度，通过制度对档案管理部门和档案管理人员、业务部门和合同归档人员的职责进行明确，同时固化合同归档流程和手续，对合同归档时间、归档范围、整理要求，以及利用程序等基本原则进行规定，建立从合同收集、整理到归档、保管和利用的完整的流程体系。尤其需要注意的是合同档案管理制度中需要明确规定合同的归档时间和范围，为便于归档人员进行归档，可以根据不同的合同类型对归档时间和归档范围进行区分。

4.2 多维度分层次提高档案意识

近几年，随着档案宣传工作的开展，企业整体档案意识逐步提高，但仍需从企业管理者、合同归档人员及档案管理人员3个维度提高档案意识。

对于企业管理者，要从宏观上重视合同档案，为提高合同归档效率和质量，有必要给予档案部门一定的考核权，考核不是目的，而是手段，通过考核可以更好地督促业务部门进行归档。

对于合同归档人员，需要通过多种方式提高他们的归档意识，在很多业务部门看来，合同留在自己手里更方便利用，是否归档并不重要，这种观念是错误的，短期来看合同放在自己手里确实更为方便，但长远来看，由于工作分工调整、职位变动等极易造成合同的丢失。档案管理部门可以通过加强合同档案管理制度的宣贯、档案培训、国际档案日科普等多种形式提高业务部门的归档意识。有条件的情况下，可以组建兼职档案员队伍，每个部门指定一名兼职档案员，由兼职档案员负责统一收集归档，避免合同承办人直接归档造成的归档混乱、效率不高等问题。

对于档案管理人员来说，需要提高自己的认识，不仅要精通合同档案的管理，也需要了解整个合同的管理过程，清楚合同管理的各个环节、各个环节产生的相关文件，并且研究关注合同相关管理工作的法律法规标准等，由传统只负责被动接收的档案管理者变为对归档文件完整性与准确性的审计者，档案管理人员能够为合同的归档提供专业性、指导性的意见，才能更好地做好合同档案的规范化管理。

4.3 科学分类保管合同档案

企业合同档案的分类建议遵循文书档案和科技档案总的分类原则，宏观上分为综合管理类合同与科技合同。文档档案里合同类型有行政管理类、经营管理类、生产技术类等，建议文书类合同档案根据合同类型进行划分，按年度进行管理。而科技合同类型包括设备合同、工程合同、物资（材料）采购合同、技术服务咨询合同等多种类型，由于科技合同大多跟随工程项目产生，因此科技合同档案不建议按类型划分，而是根据工程项目进行管理，无法归集到工程项目中的合同，可以参照文书类合同档案的管理方式进行管理，按合同类型划分，按年度进行管理。

4.4 加快合同管理系统与档案管理系统的互通

随着企业规模和业务增长，合同数量不断增加，处理这些数据变得极具挑战性，手动管理大量合同可能导致信息碎片化、易于遗漏关键细节以及难以准确追踪合同状态和变更，合同管理信息系统已经广泛应用于企业中，系统固化了合同相关业务流程，因此保存了全部的合同文本及其相关文件，由合同管理系统直接归档至档案管理系统能够保证合同归档的完整性。但合同管理系统与档案管理系统的互通不是简单的推送数据，需要充分考虑档案的管理要求，根据合同类型与合同档案类型的对应进行推送，避免因为合同数量多推送后增加工作量的情况。由于合同档案的法律性、凭证性等特点，目前合同档案的管理仍需要实行双套制，即纸质版和电子版都需要归档，合同管理系统与档案管理系统打通接口后，可以根据系统自动归档的数据清单收集纸质版合同，确保合同归档的完整性与时效性。

同时，企业应积极开展合同档案管理人员的技术和业务培训，提高工作人员信息化水平，培育合同档案管理的专家，使得其兼具"合同""档案"和"计算机"管理的知识，发挥工作人员智力支持，有效促进合同档案管理工作的优化和提升。

5 结语

当今时代，各类企业都面临着巨大的生存和发展压力，企业的合规经营和风险防范显得尤为重要。企业合同档案是企业合同管理的最后一个环节，合同档案的规范化管理能够为企业提供重要的法律、合规性支撑，能够为企业提供宝贵的信息资源与知识资产，对维护企业的合法权益、保障企业的健康发展具有重要意义。

企业应当重视合同档案的管理，充分认识到合同档案的重要性，从企业管理制度的制定、业务部门的归档意识、档案管理部门的科学管理以及信息化手段的支撑等多个方面促进企业合同档案的规范化管理，进而为企业的持续稳定发展保驾护航。

参考文献

［1］陈丽．企业合同档案管理存在的问题及应对策略研究［J］．办公室业务，2024（13）：86-88.

［2］谭婧．企业合同档案规范化管理的探索与思考［J］．黑龙江档案，2024（4）：307-309.

［3］田宁宁，李倩倩．信息化背景下企业合同档案的管理［J］．数字与缩微影像，2022（3）：35-37.

作者简介

孔凡莲（1990—），女，副研究馆员，主要研究方向：企业文档管理，电子文件单套制管理。E-mail：kongfanlian@sdepci.com

Research on Standardized Management of Enterprise Contract Archives

KONG Fanlian

（Shandong Electric Power Engineering Consulting Institute Co.，Ltd., Jinan 250013，China）

Abstract: Enterprise contract archives have great significance in safeguarding the legitimate rights and interests of enterprises，preventing legal risks，and promoting the healthy development of enterprises. They are important original voucher and basis. The standardized management of enterprise contract archives is particularly important. At present，there are still problems with the management of enterprise contract archives，such as incomplete and untimely filing of files，and unscientific classification management. To address the above issues，the article proposes measures such as establishing a sound contract archive management system，enhancing archive awareness through multi-dimensional and hierarchical approaches，scientifically classifying and storing contract archives，and accelerating the interoperability between contract management systems and archive management systems，to improve the standardized management level of enterprise contract archives.

Keywords: enterprise；contract archives；standardized management

档案体制机制创新：提升档案管理效能的实证研究

余圾径

（国家电投集团重庆狮子滩发电有限公司，重庆市 401220）

摘　要： 基于实证研究方法，深入探讨了档案体制机制创新对档案管理效能的提升作用。通过详细分析制度创新、技术创新和组织创新等多个维度，揭示了体制机制创新在优化档案管理流程、提高工作效率、改善用户体验，以及增强服务质量和市场竞争力等方面的显著效果。本文的研究结果为档案管理机构提供了有益的参考和启示，有助于推动档案管理事业的现代化和智能化发展。

关键词： 档案体制机制；档案管理效能；实证研究；现代化发展

0　引言

在当今信息化快速发展的时代，档案管理作为组织记忆和知识传承的重要载体，其效能的提升显得尤为关键。档案体制机制创新作为推动档案管理现代化的重要手段，正日益受到各界的广泛关注。本文旨在通过实证研究，深入探讨档案体制机制创新对档案管理效能的具体影响，以期为档案管理实践提供有益的参考和借鉴。

1　体制机制创新对档案管理效能的影响机制

档案管理效能的提升与体制机制的创新密不可分。在当前信息化快速发展的背景下，体制机制的创新为档案管理效能的全面提升注入了新的活力。

1.1　创新促进档案管理效率提升的机制

体制机制创新通过引入信息化技术，显著提升了档案管理的效率。一方面，电子化档案系统的广泛应用，使得档案的存储、检索和利用更加便捷。通过数字化手段，档案可以迅速被录入系统，并通过关键词、日期等多种方式进行检索，大大提高了档案处理的时效性。另一方面，创新性的档案管理模式，如"智慧档案"概念的提出，利用云计算、大数据等先进技术，实现了档案的远程访问和共享，进一步缩短了档案处理的时间成本。

1.2　创新增强档案管理质量保障的机制

体制机制创新在提升档案管理效率的同时，也显著增强了档案管理的质量保障。一方面，通过完善档案管理制度和规范，创新性的体制机制对档案的收集、整理、鉴定、保管和利用等各个环节进行了全面规范，确保了档案的真实性和完整性。另一方面，引入先进的档案管理技术和设备，如高清晰度扫描设备、智能存储系统等，有效提升了档案的保存质量和可读性。创新性的档案质量评估体系也为档案管理的质量保障提供了有力支持，通过定期评估档案的质量状况，及时发现并解决问题，确保档案管理的持续改进。

1.3　创新推动档案管理服务优化的机制

体制机制创新推动了档案管理服务的优化升级。一方面，创新性的档案管理服务模式，如在线档案查询、档案数字化定制服务等，满足了用户多元化、个性化的需求。用户可以通过互联网随时随地访问所需的档案资源，大大提高了服务的便捷性和灵活性。另一方面，通过加强档案管理人员的培训和教育，提升他们的专业素养和服务意识，创新性的体制机制为档案管理服务的持续优化提供了人才保障。创新性的档案管理服务评价体系也为服务质量的不断提升提供了有力支撑，通过用户反馈、满意度调查等方式，及时了解用户对服务的评价和建议，不断改进和优化服务流程和内容。

2　档案管理效能的实证研究设计

为了深入探究档案体制机制创新对档案管理效能的影响，本研究设计了科学严谨的实证研究方案。

2.1　研究方法选择

2.1.1　定量研究与定性研究的结合

本研究采用定量研究与定性研究相结合的方式，以确保研究结果的全面性和准确性。定量研究主要通过问卷调查、数据统计等方法，收集并分析大量关于档案管理效能的数据，以揭示档案体制机制创新与档案管理效能之间的数量关系。而定性研究则通过深度访谈、案例分析等方法，对档案管理实践中的具体情况进行深入探究，以理解体制机制创新对档案管理效能的深层次影响。这种结合两种研究方法的方式，可以弥补单一研究方法的不足，提高研究的可靠性和有效性。

2.1.2　数据收集与处理技术

在数据采集过程中，本研究综合运用了问卷调查、访谈记录，以及档案数据库等多种途径以获取数据。为确保数据的精确性与可信度，本研究采纳了前沿的数据处理技术，包括数据清洗和数据挖掘等，对所收集的数据进行了预处理与分析。本研究特别关注数据的时效性与代表性，旨在保障研究结果的客观性与普遍适用性。

2.2　研究对象与样本选择

2.2.1　不同类型的档案管理机构选择

在选择研究对象时，充分考虑了档案管理机构的多样性和差异性。选取包括政府机关、企事业单位、档案馆、图书馆以及数字化档案管理公司等在内的多种类型的档案管理机构作为研究对象。这些机构在档案管理实践中各具特色，既有传统的纸质档案管理模式，也有新兴的数字化档案管理模式，从而能够全面反映当前档案管理领域的实践现状和发展趋势。通过对比不同类型档案管理机构的体制机制创新情况，揭示其对档案管理效能的普遍性和特殊性影响。

2.2.2 样本的代表性与随机性考量

在选取样本时，要重视样本的代表性与随机性。为确保样本的代表性，依据档案管理机构的类型、规模、地域等多个维度进行分层抽样，旨在确保样本能够全面反映各类档案管理机构的特征。为减少样本选择过程中的主观倾向与偏差，采用随机抽样技术，从每一层中随机抽取一定数量的档案管理机构作为研究样本。

2.3 研究变量与假设设定

2.3.1 自变量：档案体制机制创新的各个方面

自变量聚焦于档案体制机制创新的多个维度，包括但不限于档案管理流程的优化、档案信息化水平的提升、档案服务模式的创新，以及档案管理政策的调整等。这些方面共同构成了档案体制机制创新的整体框架，通过引入新技术、新方法和新理念，推动档案管理效能的全面提升。

2.3.2 因变量：档案管理效能的具体指标

因变量则具体化为档案管理效能的各项指标，涵盖档案存储效率、档案检索准确性、档案利用便捷性、档案安全保护等多个方面。这些指标能够全面反映档案管理的实际效果和水平，为评估档案体制机制创新的影响提供了重要依据。特别是随着信息技术的不断发展，档案存储和检索的效率已成为衡量档案管理效能的关键指标之一。

2.3.3 假设设定与理论预期

基于上述自变量和因变量的设定，提出了以下假设：档案体制机制创新的各个方面与档案管理效能的具体指标之间存在正相关关系。档案管理流程的优化、档案信息化水平的提升等体制机制创新措施，将有助于提高档案存储效率、提升档案检索准确性、增强档案利用便捷性和加强档案安全保护等档案管理效能指标。这一假设体现了体制机制创新对档案管理效能的积极影响，为后续的实证分析和结论推导提供了理论预期。

3 档案体制机制创新对档案管理效能的实证分析

在收集到关于档案体制机制创新与档案管理效能的丰富数据后，本研究进行了深入的数据处理与初步分析。

3.1 数据处理与初步分析

3.1.1 描述性统计分析

首先，对数据进行了描述性统计分析，以全面把握数据的整体特征和分布情况。通过计算各项指标的均值、标准差、最大值和最小值等统计量，研究揭示了档案管理效能各项指标的总体水平以及不同档案管理机构之间的差异。特别是针对档案信息化水平这一关键自变量，描述性统计分析显示，随着电子化档案系统的广泛应用，档案管理机构的信息化水平普遍得到了显著提升，为后续的实证分析提供了有力支撑。

3.1.2　相关性分析

在描述性统计分析的基础上，进一步进行了相关性分析，以探究档案体制机制创新与档案管理效能之间的内在联系。通过计算自变量与因变量之间的相关系数，研究发现档案管理流程的优化、档案信息化水平的提升等体制机制创新措施与档案管理效能的各项指标之间存在显著的正相关关系。这一发现初步验证了本研究提出的假设，即档案体制机制创新对档案管理效能具有积极影响。相关性分析还为后续的回归分析提供了重要依据，有助于进一步揭示体制机制创新对档案管理效能的具体影响路径和程度。

3.2　体制机制创新对档案管理效率的影响

3.2.1　制度创新对流程优化的作用

制度创新在档案管理中发挥着至关重要的作用。通过引入先进的档案管理理念和模式，如全生命周期管理、知识管理等，制度创新显著优化了档案管理流程，减少了不必要的环节和重复劳动。特别是在电子化档案管理系统的支持下，制度创新进一步推动了档案管理流程的电子化和自动化，提高了档案管理效率。制度创新不仅提升了档案管理效率，还增强了档案管理的规范性和科学性。

3.2.2　技术创新对自动化水平的提升

技术创新是提升档案管理效率的关键驱动力。随着信息技术的飞速发展，档案管理机构纷纷引入先进的技术手段，如人工智能、大数据、云计算等，以提升档案管理的自动化水平。这些技术的应用不仅实现了档案的快速检索和智能分类，还提高了档案存储和管理的安全性和可靠性。通过技术创新，档案管理机构能够更高效地处理大量档案数据，为用户提供更加便捷、准确的档案服务。

3.2.3　组织创新对协同工作效率的促进

组织创新在提高档案管理效率方面发挥着至关重要的作用。通过调整档案管理机构的组织架构和职能分配，组织创新有效促进了档案管理部门与其他部门间的协作。尤其在跨部门、跨机构的档案共享与利用过程中，组织创新推动了管理流程的整合与优化，显著提升了协同作业的效率。组织创新还着重于培育档案管理人员的创新思维和团队协作技能，为提升档案管理效率提供了坚实的人才支持。

3.3　体制机制创新对档案管理质量的影响

3.3.1　制度完善对档案完整性与安全性的保障

制度完善是确保档案完整性与安全性的基石。通过制定和执行严格的档案管理制度，如档案分类标准、档案保管期限、档案借阅制度等，可以有效防止档案的丢失、损坏和非法利用。特别是随着电子化档案管理的普及，制度完善还涵盖了电子档案的备份、恢复和加密等安全措施，进一步提升了档案管理的安全性。制度完善不仅保障了档案的完整性和安全性，还提高了档案管理机构的信誉度和公信力。

3.3.2 技术革新对档案准确性与可读性的提升

技术革新在提高档案的准确性与可读性方面扮演了至关重要的角色。采用尖端的档案管理软、硬件，例如 OCR（光学字符识别）技术与智能分类系统，能够对档案内容进行迅速且精确的识别与分类。这些技术的运用，不仅显著提升了档案检索的效率与准确度，还增强了档案信息的可读性与理解度。进一步地，技术革新加速了档案数字化的发展，使得档案信息的存储、传输及利用变得更加便捷与高效。

3.3.3 组织优化对档案管理专业性的增强

组织结构优化是增强档案管理专业性的关键策略。该策略的实施涉及对档案管理机构组织架构的调整、职能分配的优化以及人员配置的改进，构建一个更加科学和高效的档案管理体系。在人才发展方面，组织优化尤其重视提高档案管理人员的专业技能和素养。通过开展专业培训、实施绩效考核以及建立激励机制等措施，有效激发档案管理人员的工作热情和创新动力。

3.4 体制机制创新对档案管理服务的影响

3.4.1 服务流程创新对用户体验的改善

服务流程创新是提升档案管理服务用户体验的关键。通过优化服务流程，如简化档案借阅手续、提供在线预约和自助查询服务等，可以极大地提升用户的便利性和满意度。特别是随着电子化档案管理系统的普及，用户可以通过网络平台实现远程档案查询和借阅，无需再到档案管理机构现场办理，从而节省了时间和精力。

3.4.2 服务模式创新对需求响应的灵活性

服务模式的创新，赋予了档案管理机构更灵活地满足用户需求的能力。在传统模式下，档案管理服务以机构自身为中心，用户必须遵循机构设定的规定和流程来获取服务。与之相对，服务模式的创新则倡导以用户为核心，依据用户的具体需求和偏好，提供个性化的定制服务。例如，档案管理机构可以开发移动应用或微信小程序，以便用户能够随时随地方便地获取所需的档案信息和服务。

3.4.3 服务技术创新对服务效率与质量的提升

服务技术创新是提高档案管理服务效率与质量的关键途径。通过采纳前沿技术，例如人工智能和大数据分析，档案管理机构能够精确预测并迅速响应用户需求。以大数据分析技术为例，对用户行为和偏好进行深入分析，能够提供更加定制化的档案推荐与服务。此外，技术创新还能优化档案管理机构内部作业效率，如自动化处理流程以减少人工介入，进而降低错误率并提升服务质量。

4 结语

档案体制机制的创新在提高档案管理效能方面扮演了关键角色。通过在制度、技术和组织结构等多维度的创新努力，档案管理机构不仅实现了内部管理流程的优化和工作效率的提升，而且显著改善了用户的使用体验，增强了服务的质量和市场竞争力。展望未来，随着信息技术的持续进步和用户需求的演变，档案体制机制的创新将持续作为推动档案管理事业发展的核心动力。

参考文献

［1］姜志敏．档案工作管理体制和运行机制的创新［J］．云南水力发电，2023，39（8）：257-259．

［2］刘畅．档案工作管理体制和运行机制的改革与创新［J］．兰台内外，2021，（35）：16-18．

［3］杨竑卉．新时代档案工作管理体制与机制的改革与创新［J］．文化产业，2021，（29）：63-65．

［4］付贺，吴园园．深化体制机制改革加快档案管理部门科技创新［J］．科技资讯，2021，19（23）：77-79．

［5］颜东升．档案工作体制机制创新分析［J］．城建档案，2021（5）：116-117．

作者简介

余攺径（1980—），女，主要研究方向：档案管理效能、档案的社会作用和意义等。E-mail：10188204@qq.com

Innovation in Archives Institutional Mechanisms： An Empirical Study on Enhancing Archives Management Efficiency

YU Wenjing

（State Power Investment Corporation Chongqing Shizitan Power Generation Co., Ltd., Changshou District，Chongqing 401220，China）

Abstract：This paper delves into the enhancing role of innovations in archives institutional mechanisms on archives management efficiency through empirical research methods. By thoroughly analyzing multiple dimensions such as system innovation，technological innovation，and organizational innovation，it uncovers the remarkable effects of institutional mechanism innovation in optimizing archives management processes，improving work efficiency，enhancing user experience，and strengthening service quality and market competitiveness. The research findings of this paper provide valuable references and insights for archives management institutions，contributing to the modernization and intelligent development of the archives management cause.

Keywords：archives institutional mechanisms；archives management efficiency；empirical research；modernization development

EPCS 模式下核电项目调试竣工文件归档体系构建

（国核湛江核电有限公司，广东省湛江市 524000）

摘 要：调试竣工文件是核电项目档案验收的重要组成部分，在 EPCS 模式下，业主方、总包方在调试文件归档过程中承担不同的职责。构建调试竣工文件归档体系有利于协调各参建方的关系，帮助核电项目顺利实现归档的目标。本文从组织机构、规章制度、业务流程、外部评估等方面阐述如何构建一套行之有效的调试竣工文件归档体系，对核电企业在核电项目调试阶段文件归档具有现实参考意义。

关键词：核电档案；调试文档；竣工文件

0 引言

调试竣工文件是核电项目在机组调试过程中产生的各类有保存价值的文件，归档后，成为调试竣工档案，按照核电档案分类，调试竣工档案包括调试管理文件、调试技术文件、调试记录和报告、调试移交文件，调试变更五大类。调试竣工档案是核电项目档案的一部分，也是核电项目档案验收检查的重点。EPCS 模式下，核电项目调试竣工文件的归档职责由 EPCS 总包方承担，业主方则承担指导、监督、检查、接收和保存的职责。调试竣工文件归档体系的构建，有利于核电项目调试期间调试竣工文件的科学管理，成熟的管理体系覆盖调试竣工文件的收集、整理、审查、整改、移交和长期保存的过程。

1 EPCS 模式下核电项目调试竣工文件管理现状

1.1 总包方文档人员的专业素质不高

EPCS 模式下，总包方是调试竣工文件形成的主体，一般由总包方成立专门的调试组织机构（调试队）来负责机组向运行移交前的调试工作，调试竣工文件在此阶段大量形成，以形成"临时运行移交证书"宣告结束。在此过程中，调试竣工文件完全由总包方进行管理，业主方只进行监督和检查，这对总包方文档人员的专业素养提出较高要求。但现阶段，由于机组调试工作的阶段性，总包方成立的调试组织机构具有临时性的特点，往往在调试结束后就会解散，包括文档人员在内的成员都具备不稳定性，文档人员作为不直接参与调试工作的技术人员，其专业性的要求得不到广泛认可，往往总包方不会配备具备项目档案验收经验的文档人员，而是选择使用其他不具备档案专业背景的员工来负责调试文档工作，且配备的文档人员数量相较核电项目建设的其他阶段而言也更少。大部分情况下，总包方出于节约人力成本考虑，会采用劳务派遣的方式解决阶段性的人员需求，文档人员从事文档专业工作的能力得不到保证。[1]

1.2　由于机组调试阶段系统移交各阶段的主体不同，各移交主体之间的关系复杂

核电机组系统调试一般分为四个阶段，即建安向调试移交（TOP）、隔离移交（TOB）、维修移交（TOM）、临时运行移交（TOTO），各移交阶段的移交主体与接收主体不一致，调试竣工文件形成的和移交的主体也不一致，建安单位与调试总包方、调试总包方与业主方、建安单位与业主方之间存在交叉关系，各类调试文件在形成阶段需经多方流转，相较其他阶段，更易出现问题，且责任难以界定，对后续收集、整理和归档移交工作造成不利影响。

1.3　调试竣工文件种类繁多，形成时质量参差不齐

核电项目机组调试是一项技术含量高、接口复杂、用工范围广的工作，由于工作的复杂性，使用到的文件种类也十分复杂，仅从归档范围来看，需归档的调试竣工文件就有50余类。由于各类文件形成的主体不一致，各单位的人员专业素质不一致，文件形成时的质量难以控制，同一系统的调试竣工文件就存在参差不齐的现象，宏观层面看，整个机组的调试竣工文件质量就更显良莠不齐。调试竣工文件形成时的质量极大程度地影响后续整理、审查和归档时的质量，这对调试文档人员提出了很大的挑战。

2　核电项目调试竣工文件归档体系建设

2.1　建立调试竣工文件归档管理组织

为规范核电项目调试竣工文件归档工作，一般会由业主方组织成立由各方分管文档工作的领导及文档人员组成的"项目文档联合运作组织"，以这种联合运作组织的形式来推动调试竣工文件的归档工作，解决过程中的问题，相较于各单位文档人员单线沟通的形式，项目文档联合运作组织有利于各方打破项目文档管理要求、归档时间、归档内容上的界限，从而促进文档管理过程一体化和管理要素一体化。在项目文档联合运作组织中，业主方作为合同甲方，是组织中的最高决策者，总包方负责日常的管理和运行，负责调试竣工文件全生命周期的管理，为各参建单位提供文件信息服务，是合同上下游之间文件传递的中转站。

项目文档联合运作组织应当尽量在机组调试前期成立，便于在调试竣工文件大量形成前确立文档管理体系，各参建单位文档人员达成共识，按照统一的规则开展文档管理工作。在核电项目进入调试阶段的初期，总包方成立调试队之前，业主方可以通过总包合同对调试队的文档人员的数量和资格作出要求，要求总包方提供具备档案学专业背景或具有档案专业上岗证书的人员从事调试文档管理工作，最好有在其他项目从事调试文档管理工作的经验。高素质的文档人员有利于保障调试竣工文件的质量。文档人员数量方面，则可以参照某核电厂一期工程两台机组约 5000 卷调试竣工档案的数量，要求总包方至少配备 2 名专职文档人员，1 名基层管理人员，并在调试队领导的任命文件中明确分管文档工作的领导职责。

在调试队文档人员到位后，业主方就可以筹备成立项目文档联合运作组织。联合运作组织不仅要纳入各参建方的文档人员，也要纳入参与机组调试工作的业务部门的技术人员，技术人员在调试竣工文件形成阶段起到决定性作用，文档人员在文件归档阶段提出的规范性要求也需要技术人员的响应。

项目文档联合运作组织成立后，应当确立联合运作组织的管理制度，一般采用会议的形式明确运作模式和管理制度。会议分为年度会议和定期会议，年度会议由业主方文档人员组织，汇报全年工作进展和次年的主要计划，协调联合运作组织中存在的问题；定期会议则根据核电项目调试阶段的进度来确定频率，由总包方文档人员组织召开，在调试阶段初期，每季度召开一次即可，进入调试高峰期时，则应提高频率，每两个月召开一次，在调试结束阶段，由于此时是调试竣工文件大量移交阶段，则可以增加到每个月召开一次，确保联合运作组织内的问题及时得到解决。定期会议的内容主要包括上一周期的归档工作的完成情况，下一周期的归档工作计划，当前归档工作中常出现的问题及解决办法，需要协调的问题等。在定期会议中，应当开展培训和业务讨论活动，培训的内容为国家标准、行业标准、管理制度以及业主方、总包方提出的要求。

联合运作组织会议通过的事项，联合运作组织内的成员应当积极响应，确保联合运作组织能够正常运转，推动调试竣工文件的归档工作。

2.2 完善文件归档规章制度，编制全周期归档计划，提升归档文件质量

在核电项目调试竣工文件归档体系中，统一的规章制度是不可或缺的一环。调试竣工文件归档工作属于核电质量保证体系中"记录"要素，国家核安全导则《核电厂质量保证安全规定》《核电厂质量保证记录制度》《核电厂调试核运行期间的质量保证》均对记录有明确管理要求，各参建单位都应遵守。而为通过核电项目档案验收，调试竣工档案还应符合《建设项目档案管理规范》《核电文件档案管理要求》等国家标准、行业标准的要求。上游制度规范多且复杂，对核电项目调试竣工文件归档工作带来一定的挑战，为保证相关管理制度在归档过程中得到有效执行，业主方必须整理各种制度规范的要求，结合项目文档实践，对调试竣工文件的归档要求进行统一的规划。

在 EPCS 总包合同谈判阶段，业主方文档人员就应关注调试竣工文件归档的相关条款，合同中必须明确归档过程中各相关方的责任，同时应强调必须符合国家相关法律法规、标准规范的要求，并加入考核条款。合同签订后，在执行过程中则可以以总包合同相关条款为依据，对总包方提出更具体的要求。

在核电项目进入调试阶段前，业主方就应发布调试竣工文件归档管理的制度，承接上游各种法规标准的要求，成为本项目调试竣工文件归档工作的根本性指导文件。在总包方

成立调试队后，业主方文档人员应第一时间要求调试队文档人员结合业主方的调试竣工文件归档管理制度及总包合同范围，编制发布总包方的调试竣工文件归档管理制度，总包方的管理制度应经过业主方的确认，确保双方规定一致，便于各方执行。

在调试竣工文件归档管理制度中，应明确调试竣工文件的形成、修改、传递、收集、整理、审查、整改、移交、保存、鉴定与销毁的相关要求及对应的职责，贯穿核电项目调试竣工文件全生命周期，使调试竣工文件的形成和归档有法可依、有章可循。在调试竣工文件归档管理制度中，应明确调试竣工文件的分类方案、归档范围和保管期限，一般参照《核电文件档案管理》和《核电档案分类准则及编码规则》，对照标准的归档范围及本项目实际情况，将本项目调试阶段各项工作形成的文件与归档范围中的条目对应，并确定各类文件的整理和装订方式、移交方式。在实践中，核电项目调试竣工文件一般分机组、以系统为单位整理组卷，采用按卷整理、按件装订的形式，但调试管理文件和调试变更按照年度整理组卷。在调试竣工文件归档管理制度发布后，应及时向相关方进行培训和宣贯，确保制度要求得到落实。各参建单位在管理制度的基础上结合本单位实际负责的范围，可以再细化编制适用于本单位的操作手册。

核电项目机组调试工作十分复杂，一般会编制调试进度计划，再结合设计方提供的系统清单，在调试阶段初期，业主方就可以组织总包方编制调试阶段的调试竣工文件全周期归档计划，包含本项目调试阶段的所有调试竣工文件，后续则可以根据实际进展进行调整。需要注意的是，由于设计方的系统清单发布较早，在调试过程中可能会出现机组系统划分与系统清单范围不一致的情况，全周期归档计划应根据实际情况进行修正。根据调试竣工文件全周期归档计划，业主方可以在每年年底组织总包方编制次年的归档计划，按计划执行归档工作的好处是能够保证调试竣工文件与机组调试进度的一致性，后续也便于通过全周期归档计划核对机组调试竣工文件的完整性。归档计划的执行情况应当纳入项目管理考核，在总包合同中进行约定，以保证计划的执行刚性。

2.3　建立健全归档文件审查、整改、移交机制，保障流程顺利运转

建立整理、审查、整改、移交机制。为保证归档的调试竣工文件的质量，对整理完毕的调试竣工文件的审查必不可少，审查的机制和流程需在项目文档联合运作组织会议中讨论确定，并纳入业主方、总包方的调试竣工文件归档管理制度中。根据档案法中"谁形成、谁整理"的原则，调试竣工文件应当由执行机组调试工作的技术人员进行整理，一般即为调试队的业务部门的技术人员，在有调试分包单位的情况下，则由分包单位的业务部门的技术人员整理。由于参与机组调试的单位的多样性，整理、审查、整改的流程也会相对复杂，根据《建设项目档案管理规范》，审查一般按照以下流程：整理单位技术人员整理、整理单位文档人员检查、总包方技术人员审查、总包方文档人员审查、业主方技术人员审查、业主方文档人员审查。

在上述审查模式下，调试竣工文件归档审查的流程较复杂，审查、整改周期较长，不

利于已形成文件及时归档，因此，在实践中，推荐简化流程，采用联合审查的形式，具体流程：整理单位技术人员整理、整理单位文档人员检查、总包方、业主方技术人员联合审查、总包方、业主方文档人员联合审查。

实际情况中，业务部门的技术人员往往不能认识到档案审查的重要性，参与审查的意愿不足，很难达到审查的目的，文档人员需及时进行督促，在项目文档联合运作组织会议中汇报审查情况，并将审查的职责、期限纳入调试竣工文件归档管理制度中，不能按期完成审查的予以考核，以此推动业务部门履行审查职责。

2.4 开展阶段性评估，引入外部力量纠正问题

核电项目建设周期长，为了顺利通过项目档案验收，核电项目业主方一般会选择采用项目档案分阶段评估验收的方式，将核电项目建设周期划分为前期、建安、调试和商运四个阶段，在相应阶段的项目档案收集完毕之后组织开展阶段性评估和问题整改工作，以阶段性评估的结论作为最终项目档案验收的支持性文件。调试竣工档案是核电项目调试阶段档案评估验收的主体，由于总包方调试队人员在调试阶段结束后就会撤离，如在调试阶段结束后再进行评估，发现的问题很难得到整改，因此在核电项目调试阶段期间，也建议选取合适的时间节点开展调试竣工档案的阶段评估，一方面确保发现的问题能够及时整改，另一方面也有利于避免后续整理的档案再次出现同样的问题。

阶段评估一般采取邀请外部专家组成评估组的方式开展评估，由业主方组织开展，邀请行业内知名的档案领域专家，一般为5～11人的单数人数。阶段评估中业主方、总包方、各参建单位的技术人员、文档人员都需要作为迎检组成员参与，回答评估组提出的问题，并在评估结束之后按照评估专家提出的意见进行整改。

3 展望

在国家数字化的大背景下，核电项目文档管理领域也已经全面开展文档的数字化建设，部分核电厂已经在探索从传统的纸电双套制向电子档案单套制的转型，而项目档案的单套制归档相较各单位内部文件的单套制归档，由于文件及数据需要跨组织、跨系统传递，更具难度。

3.1 建设各参建方共同使用的文档一体化平台，实现全面单套制归档

当前国内几大核电集团都已建设集团内的数字档案馆，但核电项目中总包方、业主方、各参建方的信息系统不一致，调试过程中形成的记录依然以手写为主，不具备电子单套制归档的基础条件。但已有总包方在探索跨组织的文档管理流程[2]，建立各参建方共同使用的文档一体化平台，设置具有在线填写记录功能的移动端，实现调试记录的全面电子化。文档一体化平台建设完成后，核电项目调试阶段的所有文件都在平台中产生和流转，在归档阶段通过数据接口移交至业主方的数字档案馆，实现调试竣工文件电子单套制归档。

调试竣工文件相比核电项目建设其他阶段的文件，来源相对稳定，更具备率先试行单

套制归档的条件，但对于总包方而言，建设文档一体化平台是一项费时费力的工作，不仅是系统建设本身需要理清业务逻辑和文件归档逻辑，还需要推动各参建单位使用文档一体化平台，打通文档一体化平台与业主方数字档案馆的接口。

如能实现调试竣工文件电子单套制归档，相较于传统的纸质档案移交归档的同时移交一套数字化副本的模式，单套制归档可以极大地提高文件移交效率。电子单套制归档不仅在整理移交阶段能够降低整理移交方的成本，在归档保存阶段，电子档案相较于传统纸质档案也更便于管理，能够节省业主方的管理成本。从环境保护方面考虑，电子单套制移交不再产生纸质文件，能够节约大量纸张，减少核电项目在建设过程中的碳排放。

3.2　建设知识管理平台，发挥调试竣工文件在生产运行阶段的参考作用

档案的根本目的是利用，调试竣工档案对核电项目后续阶段具有很大的参考意义，但当前各核电厂保存档案的形式还是以发挥档案的凭证作用为主，即在用户需要的时候提供归档文件以备检查。为了充分发挥调试竣工档案的参考作用，核电厂可以建设知识管理平台，以调试竣工档案作为数据来源，对其中结构化和非结构化的数据进行解析提取，构建知识图谱，建立与其他文档之间的知识关联关系，在用户检索时提供更为准确和专业的检索结果。[4]

核电厂知识管理平台的应用还处于初级阶段，一是建设成知识管理平台的核电厂较少，二是对知识管理平台的应用局限于满足用户的检索需求，未能与其他业务系统打通，通过大数据分析，对用户的行为进行计算，实现多场景下的知识推送，支持核电厂业务部门的专业工作。但当前的知识管理平台的应用，依然能够极大的提升核电厂文档检索利用的效率，推动核电厂文档管理的数字化进程。

4　结语

核电项目调试竣工文件的归档管理是一项复杂的工作，科学的管理体系包含经验丰富的文档人员、行之有效的管理制度和流程和先进的软硬件设施，EPCS 模式下，调试竣工文件的归档体系构建不仅是业主方的职责，也需要各参建单位尤其是总包方的参与，总包方职责的履行程度，决定了归档体系的有效性。为顺利通过项目档案验收，核电厂需要构建一套调试竣工文件的归档体系，甚至可以将这套体系延伸到其他项目文件归档当中，解决项目文档管理中存在的问题，提升归档文件的质量和归档效率。

参考文献

[1] 任红，邢一杰. "华龙一号"文档管理体系构建 [J]. 中国档案，2017（3）：61-63.

[2] 钱燦. 跨组织文档管理流程的研究与实践 [J]. 浙江档案，2017（1）：31-33.

[3] 杨声键. 浅谈数字化在核电项目档案移交的应用路径 [J]. 山东档案，2024（3）：52-54.

[4] 詹超铭. 基于人工智能的核电文档知识管理探索与实践 [J]. 山西档案，2023（5）：130-135.

作者简介

李 航（1996—），男，馆员，主要研究方向：核电文档管理。E-mail：lihang1@spic.com.cn

Construction of Documentation Archive System for Commissioning and Completion of Nuclear Power Projects under EPCS Mode

LI Hang

（State Nuclear Zhanjiang Nuclear Power Co., Ltd., Zhanjiang 524000，China）

Abstract： The commissioning completion documentation is an important part of the archival acceptance of nuclear power project files in the EPCS mode. In the EPCS mode，the owner and the general contractor assume different responsibilities in the archiving process of the commissioning documentation. Building a document archiving system for commissioning completion documentation is beneficial for coordinating the relationships among the stakeholders and helping the nuclear power project achieve its archiving goals. This paper explains how to build an effective document archiving system for commissioning completion documentation from the perspectives of organizational structure，regulations and systems，business processes，and external assessments，which has practical reference value for nuclear power enterprises in the archiving of commissioning documentation of nuclear power projects.

Keywords： nuclear power archives；commissioning documentation；completion document

纸质档案与电子档案的比较及融合管理

高凯开

（国家电投集团山西电力有限公司晋东南分公司，山西省长治市 046000）

摘　要： 随着信息技术的飞速发展，档案管理领域也经历了深刻的变革。传统的纸质档案管理方式逐渐显现出其局限性，而电子档案的出现为档案管理带来了新的机遇与挑战。纸质档案与电子档案的融合管理成为档案管理领域的重要课题，不仅能够提升档案管理的效率和安全性，还能更好地满足现代社会对档案信息的需求。本文旨在探讨纸质档案与电子档案的特点及其在实际应用中的优缺点，分析两者融合管理的必要性和可行性。通过对比研究，提出有效的融合管理策略，为档案管理机构提供参考和借鉴。

关键词： 纸质档案；电子档案；比较；融合

0　引言

融合管理不仅能够提高档案管理的效率和质量，还能够更好地保护和利用档案资源。通过数字化技术，纸质档案可以转化为电子档案，实现档案资源的长期保存和高效利用。电子档案的管理也需要借鉴纸质档案的管理经验，确保电子档案的真实性和完整性。融合管理的实施，能够为档案管理带来更加全面和科学的管理方法，提升档案管理的整体水平。

1　纸质档案与电子档案的特点对比

1.1　纸质档案的优点

纸质档案作为传统档案管理的重要形式，其优点在多个方面得到了广泛认可。纸质档案具有较高的法律效力。在许多法律和法规中，纸质文件被视为正式文件，具有法律上的权威性和可信度。例如，在合同签订、财产转让等重要事项中，纸质文件仍然是不可或缺的。纸质档案具有较高的稳定性和耐久性。纸质文件在适当的保存条件下，可以保存数十年甚至上百年，不易受到电子设备故障或数据丢失的影响。纸质档案的阅读和理解相对简单，无需依赖任何电子设备，任何人只要具备基本的阅读能力，就能够轻松获取和理解信息。纸质档案在某些特殊场合下具有不可替代的作用，如在断电或电子设备故障的情况下，纸质档案可以确保信息的连续性和完整性。

1.2　纸质档案的局限性

尽管纸质档案具有诸多优点，但其局限性也不容忽视。纸质档案的存储和管理成本较高。随着档案数量的增加，对存储空间的需求也随之增加，需要大量的物理空间来存放。纸质档案的维护和管理也需要投入大量的人力和物力，如定期的整理、分类、归档等。纸质档案的检索效率较低。在大量纸质档案中查找特定信息，往往需要耗费大量时间和精力，特别是在没有详细索引和分类的情况下，查找效率更低。再次，纸质档案的安全性较差。纸质文件容易受到火灾、水灾、虫蛀等自然因素的破坏，同时也容易被盗或被篡改。纸质档案的传输和共享不便。纸质文件的传递需要通过邮寄或人工送递，耗时较长且成本较高，无法实现快速、便捷的信息共享。

1.3 电子档案的优势

电子档案作为现代信息技术的产物，其优势在多个方面得到了广泛认可。电子档案的存储和管理成本较低。电子档案可以存储在计算机硬盘、光盘、云存储等介质中，占用的物理空间较小，且维护成本相对较低。电子档案的检索效率较高。通过关键词搜索、分类检索等方式，可以快速、准确地找到所需信息，大大提高工作效率。再次，电子档案的安全性较高。通过密码保护、加密技术、备份机制等手段，可以有效防止数据丢失和被篡改。电子档案的传输和共享便捷。通过网络传输，可以实现信息的快速传递和广泛共享，不受时间和空间的限制。电子档案的更新和维护方便。电子档案可以随时进行修改、补充和更新，无需重新打印和归档，大大简化管理流程。

1.4 电子档案的挑战

尽管电子档案具有诸多优势，但其面临的挑战也不容忽视。电子档案的法律效力存在争议。在某些法律和法规中，电子文件的法律地位尚未得到明确，尤其是在涉及重要合同、法律文书等情况下，电子档案的法律效力可能受到质疑。电子档案的技术依赖性强。电子档案的保存和管理依赖于计算机系统和网络环境，一旦出现系统故障或网络中断，可能会导致数据丢失或无法访问。再次，电子档案的长期保存难度较大。电子文件的格式和技术标准不断更新，旧的文件格式可能会被新的格式取代，导致旧文件无法读取。电子档案的安全风险较高。电子文件容易受到病毒、黑客攻击等威胁，需要采取多种安全措施来保障数据的安全。电子档案的管理人才匮乏。电子档案的管理需要具备信息技术和档案管理双重知识的专业人才，而这类人才的培养和招聘相对困难。

2 纸质档案与电子档案的融合管理策略

2.1 融合管理的原则与目标

安全性原则：确保纸质档案和电子档案在存储、传输和使用过程中的安全，防止信息泄露和数据丢失。采用多重安全措施，如加密技术、访问控制和备份机制，保障档案的安全性。

完整性原则：确保档案的完整性和真实性，防止档案内容被篡改或丢失。通过建立严格的档案管理制度，确保每一份档案都有清晰的来源和历史记录。

可用性原则：提高档案的可访问性和可利用性，方便用户查询和使用。通过建立统一的档案管理系统，实现档案的快速检索和高效利用。

可持续性原则：确保档案管理系统的可持续发展，适应信息技术的不断进步。通过定期更新和维护系统，确保其长期稳定运行。

融合管理的目标主要包括：

（1）提升管理效率。通过数字化和标准化手段，简化档案管理流程，提高工作效率。实现档案的自动化处理和智能化管理，减少人工操作，降低管理成本。

（2）优化资源配置。合理配置纸质档案和电子档案的存储空间，减少资源浪费。通过数字化技术，将部分纸质档案转化为电子档案，节省存储空间。

（3）增强服务功能。提供多样化的档案服务，满足不同用户的需求。通过建立在线档案查询系统，实现档案的远程访问和共享，提升用户满意度。

（4）促进信息共享。实现档案信息的跨部门、跨区域共享，促进信息资源的整合和利用。通过建立统一的档案信息平台，实现多部门之间的协同工作。

2.2　融合管理的技术路径

档案数字化技术：利用扫描、OCR（光学字符识别）等技术，将纸质档案转化为电子档案。通过高质量的扫描设备和先进的 OCR 技术，确保数字化档案的清晰度和准确性。

数据存储技术：采用分布式存储和云存储技术，实现档案的高效存储和管理。通过建立多层次的存储架构，确保档案数据的安全性和可靠性。

数据传输技术：利用高速网络和安全传输协议，实现档案数据的快速传输和安全传输。通过加密技术和身份认证机制，防止数据在传输过程中被截取或篡改。

数据管理技术：采用数据库管理和元数据管理技术，实现档案的分类、检索和管理。通过建立统一的档案元数据标准，实现档案的标准化管理，提高档案的可利用性。

数据分析技术：利用大数据分析和人工智能技术，实现档案的深度挖掘和智能分析。通过建立数据分析模型，提取档案中的有价值信息，为决策提供支持。

2.3　纸质档案数字化

档案扫描：使用高分辨率的扫描设备，将纸质档案逐页扫描，生成高清晰度的电子图像。通过设置合适的扫描参数，确保扫描图像的质量。

图像处理：对扫描生成的图像进行预处理，包括去噪、纠偏、裁剪等操作，提高图像的清晰度和可读性。通过图像处理软件，自动或手动进行图像优化。

OCR 识别：利用 OCR 技术，将扫描图像中的文字信息识别并转换为可编辑的文本格式。通过先进的 OCR 算法，提高文字识别的准确率，减少人工校对的工作量。

数据校验：对 OCR 识别生成的文本进行校验，确保识别结果的准确性。通过人工校对或自动校对工具，纠正识别错误，提高数据质量。

数据存储：将数字化后的档案数据存储到数据库中，建立电子档案库。通过设置合理的数据存储结构，确保档案数据的有序存储和高效检索。

元数据标注：为每一份电子档案添加元数据信息，包括档案的名称、编号、类别、日期等。通过建立统一的元数据标准，实现档案的标准化管理，提高档案的可利用性。

2.4 电子档案管理标准化

建立标准体系：制定电子档案管理的标准体系，包括档案分类标准、元数据标准、存储标准、安全标准等。通过建立统一的标准体系，规范电子档案的管理流程。

规范档案分类：根据档案的内容和用途，对电子档案进行分类，建立科学的分类体系。通过分类管理，实现档案的有序存储和高效检索。

统一元数据标准：为每一份电子档案添加统一的元数据信息，包括档案的名称、编号、类别、日期等。通过统一的元数据标准，实现档案的标准化管理，提高档案的可利用性。

规范数据存储：建立电子档案的存储规范，包括存储介质、存储格式、存储路径等。通过规范存储，确保档案数据的安全性和可靠性。

加强安全管理：建立电子档案的安全管理规范，包括数据加密、访问控制、备份恢复等。通过加强安全管理，防止档案数据的泄露和丢失。

定期评估与更新：定期对电子档案管理标准进行评估和更新，确保标准的适用性和先进性。通过定期评估，及时发现和解决管理中的问题，提升管理水平。

3 纸质档案与电子档案融合管理的实践案例

3.1 国内成功案例分析

近年来，我国在纸质档案与电子档案融合管理方面取得了显著成效，多个案例展示了这一领域的成功实践。以下是一些具有代表性的案例：

3.1.1 北京市档案馆的数字化转型

北京市档案馆作为全国重要的档案管理机构，自 2010 年起开始推进纸质档案的数字化工作。通过引进先进的扫描设备和技术，该馆在短短几年内完成了数百万份纸质档案的数字化。北京市档案馆还建立了电子档案管理系统，实现了档案的高效检索和管理。这一转型不仅提高了档案管理的效率，还为公众提供了更加便捷的档案查询服务。

3.1.2 上海市档案馆的综合管理系统

上海市档案馆在融合管理方面也走在了前列。该馆通过建设综合档案管理系统，实现了纸质档案和电子档案的统一管理。系统不仅支持档案的数字化存储，还具备智能检索、权限管理、安全备份等功能。通过这一系统，上海市档案馆不仅提高了档案管理的透明度，还有效防止了档案的丢失和损坏。

3.1.3 深圳市档案馆的云平台建设

深圳市档案馆在融合管理方面采用了云计算技术，建立了档案云平台。该平台不仅支持档案的在线存储和管理，还提供了移动终端访问功能，使得档案查询和管理更加便捷。

通过云平台，深圳市档案馆实现了档案资源的共享，为政府机关、企业和公众提供了高效的服务。

3.2　融合管理的成效评估

3.2.1　提高管理效率

融合管理通过数字化和信息化手段，显著提高了档案管理的效率。例如，北京市档案馆在完成数字化转型后，档案查询时间从原来的数小时缩短到几分钟，极大地提升了工作效率。上海市档案馆的综合管理系统也使得档案的归档、检索和借阅流程更加高效，减少了人工操作的错误和延误。

3.2.2　优化资源利用

融合管理不仅提高了档案管理的效率，还优化了资源的利用。通过电子档案管理系统，档案馆可以实现对档案资源的集中管理和统一调配，减少了资源的浪费。例如，深圳市档案馆的云平台建设使得档案资源可以在不同部门和机构之间共享，避免了重复存储和管理。

3.2.3　增强安全性

融合管理在提高效率和优化资源利用的还增强了档案的安全性。电子档案管理系统具备多重安全保护措施，如数据加密、权限管理、备份恢复等，有效防止了档案的泄露和损坏。例如，上海市档案馆的综合管理系统通过严格的权限管理和定期备份，确保了档案的安全性和完整性。

3.2.4　提升服务质量

融合管理还显著提升了档案馆的服务质量。通过数字化和信息化手段，档案馆可以提供更加便捷和高效的档案查询和利用服务。例如，深圳市档案馆的云平台建设使得公众可以通过移动终端随时随地查询档案，大大提升了用户的满意度。

3.3　案例中的经验与教训

在纸质档案与电子档案融合管理的实践中，积累了丰富的经验，但也面临了一些挑战。以下是一些重要的经验和教训：

3.3.1　技术支持是关键

成功的融合管理离不开先进的技术支持。北京市档案馆、上海市档案馆和深圳市档案馆在数字化转型过程中，都引进了先进的扫描设备和技术，建立了高效的电子档案管理系统。这些技术支持不仅提高了档案管理的效率，还为后续的管理和利用提供了坚实的基础。

3.3.2　人员培训不可忽视

融合管理的实施需要一支专业的团队。档案馆在推进融合管理的过程中，应注重人员的培训和培养。例如，北京市档案馆在数字化转型初期，就组织了多次培训，提高了工作人员的技术水平和业务能力。通过培训，工作人员能够熟练掌握电子档案管理系统的操作，确保了融合管理的顺利实施。

3.3.3 用户需求为导向

融合管理的最终目的是为用户提供高效便捷的服务。因此，档案馆在推进融合管理的过程中，应以用户需求为导向，不断优化服务流程。例如，深圳市档案馆在建设云平台时，充分考虑了用户的需求，提供了多种查询和利用方式，大大提升了用户的满意度。

4 结语

纸质档案与电子档案的融合管理是一个系统工程，需要多方面的共同努力。通过技术的创新和管理的优化，可以实现档案资源的高效利用和长期保存。希望本文的研究能够为档案管理领域的实践提供一定的参考和借鉴，推动档案管理向更加科学和现代化的方向发展。在未来，纸质档案与电子档案的融合管理将更加成熟和完善，为社会的发展和进步做出更大的贡献。

参考文献

[1] 贾月平. 信息化时代纸质档案与电子档案的特点和管理 [J]. 兰台世界，2023（S1）：197-199.

[2] 党霞. 纸质档案和电子档案并行管理研究 [J]. 兰台世界，2023（S1）：75-76.

[3] 王岩. 浅谈事业单位纸质档案和电子档案的融合管理 [J]. 新营销，2023（17）：288-290.

[4] 王汉军. 纸质档案管理与电子档案管理的融合探究 [J]. 华东纸业，2024，54（6）：108.

[5] 李倩. 纸质档案管理与电子档案管理的融合探究 [J]. 中文科技期刊数据库（全文版）社会科学，2023（3）：31-33.

作者简介

高凯开（1996—），男，助理工程师，主要研究方向：新能源项目档案管理研究等。E-mail：849006320@qq.com

Comparison and Integrated Management of Paper and Electronic Archives

GAO Kaikai

（SPIC Group Shanxi Electric Power Co., Ltd. Jindongnan Branch，Changzhi 046000，China）

Abstract： With the rapid development of information technology，the field of archive management has also undergone profound changes. The traditional paper-based archive management methods are gradually showing their limitations，while the emergence of electronic archives has brought new opportunities and challenges to archive management. The integration management of paper and electronic archives has become an important issue in the field of archives management. It can not only improve the efficiency and security of archives management，but also better meet the needs of modern society for archive information. This article aims to explore the characteristics of paper archives and electronic archives, as well as their advantages and disadvantages in practical applications, and analyze the necessity and feasibility of their integrated management. Through comparative research，propose effective integrated management strategies to provide reference and inspiration for archive management institutions.

Keywords：paper archives；electronic archives；comparison；fuse

新能源企业档案管理人员能力提升的挑战与策略研究

黄凯玉

（国家电投集团海南电力有限公司，海南省海口市　570100）

摘　要：随着全球对环境保护的重视和能源转型的加速，新能源企业发展迅速，档案管理至关重要。运用资料分析法和个案研究法，分析了新能源企业档案管理特点及管理人员面临的挑战，包括人员配备不足、资料收纳管理难题和声像档案收集困难等。提出了档案管理人员能力提升策略，如加强领导重视、进行队伍建设与素质提升、完善制度与科学管理等。研究结论表明，提升档案管理人员能力对新能源企业可持续发展至关重要，未来应加强技术创新、管理模式创新和人才培养等方面的研究。

关键词：新能源企业；档案管理人员；能力提升

0　引言

在新能源企业的运营过程中，档案管理起着至关重要的作用。档案记录了企业从项目筹备、建设到运营的全过程，是企业决策、管理和发展的重要依据。例如，新能源项目的设计图纸、施工记录、设备资料等档案，对于项目的维护、升级和改造至关重要。同时，档案也是企业合规经营的重要保障，如在环保审批、安全监管等方面，档案的完整性和准确性至关重要。然而，随着新能源企业的快速发展，档案管理人员的能力面临着诸多挑战。本研究旨在深入探索新能源企业档案管理人员能力提升策略，以有效应对当前面临的诸多挑战。

1　新能源企业档案管理特点

1.1　新能源档案管理的独特性

目前，国内新能源产业主要为集中式光伏、陆上风电、分散式风电、分布式光伏和充电站等，新能源项目遍布全国各个地区和省份。区别于传统火电项目，开工建设的新能源项目受周期短（见表1）、施工难度较高、人员流动大、交叉作业频繁等因素制约，项目文件的收集、整理、归档工作面临前所未有的挑战和困难。

表1　　　　　　　　　　　　　　新能源项目档案建设周期表

项目类型	项目容量	建设周期
集中式光伏	50MW	约9个月
	100MW	约12个月

项目类型	项目容量	建设周期
分布式光伏（工商业）	10MW	4～5 个月
分布式光伏（户用）	10MW	约 6 个月
陆上风电	100MW 以内	约 12 个月
	100MW 以上	约 15 个月
分散式风电	20MW	约 8 个月
充电桩	10 个充电枪	约 3 个月

1.1.1　项目特点对档案管理的影响

周期短使得档案管理人员必须在有限的时间内高效地完成档案的收集、整理和归档工作。为了确保项目档案工作与施工进度同步推进，制定了项目进度清单，详细罗列了每个阶段的文件移交内容和目录，落实责任人。此外，人员流动大容易造成档案管理的不连续性，需要建立有效的档案交接制度，确保档案工作不受人员变动的影响。

1.1.2　与传统档案管理的差异

新能源企业档案管理与传统企业档案管理存在明显不同。传统企业档案管理通常较为稳定，项目周期相对较长，参建单位较少，档案管理模式相对成熟。而新能源企业档案管理面临着更多的不确定性和复杂性。例如，在档案分类方面，新能源项目需要根据其特点制定专门的档案分类方案。在档案管理流程上，新能源企业更加注重全过程管控，从项目建设伊始就将档案工作纳入管理范畴，实行事前控制、事中监督和事后验收的管理模式。此外，在档案管理技术方面，新能源企业需要更多地应用数字化手段，以适应信息化发展的要求。

1.2　档案管理流程的关键环节

在新能源企业档案管理流程中，收集、整理、存储等关键环节起着至关重要的作用。收集环节是档案管理的基础，需要明确档案收集范围涵盖新能源项目规划、设计、建设、运营等全过程的文件资料，包括纸质文档、电子文档、图片、视频等多种形式。

整理环节是确保档案条理清晰、易于查找的重要步骤。按照新能源项目不同阶段和类别，对档案资料进行分类、编目、装订等整理工作。同时制定统一的档案整理标准，包括档案分类标准、编目规则、装订要求等，确保档案整理的规范化和标准化。

存储环节关系到档案的安全和长期保存。对档案室进行升级改造，配备专业的档案存储设备，如智能密集架、防潮防霉设备等，提高档案存储的安全性和便捷性。加强档案室的安全管理，完善防火、防盗、防潮等安全设施，定期对档案室进行安全检查和隐患排查，确保档案资料的安全。同时，加强电子档案的安全管理，采取加密存储、备份等措施，防止电子档案被篡改或丢失。

2　档案管理人员面临的挑战

2.1　档案人员配备不足与兼职过多

在新能源企业中，档案人员配备不足与兼职过多的问题较为突出。这主要是由于企业对档案管理的重视程度不够，对档案信息资源价值认识不足所致。

2.1.1　对档案价值认识不足

许多企业没有充分认识到档案在企业发展中的重要性，认为档案工作只是简单的资料保管，不能为企业创造直接的经济效益。这种认识导致企业在人员配备上忽视档案管理岗位，认为档案工作可有可无。此外，部分企业缺乏对档案价值的深入挖掘，没有将档案作为企业知识资产进行管理和利用，导致档案资源浪费。

2.1.2　领导重视度不够的后果

领导对档案工作重视度不够，会给企业带来一系列不良影响。首先，由于领导不重视，档案管理工作在企业中的地位较低，无法得到足够的资源支持。这可能导致档案管理设施设备不完善，如没有专门的档案室、档案存储设备简陋等，影响档案的安全保管和长期保存。其次，领导不重视会影响档案管理人员的工作积极性和职业发展。档案管理人员可能会感到自己的工作不受重视，缺乏职业成就感，从而影响工作质量和效率。再者，领导不重视档案工作还会导致档案管理流程不规范，档案收集、整理、归档等工作不能及时有效地进行。同时，领导不重视还可能导致档案管理人员配备不足，甚至出现兼职过多的情况。兼职档案管理人员往往因精力有限，不能全身心投入档案管理工作，容易造成档案遗失、损坏或归档不及时等问题。

2.2　资料收纳与管理难题

2.2.1　被动收集的弊端

被动收集档案信息资源会导致很多信息资源不全面，大量有价值的档案信息无法及时上交到档案管理部门。在项目建设过程中，由于部分建设单位和参建单位对档案收集工作重视不够，或者档案管理人员业务水平不高，导致档案资料收集不完整。例如，一些重要的设计变更文件、施工日志、质量检验报告等档案资料没有及时收集归档，给项目的竣工验收和后期运行维护带来了很大的困难。[1]

2.2.2　管理手段落后的影响

传统管理方式对新能源企业档案管理水平的限制不容忽视。[2] 首先，传统的档案管理方法多采用手工方式，效率低下且容易出错。例如，一些企业仍采用纸质档案管理，档案的整理、分类、检索等工作都需要人工操作，耗费大量时间和人力。其次，很多档案管理人员的专业素质无法与企业的快速发展相适应，无法充分发挥档案管理软件的价值。再者，传统管理方式难以适应新能源企业的发展特点。新能源企业技术更新换代快、项目分布广泛，传统管理方式无法及时跟进和调整，导致档案管理与企业发展脱节。

2.2.3 资料员稳定性和专业性

在新能源项目中，资料员的稳定性和专业性至关重要，现存在资料员频繁更换和缺乏对项目的全面了解。从稳定性来看，项目周期虽短，但资料工作持续且繁杂，人员稳定才能保障资料完整有序。而专业性方面，新能源资料涉及众多专业领域知识，需要资料员具备专业素养，准确分类、整理和归档。

2.3 声像档案收集困难

新能源企业声像档案收集面临诸多困难，主要原因包括设备陈旧以及部门协作不足等方面。

2.3.1 设备陈旧的影响

声像收集设备陈旧对新能源企业档案收集产生了严重的不良影响。一方面，陈旧的设备可能无法清晰地记录新能源项目的重要场景和关键环节。例如，在新能源项目的建设过程中，原始地形地貌、重要节点、重要工序以及隐蔽工程验收等方面都需要高质量的声像档案来真实反映。然而，由于设备陈旧，拍摄出的照片可能画质模糊、视频可能卡顿不流畅，无法准确地记录这些关键信息，从而降低了声像档案的价值。另一方面，设备陈旧还可能导致声像档案的存储格式不兼容现代的存储和检索系统。随着科技的不断发展，档案管理越来越趋向于数字化和信息化，对声像档案的存储格式也有了更高的要求。而陈旧的设备所产生的声像档案可能采用过时的存储格式，在后续的整理、存储和检索过程中会遇到困难，增加了档案管理的成本和难度。

2.3.2 部门协作的重要性

各部门共同努力对于新能源企业声像档案收集至关重要。首先，新能源项目通常涉及多个部门，如工程建设部门、技术研发部门、安全监管部门等。每个部门在项目的不同阶段都可能产生重要的声像档案资料。只有各部门密切协作，才能确保这些声像档案得到及时的收集和整理。例如，工程建设部门在施工过程中可以记录项目的进展情况和重要节点，技术研发部门可以记录新技术的应用和实验过程，安全监管部门可以记录安全检查和事故处理等情况。这些不同部门的声像档案相互补充，共同构成了完整的项目档案。其次，部门协作可以提高声像档案收集的效率和质量。通过建立有效的沟通机制和协作流程，各部门可以明确自己在声像档案收集工作中的职责和任务，避免重复劳动和资源浪费。

3 档案管理人员能力提升策略

3.1 加强领导与重视

3.1.1 领导重视的作用

领导重视对档案管理工作有着至关重要的积极影响。[3]首先，领导重视能够为档案管理工作提供充足的资源支持。当领导认识到档案管理的重要性时，会在人力、物力和财力方面给予倾斜。例如，会配备足够的专业档案管理人员，确保档案工作的顺利开展；投入资金建设现代化的档案室，配备先进的档案存储设备和管理软件，提高档案管理的安全性和效率。其次，领导重视可以营造良好的档案管理氛围。领导的关注和支持会传递给企业全体员工，使大家认识到档案管理工作的重要性，从而积极配合档案管理人员的工作。例如，各部门会主动将档案资料及时移交档案管理部门，避免档案遗失和损坏。再者，领导重视能够推动档案管理工作的创新和发展。领导会鼓励档案管理人员积极探索新的管理方法和技术，以适应新能源企业快速发展的需求。例如，支持档案管理部门引入数字化、信息化技术，提高档案管理的水平和质量。

3.1.2　列入考核的意义

将档案管理纳入领导考核具有重要意义。一方面，这可以强化领导对档案管理工作的责任意识。当档案管理成为领导考核的一项重要内容时，领导会更加关注档案工作的进展和成效，积极采取措施推动档案管理工作的改进和提升。另一方面，列入考核可以促进档案管理工作的规范化和制度化。通过明确考核标准和要求，领导会督促档案管理部门建立健全档案管理制度，规范档案管理流程，提高档案管理的质量和水平。

3.2　队伍建设与素质提升

档案管理人员队伍建设和素质提升是新能源企业档案管理工作的关键环节。

3.2.1　专业知识与热爱工作

档案管理人员应具备扎实的专业知识，包括档案学、信息管理、信息技术等方面的知识。例如，要熟悉档案的收集、整理、保管、利用等各个环节的工作流程和方法，掌握电子档案管理、档案数字化等先进技术。同时，档案管理人员还应热爱本职工作，具备高度的责任心和敬业精神。只有热爱档案工作，才能全身心地投入其中，不断提高工作质量和效率。热爱本职工作的档案管理人员会主动关注行业动态，积极学习新的知识和技能，为企业档案管理工作的创新和发展贡献自己的力量。

3.2.2　培训与交流的价值

参加培训和交流是提升档案管理人员素质的重要途径。一方面，企业应定期组织档案管理人员参加专业培训，包括档案管理理论、技术和方法的培训，以及新能源行业相关知识的培训。通过培训，档案管理人员可以不断更新自己的知识体系，提高专业技能水平。另一方面，加强档案管理人员之间的交流也非常重要。可以通过建立档案管理交流平台、组织经验分享会等方式，促进档案管理人员之间的交流与合作。在交流中，档案管理人员可以分享工作经验和心得体会，互相学习借鉴，共同提高业务水平。此外，档案管理人员还可以参加行业内的培训和交流活动，了解最新的档案管理理念和技术，拓宽视野，为企业档案管理工作带来新的思路和方法。

3.3　完善制度与科学管理

3.3.1　健全制度的重要性

健全档案管理制度对新能源企业档案管理工作至关重要。一方面，完善的制度能够明确档案管理的各个环节和流程，确保档案从收集、整理、存储到利用都有章可循。例如，明确规定档案收集的范围、时间节点和责任人，避免档案资料的遗漏和丢失；规范档案整理的标准和方法，保证档案的有序性和可检索性；确定档案存储的条件和安全要求，保障档案的长期保存。另一方面，健全的制度可以提高档案管理的效率和质量。通过建立科学合理的档案管理制度，能够优化档案管理的工作流程，减少重复劳动和资源浪费。同时，制度的约束也能促使档案管理人员更加认真负责地履行职责，提高工作的准确性和规范性。

3.3.2　信息化系统建设

档案信息化系统建设是新能源企业实现科学管理的必要手段。首先，信息化系统提高了档案管理的效率。通过数字化技术，将纸质档案转化为电子档案，实现了档案的快速检索和远程利用。员工可以在系统中输入关键词，迅速找到所需档案，大大节省了时间。其次，信息化系统增强了档案的安全性。采用加密技术、备份技术等手段，确保电子档案的安全性和完整性。即使遇到自然灾害或人为破坏，也能通过备份数据快速恢复档案信息。再者，信息化系统促进了档案管理的规范化。信息化系统按照统一的标准和规范对档案进行管理，避免了传统档案管理中存在的各自为政、互不兼容的问题。例如，在档案格式、存储标准、检索方式等方面实现了统一，提高了档案管理的质量和水平。

4　结语

研究发现，新能源企业档案管理具有独特性，受项目特点影响，档案管理面临诸多挑战，包括档案人员配备不足与兼职过多、资料收纳与管理难题以及声像档案收集困难等。针对这些挑战，提出了一系列提升策略。一是加强领导与重视，领导重视能够为档案管理工作提供资源支持、营造良好氛围并推动创新发展，将档案管理纳入领导考核可强化责任意识，促进规范化和制度化。二是队伍建设与素质提升，档案管理人员应具备专业知识并热爱工作，参加培训和交流可提升素质。三是完善制度与科学管理，健全档案管理制度能明确流程、提高效率和质量，信息化系统建设可提升档案管理的效率、安全性和规范化水平。总之，新能源企业档案管理人员能力的提升对于企业的可持续发展至关重要。通过采取有效的提升策略，可以提高档案管理的效率和质量，为新能源企业的发展提供有力支持。

本研究已有一些研究成果，但仍存在一些不足之处。一方面，在样本选取上，受限于客观条件，样本数量和多样性稍显欠缺，可能影响结果的普适性。另一方面，研究方法存在局限性，部分技术手段不够先进，未能更深入地挖掘某些关键信息。

参考文献

[1] 陈慧，焦扬．新能源项目档案管理优化研究：特点、困境及实施路径 [J]．北京档案，2023（6）：29-31．

［2］徐冬梅．能源企业档案管理存在的问题研究［J］．办公室业务，2018（22）：132．

［3］潘莉，温寒．浅谈新能源发电项目档案管理工作［J］．低碳世界，2018（5）：336．

［4］陈慧，南梦洁，刘箐．"十四五"规划下的新能源项目档案管理探索［J］．中国档案，2022（4）：62-63．

作者简介

黄凯玉（1994—），女，助理馆员，主要研究方向：新能源项目档案管理研究、档案人才培养等。E-mail：huangkaiyu_bsu@163.com

Research on the Challenges and Strategies for the Capacity Improvement of Archives Management Personnel in New Energy Enterprises

HUANG Kaiyu

（State Power Investment Corporation Hainan Electric Power Co.，Ltd.，Haikou 570100，China）

Abstract：With the increasing global emphasis on environmental protection and the acceleration of energy transformation，new energy enterprises have witnessed rapid development，and archives management is of vital importance. This study employs the methods of data analysis and case study to analyze the characteristics of archives management in new energy enterprises and the challenges faced by management personnel，including insufficient staffing，difficulties in data collection and management，and challenges in collecting audio-visual archives. Strategies for improving the capabilities of archives management personnel have been put forward，such as strengthening leadership attention，building teams and enhancing their qualities，and improving systems and conducting scientific management. The conclusion of the study shows that improving the capabilities of archives management personnel is crucial for the sustainable development of new energy enterprises. In the future，research on aspects such as technological innovation，innovation in management models，and talent cultivation should be strengthened.

Keywords：new energy enterprises；archives management personnel；capability improvement

第三部分 档案资源建设与开发利用

企业文书档案收集管理问题研究

杨春雪[1]，吕 舜[2]

（1. 国家电力投资集团有限公司，北京市 100088;
2. 五凌电力有限公司新能源分公司，湖南省长沙市 410004）

摘 要：随着全球经济的发展和信息技术的快速进步，企业的文书档案收集管理成为一个关键的问题。文书档案是企业日常运营不可或缺的一部分，包括各类合同、报告、账目等，涉及重要的信息和数据。有效的文书档案收集管理对于企业的运营、决策和合规性至关重要。本文简要阐述了企业文书档案收集管理的重要性，分析了收集管理过程中存在的问题与不足，并以此提出了具体且可行性的实践措施，以期促进企业的可持续进展。

关键词：企业管理；文书档案；收集管理

0 引言

随着信息时代的发展，企业面临越来越多的文书档案管理问题，文书档案收集管理既涉及文档的电子化和数据化处理，又关乎文档的安全性和保密性，因此有效的文书档案收集管理对于提高企业工作效率、保护企业知识产权和维护商业机密至关重要。然而，目前很多企业在文书档案收集管理方面还存在部分问题，如信息孤岛、易于丢失和泄露、工作效率低下等。因此，本研究将着重探讨如何解决企业文书档案收集管理问题，以提高企业的信息化管理水平和竞争力。

1 企业文书档案收集管理的重要性

企业的文书档案是企业运营活动重要的法律依据和证明材料，合规性要求企业按照相关法律法规规定保存各类企业文件和记录，包括公司章程、合同协议、财务报表、税务申报文件等。有效的文书档案收集管理保证企业在法律监管下的合规操作，且可以及时提供相关证据。

（1）企业的文书档案记录了企业的过去经营情况和决策过程，对于企业未来的发展和决策具有重要的参考价值，通过对文书档案进行有效的收集和管理，以便及时查阅和分析历史数据，为企业决策提供准确的信息和依据。良好的文书档案收集管理可帮助企业提高信息的获取和利用效率，及时整理归档文件可减少信息查找和处理的时间成本，提高工作效率。

（2）文书档案作为企业管理风险的重要手段，合理分类和归档不仅可帮助企业准确记录和管理各类风险事件，提高对未来风险的预警能力，还可有效保护企业的知识产权和商业机密。企业在创新过程中产生的技术方案、产品设计、市场策略等，都应该通过文书档案进行记录和保护，防止信息泄露和不正当竞争。

（3）企业文书档案见证了企业的发展历程和文化建设，通过对文书档案的收集和保留，可以促进企业内部沟通和员工凝聚力的提高，传承企业的精神文化。

2 企业文书档案收集管理工作存在的问题

2.1 收集力度不足，归档管理不规范

现代化企业发展的过程中，许多企业对于文书档案管理工作不够重视，未制定明确的收集管理的制度与标准，缺乏专职档案管理人员，或档案管理人员业务素质不高，从而导致文书档案收集工作存在不规范、不全面、不及时、质量低等问题。一方面，部分企业在文书档案管理方面存在文件分类不准确或不清晰，档号不规范、档案放置混乱无序、索引工具落后等导致难以快速准确地找到和利用所需文件，降低工作效率和工作服务质量。另一方面，还有部分企业在文书档案的收集和管理流程方面存在不足，缺乏明确的收集和归档指引，不同部门或个人在档案收集和管理上存在差异，缺乏统一性和规范性，造成了档案管理的混乱和不统一。

2.2 文书档案的收集处理方法落后

尽管许多企业已经开始意识到文书档案管理工作的重要性，但仍有部分企业在文书档案收集管理工作中，存在文书档案收集处理方法落后的问题。

（1）许多企业仍然依赖传统的纸质文书管理方式，收集和处理文书档案的过程繁琐且容易出错，纸质文书需要手动存档、整理、分类和归档，增加了不必要的人力成本和工作量。

（2）在文书档案的数字化处理能力方面存在不足，即使涉及数字化处理，也缺乏高效的文书扫描和电子归档技术，导致文书档案处理效率低下，无法实现便捷的信息检索和利用。

（3）没有建立自动化的文书档案管理系统，仍然依赖传统的纸质文件，导致信息管理不规范，文件丢失、错乱、冗余等情况频发，缺乏自动化文书档案管理系统可能导致信息安全问题，如文件泄露、篡改或丢失的风险增加。没有有效的权限控制和备份机制，企业还将面临数据泄露和损失的风险。

（4）没有自动化文书档案管理系统意味着员工需要耗费大量时间和精力来管理文件和文书档案，包括整理、分类、检索等工作，不仅效率低下，也容易出现人为错误，增加成本负担。

2.3 文书档案存储安全性不高

由于部分企业没有认识到文书档案存储安全性的问题，在进行档案管理时未能采取足够的安全措施来保护文书档案存储设备，如服务器、硬盘等。缺乏物理安全措施，如密封

防护、安全存放设施等，容易导致设备的丢失、损坏或盗窃，造成文书档案数据的泄露或灭失。备份和恢复文书档案数据对于防止数据丢失和损坏至关重要，但部分企业在实际管理时未能定期进行数据备份，或备份过程不完整或出现错误，一旦出现设备故障、人为错误或其他意外情况，企业难以快速恢复和获取文书档案数据，面临数据永久性丢失的风险。在文书档案存储与访问方面，部分企业未能建立足够的权限管理措施，没有对不同用户或不同部门进行权限分级，容易导致未经授权的人员访问或篡改文书档案数据，增加了信息泄露和篡改的风险。然而，还有部分企业在文书档案存储和传输过程中无法提供足够的加密和安全通信措施，使得文书档案在传输过程中容易被窃取或篡改，从而导致敏感信息泄露或文件完整性受损。

3 提高企业文书档案收集管理工作水平的措施

3.1 完善文书档案收集管理制度

为了提高企业文书档案收集管理工作的水平，首先需制定并明确文书档案收集管理的制度文件，包括政策、程序、工作流程等，规范收集的范围、要求、方法、流程，确保文书档案收集工作有明确的目标和指导，并制定明确的文件分类标准，根据文件属性、内容和形式进行分类，便于文件的归档和查找，制定统一的命名规范，确保文件命名的统一性和可读性。第二，建立完整的文件收集流程，包括文件申请、审核、收集、整理和归档等环节，明确每个环节的责任人和操作规程，确保文件收集的规范性和流程的顺畅性。第三，在文件收集过程中，重视文件的审查和审核环节，确保文件的合规性和真实性，对关键信息进行核实和验证，对涉及敏感信息的文件进行特别审查和审核，防止错误或虚假信息的录入。第四，建立定期的文件质量评估机制，对文件收集的全过程进行检查和评估，发现问题及时纠正和改进，并设置文件质量评估指标，对文件收集的准确性、完整性和时效性进行评价。

3.2 增强文书档案管理意识

（1）增强文书档案收集管理意识是提高企业文书档案收集管理工作水平的重要环节，企业应积极开展相关的培训和教育活动，提高员工对文书档案收集管理的认识和重视程度，培训内容需包括文书档案的重要性、收集管理的原则和方法、保密要求等。

（2）建立相关的反馈机制，鼓励员工主动提出改进意见和问题，对优秀的文书档案收集管理工作进行表彰和奖励，对违规行为进行批评和处罚，强化员工的责任感和自觉性，并加强员工对文书档案信息安全的认识和保密意识，明确保密要求和相关规定，加强文书档案的保密管理，防止信息泄露和篡改。

（3）建立定期检查机制，对文书档案收集管理工作进行监督和检查，督促员工按照规定进行收集和管理，及时发现问题并及时解决，并为文书档案收集管理工作提供必要的资源支持，包括技术设备、软件系统和物理存储条件等，提高员工开展收集管理工作的便利性和效率。

（4）鼓励员工参与文书档案收集管理工作的改进和优化，听取员工的建议和意见，在实践中不断完善管理制度和流程，进一步提升文书档案收集管理的水平和效果。

3.3　积极利用现代化信息技术

为了提高企业文书档案收集管理的工作水平，应积极利用现代化信息技术，建立电子文档管理系统，实现电子文档的在线收集、存储和管理，实现文档的电子化，便于文件的检索、共享和备份，提高文件处理的效率和准确性。

（1）利用数据采集工具，如扫描仪和 OCR 技术等，将纸质文档转换为电子文件，减少纸质文档的使用和管理成本，提高文件处理的速度和精确度，并将收集的文档进行数字化处理，并构建一个统一的数字化档案库，更加方便地进行文档的分类、检索和共享，提高文件管理的便捷性和效率。

（2）采用云存储技术，将文档保存在云端服务器上，实现文档的远程访问和共享，既可以提供安全的数据存储环境，还可以节省企业的存储成本和减少信息泄露的风险。此外，还可充分利用大数据分析技术，对文档数据进行深入挖掘和分析，发现隐藏的信息和模式，提供数据支持和决策参考，提高文件管理工作的智能化水平。

（3）积极运用人工智能技术，如自然语言处理和机器学习等，对文档进行自动识别、分类和归档，提高文件处理的自动化程度和准确性，提高工作效率和文件管理的准确性，为企业的运营和管理提供全面的支持。

3.4　加强文书档案安全管理

加强文书档案安全管理是保护企业信息资产和防止信息泄露的重要措施。企业应制定相关的安全规范和政策文件，明确安全要求和工作流程，规范文件的收集、存储、传输和处理，并设置合理的权限控制，确保文书档案信息只能被有权限的人访问和修改，做好相关的权限审批和管理工作。例如，设置访问控制、监控设备和保密区域，控制人员进出，保证文书档案的物理安全性，并采用安全技术工具，如加密技术、防火墙和入侵检测系统等，保障文书档案的信息安全性，防止非法访问和攻击。制定文书档案的备份和恢复策略，定期进行数据备份，确保在系统故障或数据丢失情况下能够及时恢复，并建立审计和监控机制，跟踪记录文书档案的使用情况，便于发现异常行为和安全漏洞，及时采取相应的防范措施和修复措施，以确保企业文书档案的机密性、完整性和可用性，降低信息泄露和风险损失的可能性，维护企业的正常运营和声誉。

4　结语

综上所述，积极利用现代化信息技术和加强安全管理措施是提高企业文书档案收集管理效率和质量的重要途径。企业应积极利用电子文档管理系统，建立数字化档案库，并使用数据采集工具，运用云存储技术等技术手段，实现文档的电子化、在线共享和便捷管理。同时，强化权限管理，加强物理安全措施，并使用安全技术工具等安全管理措施，最大程度地保障文书档案的机密性和完整性，为企业的信息化管理提供支持和指导，促进企业的可持续发展。未来的研究方向可以进一步探索与人工智能、大数据分析等技术的结合，以进一步提升文书档案收集管理的智能化和自动化水平。

参考文献

[1] 何玉芳. 企业文书档案收集归档管理问题研究 [J]. 新疆有色金属，2022，45（4）：61-62.

[2] 赵建红. 现代企业文书档案收集与归档工作创新策略 [J]. 城建档案，2021（6）：127-128.

[3] 董珍珍. 企业文书档案收集与归档研究 [J]. 兰台内外，2020（33）：46-47.

[4] 赵航. 企业文书档案收集、鉴定研究 [J]. 兰台内外，2020（6）：67.

作者简介

杨春雪（1996—），女，助理馆员，主要研究方向：文书档案管理。E-mail：2580238346@qq.com

吕 舜（1991—），女，馆员，主要研究方向：新能源建设项目档案管理。E-mail：26581156@qq.com

Research on the Collection and Management of Enterprise Documents and Archives

YANG Chunxue[1]，LV Shun[2]

（1. State Power Investment Corporation，Beijing 100088，China；
（2. State Power Investment Corporation Wuling Electric Power Co.，Ltd.
New Energy Branch，Changsha 410004，China）

Abstract：With the development of the global economy and the rapid progress of information technology，the collection and management of enterprise documents and files has become a key issue. Documents and files are an indispensable part of the daily operation of enterprises，including all kinds of contracts，reports，accounts，etc.，involving important information and data. Effective collection and management of documents and files is crucial to the operation，decision-making and compliance of enterprises. This paper briefly expounds the importance of the collection and management of enterprise documents and archives，analyzes the problems and shortcomings in the collection and management process，and puts forward concrete and feasible practical measures in order to promote the sustainable development of enterprises.

Keywords：enterprise management; document archives; collection management

新时期档案资源开发利用的政策支持与优化路径

尹耀雪

（内蒙古白音华铝电有限公司自备电厂，内蒙古自治区锡林郭勒盟　026000）

摘　要：随着《中华人民共和国档案法实施条例》的出台实施和《"十四五"全国档案事业发展规划》的深入推进，档案资源开发利用迎来新的发展机遇。在政策支持下，档案部门通过完善开放审核机制、提升公共服务能力和创新开发模式，推动档案资源与社会发展需求深度融合。但档案资源开发利用仍面临资源整合难、开放审核机制不完善、服务模式单一等挑战。针对这些问题，提出加强部门协同、健全档案开放制度、推进数字化建设、创新服务模式等优化路径，以促进档案资源的有效开发与利用，更好地发挥档案在服务国家治理和社会发展中的重要作用。

关键词：档案资源；开发利用；政策支持；优化路径；公共服务

0　引言

档案资源是党和国家的宝贵财富，也是全体人民的集体记忆，其开发利用对促进经济社会发展具有重要意义。近年来，随着新修订的《中华人民共和国档案法》和《中华人民共和国档案法实施条例》的颁布实施，档案资源开发利用迎来新的发展机遇。《"十四五"全国档案事业发展规划》明确提出要"以人民为中心"，建设好覆盖人民群众的档案资源体系和方便人民群众的档案利用体系。同时，《国家重点档案专项资金管理办法》的出台为档案资源开发利用提供了资金保障。在此背景下，深入探讨新时期档案资源开发利用的政策支持与优化路径，对于提升档案工作水平、促进档案事业高质量发展具有重要的现实意义。

1　新时期档案资源开发利用的政策支持

1.1　档案法及实施条例的制度保障

2023 年 12 月 29 日，国务院常务会议审议通过的《中华人民共和国档案法实施条例》（以下简称《条例》）为新时期档案资源开发利用提供了坚实的法律保障。《条例》明确规定国家档案馆应当建立馆藏档案开放审核协同机制，会同档案形成单位或移交单位进行档案开放审核，为档案开放利用奠定了法律基础。同时，《条例》要求国家档案馆要明确档案利用的条件、范围和程序，创新档案利用服务形式，推进档案查询利用服务线上线下融合。这些规定不仅规范了档案开放审核标准，还从制度层面促进了档案公共服务体系建设，使档案资源开发利用工作有法可依、有章可循。特别是《条例》对档案法第四章"档案的利用和公布"进行了详细阐释，明确规定国家档案馆应当根据工作需要和社会需求，开展馆藏档案的开发利用和公布，促进档案文献出版物和档案创意产品的提供和传播[1]。这为档案资源开发利用工作提供了全面的制度保障和实施依据，推动档案事业步入法治化发展轨道。《条例》的实施标志着我国档案事业发展进入新阶段，为档案资源的科学开发和高效利用提供了制度基础和法律遵循。

1.2 档案专项资金的保障支持

财政部、国家档案局联合印发的《国家重点档案专项资金管理办法》为档案资源开发利用提供了重要的资金支持。专项资金重点用于补助地方各级国家档案馆馆藏国家重点档案的保护与开发工作，支持范围包括国家重点档案目录基础体系建设、重大专题开发和区域性国家重点档案保护中心建设等。资金分配采用因素法和项目法，并适当向经济欠发达地区倾斜，体现了国家对档案资源开发利用工作的重视和支持。在具体实施过程中，专项资金的使用严格遵循公开、公平、公正的原则，建立了科学的绩效评价机制，确保资金使用效益的最大化。通过专项资金的引导和支持，促进了档案馆完善保护设施设备，提升了数字化加工能力，加快了档案资源的开发进程。特别是在档案信息化建设方面，专项资金的投入有力推动了档案数字化平台建设和在线服务系统的完善，为实现档案资源共享利用奠定了坚实基础。这种资金保障机制的建立，为完善国家重点档案保护体系、加强档案目录基础建设和提升档案开发利用水平提供了强有力的物质基础和发展动力。

1.3 "十四五"规划的战略引领

《"十四五"全国档案事业发展规划》将"坚持人民立场"作为档案事业发展的重要原则，明确要求贯彻以人民为中心的发展思想，建设好覆盖人民群众的档案资源体系和方便人民群众的档案利用体系。规划提出到"十四五"结束时，档案利用服务要实现新的水平，档案开放力度明显加大、共享程度显著提高、利用手段更加便捷。《规划》强调要充分发挥档案在服务国家治理体系和治理能力现代化中的基础性作用，要求建立重大活动、突发事件应对活动相关档案利用调度机制，推动文件级目录向全国革命历史、民国、明清档案资料目录中心整合汇集。同时，《规划》还提出要扎实推进各级国家档案馆开展互联网和移动端查询利用服务，鼓励有条件的综合档案馆全年向社会公众开放或延长开放时间[2]。在《规划》实施过程中，还特别强调要深入挖掘红色档案资源，加强对具有历史价值、教育功能、纪念意义的档案文献的保护与开发，这些战略部署为新时期档案资源开发利用指明了方向，彰显了档案工作服务国家治理的重要价值。

2 档案资源开发利用的现实发展困境

2.1 资源整合难题

档案资源整合难题已成为制约档案开发利用的关键瓶颈。当前，档案资源分散在不同的部门和机构中,如档案馆、政府部门、事业单位等,各自独立管理,缺乏统一的资源整合平台。这种分散化管理模式导致档案资源信息孤岛现象严重,资源检索和利用效率低下。在跨部门协作方面,由于缺乏有效的协调机制,各部门在职责划分、利益分配、信息共享等方面存在分歧与矛盾,难以形成资源整合合力。特别是在重大活动和突发事件应对中,档案资源调度机制不健全,影响了档案资源的及时调用和有效利用。同时,资源共享程度不足的问题也日益凸显,各部门之间存在数据标准不统一、系统平台不兼容等技术障碍,加之部门行政壁垒的存在,导致档案资源无法实现互联互通和有效共享,严重影响了档案资源的整体开发价值和社会效益的发挥。这种资源整合难题的存在,不仅阻碍了档案资源的高效开发和利用,也制约了档案事业的整体发展水平。这种资源分散化管理的现状使得珍贵的档案资源无法形成整体优势,降低了档案资源的社会价值和历史价值。

2.2　开放审核机制不完善

开放审核机制不完善是制约档案资源有效开放利用的重要因素。目前,档案开放审核标准缺乏统一性和可操作性,不同档案馆、不同类型档案的开放审核标准存在较大差异,导致审核工作无法形成统一规范。在审核程序方面,档案开放审核流程繁琐,缺乏科学合理的工作机制,审核人员对审核标准的理解和把握也存在差异,造成审核工作效率低下。开放时效性不足的问题更为突出,许多已到开放期限的档案未能及时完成审核和开放,一些具有重要研究价值和社会关注度的档案资源无法满足公众及时利用的需求[3]。此外,档案形成单位与档案馆之间的开放审核协同机制尚未完全建立,在档案开放决策和风险评估方面缺乏有效沟通,影响了档案开放的质量和效率。这种审核机制的不完善,不仅影响了档案资源的开放效率,也在一定程度上制约了档案资源价值的充分发挥。审核标准的不统一还容易导致相同类型档案在不同地区或机构出现不同的开放状态,这种情况不仅混淆了公众对档案开放的认知,也影响了档案工作的公信力。

2.3　服务模式创新不足

服务模式创新不足已经成为档案资源开发利用的重要制约。传统档案利用方式仍以实体查阅为主,服务时间和空间受限,无法满足公众多样化、便捷化的档案利用需求。在数字化转型方面,档案数字化建设进展缓慢,数字化加工质量参差不齐,缺乏统一的技术标准和规范。许多档案馆的信息化基础设施建设滞后,档案数字化平台功能单一,未能充分运用人工智能、大数据等新技术提升服务水平。公共服务能力不足的问题也日益突出,档案利用服务仍存在"门槛高、程序繁、效率低"等问题,档案馆的开放时间、服务方式等未能充分考虑社会公众的实际需求。特别是在线上服务方面,档案查询利用平台的功能不完善,用户体验差,难以实现档案资源的高效检索和便捷获取。与其他公共文化服务机构相比,档案馆在服务创新和用户体验方面仍存在较大差距,这严重影响了档案资源的社会服务价值。更为重要的是,由于服务理念和模式创新不足,导致档案馆未能充分发挥其在公共文化服务体系中的独特作用,也影响了档案文化的传播和普及。

3 档案资源开发利用的优化路径

3.1 健全协同机制

健全档案资源开发利用的协同机制需要多维度推进。在构建跨部门合作平台方面，建立了档案部门与政务服务中心、大数据管理局的联席会议制度，定期研究解决资源整合中的重点难点问题。通过建设全省统一的档案资源共享平台，实现了省内百余家单位档案资源的互联互通和统一管理。在完善资源共享机制方面，制定了《档案资源共享管理办法》，明确了数据标准规范和共享流程，建立了统一的资源目录体系。同时创新推出"档案资源共建共享积分制"，通过评估单位共享档案数量和质量，与年度考核、专项资金分配挂钩，有效激发了各部门参与积极性[4]。在强化档案开放协同方面，建立了"1+X"协同工作机制，即档案馆牵头，各重点单位选派业务骨干组建联合工作组，共同参与档案开放决策。特别是在重大突发事件中，快速启动应急档案调度机制，24h内完成相关档案的整合共享，为科学决策提供了有力支撑。这种协同机制的建立，显著提升了档案资源开发利用效率，为跨部门档案资源整合提供了可复制、可推广的实践经验，实现了档案资源利用从"独自发展'到'协同共进"的转变。

3.2 优化开放利用

优化档案开放利用是提升档案资源开发效能的关键环节。在规范开放审核流程方面，制定了《档案开放审核工作规程》，建立了"双审核、三审批"制度，即业务科室和保密办双重审核，分管领导、馆长、形成单位三级审批，有效提高了审核质量和工作效率。针对重点档案类型，编制了审核要点指南，组织开展专题培训，全馆审核人员持证上岗率达100%，实现了审核工作的专业化、标准化。在加强档案目录建设方面，开发了智能化目录著录系统，采用OCR识别、智能分类等技术，目录著录效率提升40%。建立了"周更新、月校核、季度通报"的目录维护机制，确保目录信息准确完整。在扩大开放利用范围方面，率先推行"档案开放前置审核"，对即将到期档案提前半年启动审核，实现应开尽开。针对经济、科技、教育等民生档案，建立了重点档案优先开放制度，开放及时率达95%以上。这些创新做法极大提升了档案开放利用工作的规范化、科学化水平，为建设开放型档案馆提供了实践范例。

3.3 创新服务模式

创新档案服务模式是提升档案资源开发利用水平的重要途径。在推进档案数字化建设方面，引入"人工智能+档案"技术体系，开发了智能化数字加工平台。采用版面分析、文字识别等技术，档案数字化加工效率提升50%，差错率降至0.1%以下。建设了"智慧档案"管理平台，实现了档案全生命周期的智能化管理。建立了数字化质量控制体系，形成了标准化的数字化工作流程和质量评估标准[5]。在拓展线上服务渠道方面，开发了移动端档案利用平台，整合了查档预约、在线阅览、专题展览等功能，月均活跃用户超过10

万。推出智能问答系统，7×24h 为用户提供咨询服务，智能问答准确率达到 95%。在提升公共服务水平方面，实施便民利民工程，将查档窗口前移到政务服务中心，实现"一窗受理、一网通办"。创新推出"档案文化+"服务模式，与其他公共文化机构联合开展主题展览和文化讲座。

4 结语

新时期档案资源开发利用工作迎来重要机遇。《中华人民共和国档案法实施条例》为档案开放利用提供制度保障，《国家重点档案专项资金管理办法》为档案保护与开发提供资金支持，《"十四五"规划》为档案事业发展指明方向。档案资源开发利用仍面临资源整合难、开放审核机制不完善、服务模式创新不足等挑战。应对这些挑战需要多措并举：通过建立跨部门协作平台、完善资源共享机制、规范开放审核流程、加强档案目录建设、推进数字化转型、创新服务模式等举措，不断提升档案资源开发利用水平。未来，档案部门应坚持以人民为中心，加强制度建设，推动档案资源更好地服务于国家治理体系和治理能力现代化，为档案事业高质量发展注入新动能。

参考文献

[1] 上官霖昱. 文旅融合开辟地方特色档案资源开发新路 [J]. 文化产业，2024（31）：88-90.

[2] 谭先员. 新时代档案与历史记忆深度融合的思考 [J]. 档案记忆，2024（10）：52-53.

[3] 邹广和. 数字技术背景下红色标语档案的治理对策 [J]. 中国军转民，2024（17）：72-74.

[4] 李家和，郑慧. 档案的数智化开发利用：现实背景、主要问题和优化对策 [J]. 山西档案，2024（8）：37-42.

[5] 周铦鋆. 图书和档案资源数字化融合服务实现研究 [J]. 兰台世界，2024（S1）：166-168.

作者简介

尹耀雪（1998—），女，助理工程师，主要研究方向：档案资源建设与开发利用等。E-mail：940007587@qq.com

Policy Support and Optimization Paths for Archive Resource Development and Utilization in the New Era

YIN Yaoxue

（Self-provided Power Plant of Inner Mongolia Baiyinhua Aluminum Power Co., Ltd., Baiyinhua Industrial Park, Xilingol League 026000，China）

Abstract：With the promulgation and implementation of the "Regulations on the Implementation of the

Archives Law of the People's Republic of China" and the in-depth advancement of the "14th Five-Year Plan for National Archives Development," archive resource development and utilization is embracing new development opportunities. Under policy support，archives departments promote deep integration of archive resources with social development needs through improving open review mechanisms，enhancing public service capabilities，and innovating development models. However, archive resource development and utilization still faces challenges such as difficulty in resource integration，imperfect open review mechanisms，and singular service models. To address these issues，optimization paths are proposed，including strengthening departmental collaboration，improving archive opening systems，advancing digital construction，and innovating service models，to promote effective development and utilization of archive resources and better fulfill archives' important role in serving national governance and social development.

Keywords：archive resources；development and utilization；policy support；optimization paths；public service

新时期档案资源开发利用中的风险防控策略探讨

胡文峰

（江西中电投新能源发电有限公司，江西省南昌市　330000）

摘　要： 利用不同的档案馆案例，深入分析了档案数字资源开发利用中的主要风险成因和表现形式，系统梳理了其风险类型和特征等，从而探索出了有效的相关防控策略。整个研究过程中发现档案数字化工作面临资金短缺、人才匮乏、规范缺失等多重挑战，这些问题严重制约了档案数字资源的开发利用效果。通过对档案资源开发过程中的具体风险梳理，提出应从以下策略入手：加强档案完整性管理、构建分级安全防护体系、完善数字化标准规范等风险防控策略，同时强调应重视用户需求导向，加强数字资源服务能力建设，建立长效的风险防控机制，确保档案资源开发利用的实际效益和社会价值。

关键词： 档案资源；数字化；风险防控；开发利用

0　引言

随着信息技术的快速发展，档案数字资源开发利用已成为档案工作的重要内容。档案数字化不仅能够实现档案资源的开发性保护，还能提升档案利用的便捷性和灵活性。然而，在实践过程中，档案数字资源开发利用面临诸多风险与挑战，仍需建立系统的风险防控机制。

1　档案数字资源开发利用中的主要风险

1.1　前期准备与要素保障风险

档案数字资源开发利用工作面临要素保障方面的多重挑战。从资金支持角度看，印度喀拉拉邦档案馆专项资金被挪作他用，新西兰国家档案馆因资金缺乏致使检索平台建设延迟四年，即便投入 400 万美元建设的检索平台仍存在诸多问题。资金匮乏直接影响了数字化设备更新、系统维护等关键环节。在专业人才方面，档案数字资源开发利用需要具备档案管理、信息技术等多方面知识技能的复合型人才。喀拉拉邦成像技术发展中心在数字化过程中表现出明显的专业能力不足，导致珍贵档案遭到破坏。同时，规划方案的欠缺也成为制约因素，主要体现在项目实施前缺乏充分的可行性论证、技术路线选择不当以及用户需求分析不足等方面。新西兰国家档案馆检索平台在开发过程中未能征集关键用户需求意见，导致平台上线后问题频发。这些要素保障的缺失严重影响了档案数字资源的开发质量和利用效果。

1.2　数字化转化过程风险

　　档案数字化转化过程面临多方面风险和挑战。实体档案损毁风险突出，印度喀拉拉邦档案馆部分可追溯至 15 世纪和 16 世纪的珍贵历史档案在数字化过程中遭到严重破坏，特别是棕榈叶手稿等特殊载体的历史档案，由于缺乏专业保护措施，数字化过程加速了档案老化损毁。数据质量问题主要表现为图像清晰度不足、色彩还原度偏差、元数据标注错误等技术缺陷，喀拉拉邦成像技术发展中心的数字化成果质量粗糙，无法满足保存利用需求[2]。技术规范缺失涉及数据格式规范、元数据标准、存储要求等多个方面，新西兰国家档案馆检索平台暴露了缺乏技术规范的严重后果，系统性能无法满足 600 余万件公共档案的检索需求。这些问题使档案数字化工作难以形成规范化、标准化的工作模式，影响数字资源的互操作性和可持续利用。

1.3　系统应用与信息安全风险

　　档案数字资源系统在应用层面存在多个突出问题。检索系统可用性方面，新西兰国家档案馆耗资 400 万美元建设的检索平台运行缓慢，系统响应速度慢、检索功能欠缺、服务意外中断等问题严重影响 600 余万件公共档案的利用效率，甚至阻碍法庭案件审理。信息安全防护不足问题同样突出，该馆检索平台因系统存在安全漏洞而被迫取消公众访问权限，暴露了信息安全防护体系的脆弱性，系统安全漏洞可能导致敏感信息泄露、数据被非法篡改或系统服务中断。此外，用户需求契合度低也是一大问题，新西兰国家档案馆检索平台未能充分征集用户意见，导致系统功能与实际需求脱节。相比之下，英国国家档案馆"Etna"项目通过充分考虑用户使用习惯和偏好，提供了更好的系统服务体验。这些问题严重制约了档案数字资源的有效利用。

2　档案数字资源开发利用的风险防控策略

2.1　构建全流程风险防控体系

2.1.1　建立风险评估机制

　　档案数字资源开发利用过程中应建立系统化的风险评估机制。通过对印度喀拉拉邦档案馆等机构的失败经验分析，风险评估机制应涵盖资金保障、人员配备、技术路线、设备设施等关键要素[3]。在项目启动前，需对档案数字化工作的可行性进行充分论证，评估潜在风险点及其可能造成的影响程度。风险评估内容应包括档案载体特性分析、数字化技术选型评估、资源需求预测等方面。针对不同类型档案的特点，制定差异化的风险防控方案，明确风险防控的重点环节和具体措施。定期开展风险动态评估，及时发现和化解项目实施过程中的新增风险。

2.1.2　完善监督管理制度

　　监督管理制度是确保档案数字化工作规范开展的制度保障。结合新西兰国家档案馆检索平台项目的教训，应建立覆盖项目全过程的监督管理机制。完善档案数字化工作流程管理，制定明确的操作规范和质量标准。建立健全档案管理制度，加强对数字化服务提供商的资质审查和过程监管。设置专门的质量监督岗位，对数字化成果进行验收评估。构建多层次的监督体系，包括档案管理部门的行政监督、技术团队的专业监督，以及用户群体的社会监督，形成全方位的监督管理格局。

2.1.3 加强质量控制措施

质量控制是档案数字资源开发利用工作的核心环节。英国国家档案馆"Etna"项目的成功实践表明，严格的质量控制对确保档案数字化成果的可用性至关重要。质量控制措施应贯穿档案数字化工作的各个环节，包括前期档案筛选、数字化处理、成果验收等阶段。建立档案数字化质量标准体系，规范图像采集参数、色彩管理要求、元数据标注规则等技术指标。实施分级质量控制策略，对重要档案和珍贵历史档案采取更严格的质量控制标准。建立质量检查和纠错机制，确保数字化成果满足长期保存和利用需求。通过专业化的质量控制措施，防范档案损毁风险，提升数字资源质量。

2.2 强化要素保障能力

2.2.1 设立专项资金

档案数字资源开发利用的持续推进依赖于稳定的资金支持机制。印度喀拉拉邦档案馆因资金挪用导致档案数字化工作受阻的案例，凸显了建立专项资金保障机制的重要性。档案管理机构应设立档案数字化专项资金，用于支持数字化设备购置、系统开发维护、人才引进培养等工作。建立资金使用监管机制，确保专项资金专款专用，避免出现资金挪用现象。制定科学的资金预算方案，合理分配各环节资金投入比例，提高资金使用效益。通过建立长效的资金保障机制，为档案数字资源开发利用工作提供坚实的物质基础。同时建立资金使用绩效评估机制，定期评估资金投入产出情况，优化资金配置结构。

2.2.2 培养专业人才队伍

档案数字资源开发利用工作对从业人员的专业能力提出了更高要求。从新西兰国家档案馆检索平台建设经验来看，专业人才队伍的建设对项目成功至关重要。档案管理机构需建立分层次的人才培养体系，着力培养档案管理、信息技术、数据处理等多领域的复合型人才。制定专业技能培训计划，定期组织档案数字化技术培训，提升工作人员的专业素养。建立人才引进机制，吸引具备相关专业背景的高层次人才加入档案数字化工作。通过建立合理的薪酬体系和职业发展通道，增强人才队伍稳定性。强化团队协作能力建设，提升项目团队的整体工作效能。

2.2.3 优化基础设施建设

完善的基础设施是档案数字资源开发利用的硬件保障。英国国家档案馆"Etna"项目的成功实践证明，良好的基础设施环境对提升档案数字资源服务质量具有重要作用。档案管理机构应加强数字化设备、存储系统、网络环境等基础设施建设。配置高性能的档案扫描设备,满足不同类型档案的数字化需求。建设可靠的数据存储系统,确保档案数字资源的安全存储和长期保存。优化网络传输环境,提升档案数字资源的访问速度和服务响应能力。建立基础设施维护管理机制,定期检查和更新设备设施,保持系统持续稳定运行。通过基础设施的不断优化升级,为档案数字资源的高效开发利用提供坚实的技术支撑。

2.3 完善技术标准规范

2.3.1 制定数字化操作规范

档案数字化操作规范是确保数字化工作质量的基础标准。针对印度喀拉拉邦档案馆数字化工作质量问题,广东省档案馆在数字化工作中建立了严格的操作规范体系。数字化操作规范应包括档案前期处理、扫描参数设置、图像处理要求、质量检查标准等内容。对不同载体类型的档案材料,制定差异化的处理标准,明确具体的操作流程和技术要求。规范应详细说明档案数字化过程中的注意事项和质量控制要点,特别是对珍贵历史档案的保护措施。通过规范化的操作流程,降低档案损毁风险,提升数字化成果质量。建立操作规范的动态更新机制,适应技术发展和实践需求的变化。

2.3.2 建立数据质量标准

数据质量标准是衡量档案数字化成果的关键依据。某市档案馆制定了完整的数据质量标准体系,涵盖图像质量参数、色彩管理要求、文字识别精度、元数据规范等方面。标准规定了图像采集的具体技术指标,包括分辨率要求、色彩深度、压缩比例等参数。在图像质量方面,明确规定不同类型档案的最低分辨率要求,确保图像清晰度;在色彩管理方面,制定色彩校准流程,保证色彩还原的准确性。规范的元数据著录规则确保了档案描述信息的准确性和完整性[5],包括题名、责任者、日期、关键词等基本著录项目,以及档案级别、密级、保管期限等管理类元数据。数据质量标准的制定考虑了不同类型档案的特点,针对文书档案、声像档案、实物档案等不同载体类型,设置相应的质量控制指标。建立数据质量检验机制,通过人工抽检与自动化检测相结合的方式,确保数字化成果符合标准要求。通过标准化的质量控制,保障档案数字资源的可用性和可靠性。

2.3.3 规范系统建设要求

档案信息系统建设要求是保障数字资源有效利用的技术规范。某省档案局制定了详细的系统建设规范,明确功能设计要求、性能指标、安全防护标准等内容。规范系统架构设计,采用模块化、分层次的设计理念,确保系统具备良好的扩展性和兼容性。在功能设计方面,要求系统支持多种检索方式,提供个性化服务功能,实现档案资源的便捷获取。系统建设规范中制定了具体的性能指标要求,包括并发访问能力、响应时间、数据处理效率等指标,确保系统在高负载情况下仍能保持稳定运行。规范还明确了系统安全防护措施,规定了身份认证、访问控制、数据加密等安全机制,建立多层次的安全防护体系。制定了数据备份和灾难恢复预案,保障系统数据安全。建立系统测试规范,通过功能测试、性能测试、安全测试等多个环节,确保系统上线前经过充分的验证。系统建设规范的实施,有效提升了档案数字资源服务的质量和安全性，为档案信息化建设提供了标准指引。

3　结语

　　档案数字资源开发利用是新时期档案工作的重要发展方向。通过建立健全风险防控体系，强化要素保障，完善技术标准规范，能够有效防范和化解档案数字资源开发利用过程中的各类风险，推动档案事业高质量发展。在未来实践中，还需要持续关注新技术发展带来的机遇与挑战，不断优化风险防控策略，提升档案数字资源开发利用水平。

参考文献

［1］王璐．数字档案资源风险管理工作探析［J］．城建档案，2021（12）：92-94.

［2］张茜，王静婷．美国电子文件档案馆风险管理研究与启示［J］．浙江档案，2021（9）：22-25.

［3］梁红玉．"互联网+"时代数字档案资源安全风险管理研究［J］．兰台内外，2021（21）：33-34.

［4］张丽．大数据时代下加强企业档案信息化保密管理的有效策略［J］．中国管理信息化，2021，24（14）：172-173.

［5］赵袁园．大数据环境下数字档案室的信息安全防范［J］．城建档案，2021（3）：16-17.

作者简介

胡文峰（1992—），男，初级工程师，主要研究方向：工程管理、安全管理。E-mail：547464675@qq.com

Discussion on Risk Prevention and Control Strategies in the Exploitation and Utilization of Archival Resources in the New Era

HU Wenfeng

（Jiangxi CEP New Energy Power Generation Co., Ltd., Nanchang 330000, China）

Abstract：Using different cases of archives, this paper deeply analyzes the main causes and manifestations of risks in the development and utilization of archival digital resources, and systematically sorts out their risk types and characteristics, so as to explore effective related prevention and control strategies. During the whole research process, it is found that the digitalization of archives faces many challenges, such as lack of funds, lack of talents and lack of norms, which seriously restrict the development and utilization of archives digital resources. By combing the specific risks in the development of archives resources, this paper puts forward the following strategies: strengthening the management of archives integrity, building a hierarchical security protection system, perfecting digital standards and norms, and other risk prevention and control strategies. At the same time, it emphasizes that we should attach importance to user demand orientation, strengthen the construction of digital resources service capacity, and establish a long-term risk prevention and control mechanism to ensure the practical benefits and social value of the development and utilization of archives resources.

Keywords：archival resources; digitalization; risk prevention and control; development and utilization

档案管理中的智能化检索技术对工作效率的提升

温　娜

（国家电投集团宁夏能源铝业中卫新能源有限公司，
宁夏回族自治区中卫市　755000）

摘　要： 本研究旨在探讨智能化检索技术在档案管理中的应用，并分析其对提升工作效率的实际成效。通过对档案管理现状的分析，发现传统管理模式中存在检索耗时、归档效率低、信息分类不准确等问题，着重探讨了智能化检索技术的引入，从自动化档案分类、多维度检索，以及语音和图像识别集成应用等方面阐述其应用方法，发现智能检索技术有效加速了档案查询响应时间，显著提高了检索准确性，降低了人工管理成本，并在信息安全和合规性上提供了保障。鉴于此，本研究认为，智能化检索技术在优化档案管理流程、提升效率和安全性方面展现出巨大潜力，是未来档案管理领域的重要发展方向。

关键词： 档案管理；智能化检索技术；工作效率

0　引言

随着信息时代的迅猛发展，档案管理数字化和智能化转型成为大势所趋。传统档案管理依赖手工归档和分类，效率低下且容易出现信息丢失或查找困难等问题。近年来，伴随大数据、人工智能等技术的发展，档案智能化管理和检索逐渐成为研究热点。一些研究已探讨了自然语言处理和机器学习在文档分类、自动归档和智能检索中的应用，如汤津行[1]在其研究中探讨了人工智能在档案管理工作中的应用，但在多维度检索、检索精度提升及信息安全性方面仍存在不足。本研究致力于阐明智能化检索技术的档案管理系统的应用，旨在优化档案管理流程，提高工作效率，为未来档案管理智能化转型提供新思路。

1　档案管理的现状与挑战

1.1　传统管理方式中的特点及问题

传统档案管理方式在信息化需求日益增加的背景下，逐渐暴露出种种不足。一是归档效率低、查询速度慢、信息检索困难。手工归档的低效导致档案资料在不断积累过程中难以及时更新，工作人员需要花费大量时间进行归档操作。当档案数据规模扩大后，查询速度严重受到影响。信息检索依赖于档案人员的经验，缺乏自动化的检索工具。用户在查询时难以准确找到所需信息，在多条件筛选或交叉搜索场景下更是如此，传统方式难以提供精确的检索结果，影响了档案信息的利用率。二是人力和空间资源消耗大，错漏风险高。传统档案管理对人力资源的依赖度极高，大量的人力资源用于重复性操作，如档案录入、归档、更新等。随着档案量的增加，档案管理人员的工作负荷和工作难度均会显著提升，不仅提高了人力成本，同时也增加了出错的风险。此外，物理存储空间的需求持续增长，档案室或存储空间的扩建带来额外的物力消耗。当档案室空间不足时，容易出现档案存放凌乱、归档不清的问题，导致档案的实际价值和效率逐渐降低。

1.2 数字化档案管理的进展

数字化档案管理作为传统管理方式的延伸和改进，充分利用现代信息技术，实现了档案管理的信息化和自动化。数字化档案管理通过将纸质档案转换为电子档案，节省了大量物理空间，提升了管理的灵活性和便捷性。数字化档案能够在系统内进行分类和存储，实现档案信息的电子化检索，显著缩短了查找档案的时间。然而，档案的数字化仅仅是电子存储的初步阶段，其局限性在于：电子档案的检索仍然依赖于手动录入的文件标签、关键词等信息，检索效率受到人工输入质量的制约；数字化管理仍需依赖工作人员的人工录入和管理操作，难以彻底实现自动化，信息的利用率和精准度仍然不高。随着数字化技术的进一步发展，档案信息化逐渐趋向自动化。自动化处理需求体现在数据的智能分类、自动更新和精确匹配等方面，使得档案信息录入、分类和查询过程得到有效简化和优化。

1.3 智能化检索需求的提出

随着信息数据的激增，在档案数据量庞大、查询频繁的情况下，传统管理方式的不足尤为明显。一方面，档案的增量和更新速度加快，导致人工管理的压力和错误率逐渐增加；另一方面，传统的数字化检索方式无法有效应对复杂的多维度数据搜索需求。因此，面对海量数据和复杂的信息管理需求，档案管理向智能化检索技术的转变成为必然趋势。档案的智能化管理包括档案的数字化存储，信息的自动分析、关联和检索。智能化检索集成机器学习、大数据分析和知识图谱等技术，可以在大量档案数据中通过多种方式进行快速筛选和查找，能够在短时间内从大量档案中提取关键信息，且能在无明确关键词的情况下进行模糊查询和语义分析，并在不同用户需求之间实现更高的精确度，而且支持智能分类归档，符合现代档案管理对高效、精确、灵活的需求。总的来说，智能化检索已逐渐成为提升档案管理效率和质量的关键手段。

2 智能化检索技术在档案管理中的应用

2.1 档案录入与分类的自动化

档案管理的首要环节是录入与分类，而传统方式依赖于人工手动处理，不仅耗费大量时间，还容易出现分类不准确的问题。智能化检索技术的引入，尤其是自然语言处理（NLP）和文本分类算法的应用，使得自动化的档案录入与分类成为可能。自动化方式利用算法模型对档案的内容进行语义分析，能够自动提取文件的关键词、主题和核心信息，进而按照事先定义的标准或模型进行分类。

具体来说，NLP 技术通过分词、词性标注、情感分析等步骤，将档案文本中的语义关系进行结构化处理，形成相应的分类标签。例如，在处理法律档案时，NLP 模型能够识别出特定条款、判决结果、当事人关系等关键信息，并将档案归入法律档案类别。同时，文本分类算法利用海量的训练数据和标签集，可以自动对新档案进行分类，即便是内容相似度较高的档案也能够准确分类，避免了人为分类的不一致性问题。随着档案内容和分类系统的不断扩展，文本分类算法可根据新内容动态调整分类策略，实现持续优化。在实际应用中，自动化的档案录入与分类还支持多语种文本处理。不同语言的档案资料在自动分类系统中得到兼容，进一步拓展了智能化档案管理的应用范围。多语种的 NLP 技术通过预训练模型，能自动识别档案文本的语言，并采用适当的算法进行语义理解和分类，使得不同语言的档案信息能够统一归档，便于后续的检索与利用。

2.2　自动化的多维度检索功能

传统的关键字检索功能已无法满足日益复杂的信息需求，而智能化检索技术为档案管理带来了多维度的自动化检索能力。智能检索支持基于关键词的查询，能通过语义分析和深度学习模型，理解用户查询意图，提供语义匹配、模糊查询和逻辑检索等功能，使得检索结果更加精准。

多维度的智能检索功能包括对关键词的模糊查询，即系统能够识别查询关键词的同义词、近义词，甚至是相近领域的关联词汇，保证用户在未准确描述时也能获得所需信息。例如，对于"客户合同"这一查询词，智能检索能够匹配"协议""合约"等近义词，涵盖更广泛的档案内容。此外，语义检索功能则利用语义理解模型，对档案文本中的概念、关系进行语义解析，实现与用户需求的深层匹配。例如，用户输入"某项目的前期规划文件"这一模糊查询，智能检索可以识别"前期""规划"等概念，并返回包含相关内容的档案记录。逻辑检索则为用户提供了更高级的查询功能。通过布尔逻辑运算（如 AND、OR、NOT）以及过滤条件（如时间、地点、人物等），智能检索系统可以帮助用户根据多维度条件精确筛选。例如，用户可通过"2019 年 AND 预算 OR 费用"组合查询条件，快速筛选出某特定年度与预算相关的档案文件。

2.3　语音和图像识别的集成应用

随着 OCR（光学字符识别）技术的成熟，纸质文档和图像档案的数字化录入变得更加便捷。OCR 技术能够将扫描后的纸质档案中的文字信息识别并转化为可检索的文本数据，并对图像内容进行自动识别和分类，使得原本无法通过文本方式检索的档案信息也能够进入系统，供用户检索利用。

在档案录入过程中，OCR 技术的应用提升了档案的数字化速度，显著降低了人工录入成本。例如，档案管理系统在导入一批纸质文件后，OCR 技术能够迅速识别并生成对应的电子档案，归类并存储在系统中，便于日后快速检索。对于含有图像或照片的档案，

OCR 结合图像识别技术可以识别图像中的文字、标签和图像内容，并将其与档案文本进行关联，使得用户能够通过文字描述找到含有特定图像的档案文件。语音识别技术的集成应用则进一步扩展了档案管理的应用场景。对于包含音频档案的管理需求，语音识别技术可将音频内容转换为文本形式，并对文本内容进行语义解析和关键词提取。因此，音频档案的检索便不再受限于文件标签或描述信息，而是可以通过语音内容的全文检索来实现，如在管理会议录音、访谈记录等音频档案时，语音识别系统能够自动生成音频的文字记录，并支持关键字、主题等条件检索，使用户在海量音频档案中快速找到目标内容。

3 智能化检索技术对工作效率的提升

3.1 检索速度与准确性的显著提升

智能化检索技术的引入显著提升了档案管理过程中的检索速度和准确性，极大地改善了工作效率。在传统档案管理中，查询人员需要依赖文件的索引、目录或手工归档信息逐一进行查找，耗费大量时间。面对大量档案或信息庞杂的文件，查找过程更是费时费力，甚至可能因为分类不清、标签模糊而出现查找不全、误检或漏检的情况。而智能化检索技术基于自然语言处理、语义分析和机器学习等技术手段，对档案的内容和用户的查询需求进行智能匹配。

智能检索技术在检索速度上的提升主要体现在数据处理的自动化和优化上。智能检索系统能够通过算法模型快速分析用户的查询请求，并以毫秒级的响应时间返回结果。速度上的提高使得用户可以即查即得，无需长时间等待，同时也能够对不同查询需求提供实时响应。此外，智能化检索系统在处理数据量上有着较强的扩展性，即便在面对数十万甚至数百万条档案数据时，依然能够保持稳定的检索速度，满足大规模档案管理的需求。在准确性方面，智能化检索通过语义理解、关键词扩展、逻辑运算等功能进一步提升了搜索结果的精度。智能系统能够自动识别用户的搜索意图，并对档案内容进行深层匹配，避免传统查询模式中的误检和漏检。语义分析功能的加入使得系统能够在更高层次上理解档案内容的内在关联，提高了结果的准确性，真正做到按需提供信息。检索速度和准确性的双重提升，让档案管理从原先的查找困难转变为即时、精准的查询，极大提升了工作效率。

3.2 降低人工管理成本

在传统的档案管理体系中，档案的归档和分类需要大量人工干预。工作人员必须对档案内容进行审阅和分类，并通过人工方式填写相关信息、创建索引或手动进行存储，而这一过程不仅耗费大量时间，还会因主观判断的差异而导致分类标准不一致，影响档案检索的准确性。智能化检索系统引入了自动归档和分类的功能，使得档案管理中的大量重复性操作得以自动化完成。通过自然语言处理技术和文本分类算法，使系统在文件录入时自动分析档案内容，并自动为档案分配合适的分类标签和存储路径。档案人员只需进行简单的监督和核对即可，大幅减少了对人力的需求。此外，智能化检索技术在档案整理和查询流程中提供了自动化支持，进一步减少了人工管理的复杂性。智能系统能够自动生成档案索引、归档记录等辅助信息，依据使用频率、更新情况等参数对档案进行优化管理。例如，系统可以自动将访问频繁的档案归为高优先级并放置在便于访问的位置，减少重复查找的时间。与传统方式相比，智能化检索减少了档案管理的人力成本，大幅提高了档案管理的效率和一致性。

3.3　信息安全与管理合规

随着档案管理的智能化，信息安全与管理合规也得到了更为系统化的保护和规范。在智能化检索系统中，数据加密、权限控制等信息安全技术的应用，为档案信息的安全管理提供了多重保障。传统的档案管理由于信息储存多集中在纸质文档和基础数据库中，容易因火灾、盗窃等因素导致信息泄漏或损毁，数字档案在开放存储的数据库中也存在被未授权访问、数据泄露等风险。

智能化检索系统通过数据加密和分布式存储技术，保障了档案数据的存储安全。档案信息在存储过程中可通过数据加密技术进行加密保护，防止数据在传输和存储时遭到窃取和篡改，且系统通常会采用分布式存储方式，将档案信息分散存储在不同位置，以降低集中存储带来的数据丢失风险。系统中的权限控制使系统将不同的档案信息设置不同的访问权限，使得档案信息仅限授权人员查阅。例如，在权限管理机制中，系统依据用户角色的不同，将档案访问权限细化到文件、分类、字段等多层次，确保不同级别的人员只能访问其权限范围内的档案内容。权限控制的细化设置提升了档案信息的安全性，也保证了档案管理的合规性，确保系统在法规和企业规章下规范运行，避免因非法访问导致的信息泄露风险。

4　结语

本文探讨智能化检索技术，系统地分析了其在档案管理中提升工作效率的优势与应用路径，主要分析了传统档案管理中检索耗时、归档效率低、信息分类不准等实际问题。研究亮点在于详细阐述了运用自然语言处理、语义分析及多维度检索等先进技术实现档案自动归档和精确匹配，证明其有助于显著提高档案查询速度与准确性。与已有研究相比，本文拓展了档案管理智能化在多维度检索、智能推荐与推理、语音图像集成应用方面的应用场景。但由于数据样本和应用场景的局限性，部分技术的准确性与适用性仍待进一步验证。建议进一步扩展数据量并优化模型，以适应更大规模档案管理需求，并深入研究智能技术在信息安全和隐私保护方面的应用。

参考文献

[1] 汤津行．人工智能在档案管理工作中的应用研究［J］．办公室业务，2022（6）：171-172.

[2] 林含江．智能技术在档案管理中的应用［J］．电子技术，2024，53（1）：108-109.

［3］张国栋．人工智能技术在电子档案管理的应用［J］．信息记录材料，2021，22（2）：123-124．

［4］徐霞，陈明九．关于智慧档案馆应用人工智能的几点思考［J］．黑龙江档案，2024（3）：301-303．

作者简介

温　娜（1993—），女，助理工程师，主要研究方向：数字档案馆的应用及档案智能化管理等。E-mail：2724333416@qq.com

The Impact of Intelligent Retrieval Technology on Work Efficiency in Archive Management

WEN Na

（State Power Investment Corporation Ningxia Energy aluminum Zhongwei New Energy Co., Ltd., Zhongwei 755000，China）

Abstract： This study aims to explore the application of intelligent retrieval technology in archive management and analyze its effectiveness in enhancing work efficiency. An analysis of the current state of archive management reveals issues within traditional management models, including time-consuming searches, low filing efficiency, and inaccurate information classification. This research focuses on the integration of intelligent retrieval technology, discussing its application in areas such as automated archive classification, multi-dimensional retrieval, and the integration of voice and image recognition technologies. Findings indicate that intelligent retrieval technology effectively accelerates query response times, significantly improves search accuracy, reduces manual management costs, and ensures security and compliance. Therefore, this study suggests that intelligent retrieval technology demonstrates substantial potential in optimizing archive management processes, increasing efficiency, and ensuring security, marking it as an essential development direction for the future of archive management.

Keywords： archive management; intelligent retrieval technology; work efficiency

贵州金元黔西电厂基于 PDCA 理论的档案数字化加工质量提升实践

吴　昊，曹明珠

（贵州黔西中水发电有限公司，贵州省黔西市　551500）

摘　要： 档案数字化是指利用计算机技术、扫描技术、OCR 技术、数字摄影（录音、录像）技术、数据库技术、多媒体技术、存储技术等高新技术把各种载体的档案资源转化为数字化的档案信息。基层企业如果存量档案数量较多，存量档案数字化加工质量会直接影响企业数字档案室建设及数字化转型，因此，对档案数字化加工质量的管理就尤为重要。黔西电厂在档案数字化加工中，引入了 PDCA 循环法的管理理念，通过实践，取得了显著的效果，并积累了一定经验。文章结合工作实践，通过介绍项目中实行"计划 - 实施 - 检查 - 处理"的循环模式，对档案数字化加工的质量控制方法进行探讨，以期为档案同行提供参考，实现信息化时代背景下的电力企业档案管理工作在质量上的全方位提升。

关键词： 档案数字化；PDCA 循环法；质量提升；实践探索

0　引言

国家电力投资集团公司于 2021 年启动数字档案馆建设工作，贵州金元黔西电厂作为 2023 年度试点三级单位，在集团公司和贵州金元的统一安排和部署下，全面启动本单位数字档案室建设工作。在数字化建设过程中，根据"存量数字化、增量电子化、利用网络化"原则，存量档案数字化是关键的基础环节。为提升传统档案数字化加工质量，保证数字档案室建设成效，黔西电厂在传统档案数字化加工工作中，进行了一系列积极有效的实践探索。

1　黔西电厂传统档案的现状分析及数字化加工关键质量控制项确定

黔西电厂是毕节市境内大型骨干坑口火力发电厂。一期工程建设 4×300MW 机组，首台机组于 2005 年建成投产。二期扩建 1×660MW 超临界燃煤发电机组，于 2017 年建成投产发电。室藏档案种类包括科技档案、文书档案、实物档案、照片档案、音视频档案等，室藏纸质档案正本约 9400 余卷、14 万件。在数字档案室开始建设之前档案室现状：存量档案数量庞大，数字化率较低，纸质档案仍是主导形式。

档案数字化工作需要投入大量的人工及资金，因此，黔西电厂力求通过充分论证，找到最优方案尤其是项目关键质量控制项，以提高数字化项目的质量，实现效益最大化。在对库存档案进行全面盘点后，办公室组织档案员及各部门兼职档案员共 18 人进行调研。调研采取调查问卷的方式，为期 2 天，利用文档形式线上作答，2 天后统计回馈问卷，回收率达 100%。调查问卷内容如表 1 所示，统计结果如表 2 所示。

表 1　　　　　　　　　　档案数字化加工调查问卷

项目	问卷内容
问题 1	您所在的部门？
问题 2	您的身份？
问题 3	您所在的部门利用最频繁的档案类型？
问题 4	哪些情况会影响到您对公司现有电子档案的检索和利用？
问题 5	公司即将开展档案数字化加工，您建议在哪些方面加强质量管控？

表 2　　　　　　　　　　档案数字化加工调研结果统计表

项目	问题 1	问题 2	问题 3	问题 4	问题 5	问题归类
调研人员 1	主机运行部	兼职档案员	科技档案	图像不清晰	加强文件扫描的清晰度	文件扫描
调研人员 2	电热检修部	兼职档案员	科技档案	内容有缺失	电子文件的完整性	文件扫描
调研人员 3	热机检修部	兼职档案员	科技档案	文件放大后仍看不清楚	提高扫描分辨率	文件扫描
调研人员 4	燃运除灰部	兼职档案员	科技档案	检索条目不准确	条目录入时应准确	信息著录
调研人员 5	燃料部	兼职档案员	科技档案	内容模糊	文件扫描应清晰	文件扫描
调研人员 6	生产技术部	兼职档案员	科技档案	内容看不清楚，条目著录信息不全	加强文件扫描质量，条目信息录入应完整	文件扫描及信息著录
调研人员 7	市运部	兼职档案员	科技档案	条目著录信息太简单	条目录入应能便于检索	信息著录
调研人员 8	办公室	档案员	文书档案	电子文件挂接与条目不对应，原件被损坏	电子文件挂接应准确，注意保护原件	文件挂接及原件保护
调研人员 9	办公室	档案员	文书档案	条目信息录入有误，图像不清晰	信息著录应准确，图像扫描应清晰	信息著录及文件扫描
调研人员 10	财务部	兼职档案员	文书档案	图像方向不对，不便阅读	图像方向应便于阅读	图像处理
调研人员 11	群团部	兼职档案员	文书档案	文件缺页	电子文件应完整	文件扫描
调研人员 12	纪委办公室	兼职档案员	文书档案	文件内容模糊	提高扫描分辨率	文件扫描
调研人员 13	审计部	兼职档案员	文书档案	根据条目无法检索到对应电子文件	应加强条目录入的准确度	信息著录
调研人员 14	物资采购部	兼职档案员	文书档案	电子文件页码不连续	文件不完整，应保证电子文件完整性	文件扫描
调研人员 15	人力资源部	兼职档案员	文书档案	图像歪斜，不便阅读	文件应便于阅读	图像处理

项目	问题1	问题2	问题3	问题4	问题5	问题归类
调研人员16	政治工作部	兼职档案员	文书档案	题名错误，影响检索	信息录入应准确	信息著录
调研人员17	安监部	兼职档案员	科技档案	检索出的电子文件 与条目不一致	电子文件题名应与 文件保持一致	信息著录
调研人员18	综智能部	兼职档案员	科技档案	文件损坏	电子文件可用性	其他

对调研结果进行分析，共提出应关注的质量控制项5项，占比分别为："文件扫描及图像处理"占52%；"信息著录"占33%；"文件挂接"占5%；"原件保护"占5%；"其他"占5%，如图1所示。

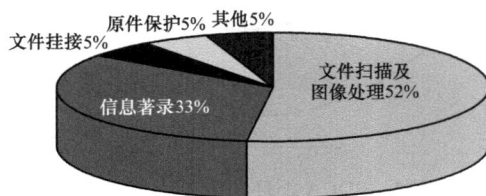

图1　质量控制项调研结果分析图

通过对调研结果的分析，并参考近年一些相关项目开展情况，确定需重点关注的数字化加工项目关键质量控制项为文件扫描及图像处理、信息著录、文件挂接、原件保护。

2　PDCA 循环法原理

为实现档案数字化全程质量管理和控制，黔西电厂在档案数字化加工工作中，应用了PDCA循环法进行管理。PDCA循环是质量管理领域中最知名管理模式，其概念最早由美国学者沃特·阿曼德·休哈特提出，后经戴明采纳并广泛应用，因而PDCA循环别称戴明环。PDCA是英文Plan（计划）、Do（实施）、Check（检查）、Action（总结、处理）四个词的首字母缩写。PDCA循环即是"计划—实施—检查—总结处理"工作循环的简称。每个PDCA循环都可以概括为4个阶段、8个步骤，如图2所示。

PDCA循环法的基本思想是，做任何一项工作首先要有一个计划，然后按照计划的要求去执行，执行中要不断检查，Action阶段要对执行结果做出总结、处理。PDCA循环的四个阶段不是运行一次就完结，而是周而复始地进行。一个循环结束了解决了一部分问题，可能还有问题没有解决或者又出现了新的问题，再进入下一个PDCA循环去解决，依此类推。PDCA循环每循环一次都会有所前进和提高，都能达到一个新的水平。在新的水平上再进行PDCA循环，便能达到更高的水平，犹如爬楼梯一样逐步上升。各级质量管理都有一个PDCA循环，形成一个大环套小环，一环扣一环，互相制约，互为补充的有机整体，如图3所示。

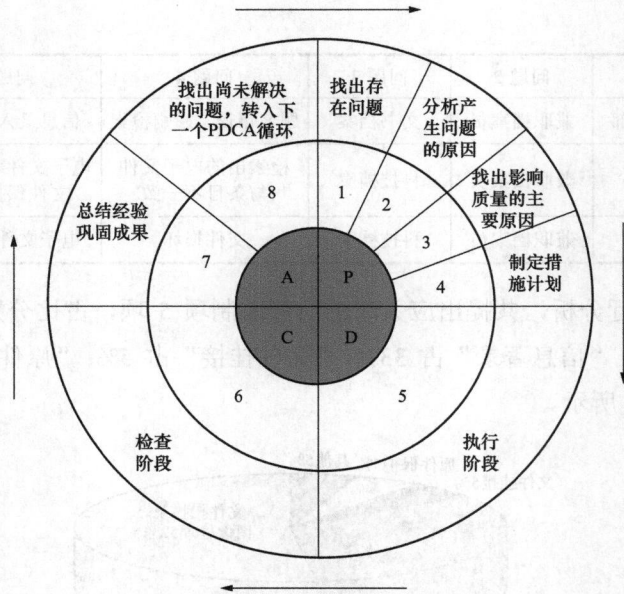

图 2　PDCA 循环法阶段步骤示意图

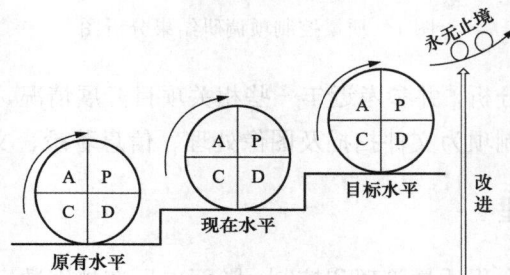

图 3　PDCA 循环法提升示意图

3　PDCA 循环法在黔西电厂档案数字化加工中的运用

黔西电厂在档案数字化加工工作中，应用了 PDCA 循环法进行质量管理。档案数字化的整个过程是一个 PDCA 循环系统，其中的每一项工作过程也可以看作一个 PDCA 循环系统，甚至每一位工作人员、每一个细节都可以看作一个 PDCA 循环系统。项目初期确定的 4 个关键质量控制项，每一项的控制过程也都是一个 PDCA 循环系统。下面就以档案数字化加工中两个重要的关键质量控制项的 PDCA 循环为例说明（黔西电厂数字化加工采用"自主+外包"方式，以下运用以"自主"完成部分为例）。

3.1　PDCA 循环法在档案数字化加工中文件扫描及图像处理过程的具体运用

3.1.1　计划（P）阶段

在 Plan 阶段，首先找出存在的问题。经过检查发现，在纸质档案扫描过程中，经常性出现的以下问题：图像扫描不清晰，有的文件因年代久远，文件折痕处有磨损，导致扫描后磨损处看不清楚；扫描后的图像歪斜，有的因为扫描时放置方向不对，甚至呈现180°倒置；过度修图，甚至不小心破坏文件内容；扫描时出现漏扫、重复扫描；折卷时不小心损坏到原件，尤其是保存时间比较久的文件等。

　　找出问题后，分析问题产生的原因，找到影响问题的主要因素，采用鱼骨图法分类和分析，如图4所示。

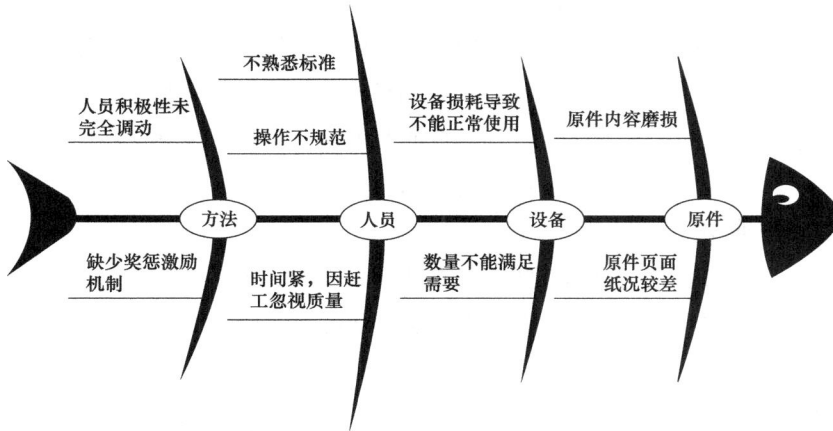

图4　文件扫描及图像处理问题分析示意图

　　根据分析结果，抓住主要矛盾，找出解决问题的方法，制定出相应的改进计划和措施表，为实施阶段做好准备。文件扫描及图像处理阶段改进措施表如表3所示。

表3　　　　　　　　　　　　文件扫描及图像处理阶段改进措施表

主要因素	改进措施
人员积极性未完全调动，缺少奖惩激励机制	数字档案室建设列入重大专项工作，制定激励细则，根据工作完成情况给予相应的奖励或考核
操作人员不熟悉标准，操作不规范	加强培训，要求操作人员必须熟练掌握工作执行的标准内容，严格按照规范要求进行操作
时间紧，因赶工忽视质量	根据时间节点倒排工期，加班时间予以记录，后续安排换休。工作质量计入奖惩考核
设备数量不能满足需要	按工作实际需要调配数量充足的计算机、扫描仪等设备
设备损耗导致不能正常使用	更换设备易损件，如扫描仪进稿器搓纸轮等
原件纸面状况较差	做好档案前处理工作，纸面状况较差的严禁通过送稿器快速扫描，只能通过平板扫描
原件内容磨损	这种情况主要存在于一期工程图纸类档案，可以启用相同的备用图纸扫描

3.1.2　实施（D）阶段

　　只有实实在在的执行，才能将措施对策落地。黔西电厂成立监督小组，由办公室负责人总体负责，督促相关人员对照措施表逐条落实。所有参与数字化扫描的人员通过专项培训，学习并熟知 DA/T 31—2017《纸质档案数字化技术规范》、DA/T 25—2000《档案修裱技术规范》等标准规范，监督小组不定期抽查学习情况。操作人员在实际工作时，严格执行标准规范的要求，如扫描分辨率按不小于 200dpi，遇档案原件文字清晰度差，扫描分辨率则设置为不小于 300dpi。有些档案因保管问题或者时间长久，出现案卷褶皱或者变脆，这些档案则先进行相应的技术处理后，再用平板扫描仪扫描。在去除扫描过程中产生的污点、黑边等杂质时，遵循保持档案原貌的原则，如果档案原件本就存在污染的情况下，不影响阅读则尽量不技术处理，以真实反映档案原本信息内容。扫描时，仔细检查文件内容，如存在磨损，则启用相同的备用文件扫描。监督小组定期对相关人员的工作情况进行检查并记录，对完成较好的，进行表扬，如存在重大失误，则提出考核。

在 Do 阶段，所有人员严格执行对策措施，努力实现预期目标。

3.1.3 检查（C）阶段

在 Check 阶段，是对执行阶段的完成情况进行检查，从而判断是否达到预期目标。我们对改进措施实施后的文件扫描及图像处理质量状况进行检查分析，发现质量有了较大提升：图像清晰，内容完整，与原件保持一致；纠偏准确，符合人体阅读习惯；档案原件在扫描过程中得到较好保护；扫描速度也有了一定提高。将数据与实施前进行比较，文件扫描及图像处理抽检合格率由 80% 上升到 96%，返工次数明显减少，提升显著。但是操作人员在工作时，还是会出现作业不规范的情况，因此，对人员的培训还需进一步加强。

3.1.4 总结处理（A）阶段

Action 阶段主要是对 Check 阶段检查的结果做相应的处理。采用 PDCA 循环法后，文件扫描和图像处理环节的质量管理得到大幅度提升，效果明显。对于本轮 PDCA 循环成功的经验加以总结，在后续工作中继续贯彻执行。同时，按照数字化工作奖惩实施细则，根据记录的本阶段人员工作情况，予以正向或反向激励，兑现承诺。

对于本次循环中仍然存在的问题，分析原因，制定对策措施，并将措施应用到下一个 PDCA 循环中去，让质量管理得以持续提升。

3.2 信息著录环节 PDCA 循环法对员工 Y 工作提升的具体运用

本次数字化加工中其他 3 个关键质量控制环节，即信息著录、文件挂接、原件保护，与文件扫描及图像处理环节一样，均采用了 PDCA 循环法进行质量管理，全部取得了较好的效果，具体过程不再赘述。下面就信息著录环节中员工 Y 运用 PDCA 循环法提升自身工作质量的具体实例进行说明，从不同的角度探寻 PDCA 循环法在数字化加工工作中的运用。

在这个实例中，员工 Y 本人就是一个 PDCA 循环系统。

3.2.1 计划（P）阶段

目录著录环节开始后，员工 Y 工作状态欠佳，速度较其他人员慢很多，发生错误的频率较高：条目存在遗漏的情况，如案卷中有 10 份文件，卷内目录却只录了 9 条；题名录入不准确，比如文件题名应为"关于发布××工作方案的通知"，但是录入时只简单录为"通知"；录入时出现错别字，如把"王"录为"主"、把"计划"录为"记划"；日期录入格式不规范等。

分析问题产生的原因并找出影响问题的主要因素，根据分析结果制定员工 Y 改进措施，如表 4 所示。

表 4　　　　　　　　　　　　员工 Y 提升信息著录质量措施表

主要因素	改进措施
专业知识缺乏	加强学习与培训，提升专业技能
工作粗心大意	提高责任心，养成认真仔细的工作作风
晚上时常熬夜，第二天精力不济	养成良好的作息习惯
电脑运行速度慢	联系信息中心专业人员处理

3.2.2　实施（D）阶段

监督负责人与员工 Y 促膝谈心，让其认识到工作的重要性并明确目标，员工 Y 对照改进措施表，逐条认真落实。抽时间认真学习专业知识，并随时请教经验丰富的同事；规律作息时间，改掉熬夜晚睡的行为，睡前听半小时助眠音乐；联系信息中心同事对电脑检修处理等。

3.2.3　检查（C）阶段

经过一段时间的实施，检查员工 Y 信息著录情况，发现其著录速度有所提升，错误率明显降低。但其在著录时，仍会出现格式不统一、数据串行等问题。

3.2.4　总结处理（A）阶段

员工 Y 通过 PDCA 循环法，提升了信息著录的效率和质量，基本达到预期目标。对于仍然存在的问题，则转入到下一轮 PDCA 循环解决，这样周而复始，形成完整的 PDCA 循环体系。

4　结语

在信息化时代背景下，档案工作数字化转型成为必然趋势，时代背景推动着档案行业的发展和变革。但是，对于企业档案管理工作来说，全面实现档案数字化转型并非轻而易举，而是需要循序渐进，逐步推进其进程。踏踏实实做好每一项工作，是企业和档案人肩负的责任和使命。在数字档案室建设中，黔西电厂将 PDCA 循环法应用到数字化加工工作，从而极大提高档案数字化工作的效率和质量，是积极有效的探索实践。但是，档案数字化项目质量管理，不只是受管理方法的影响，还受到很多其他因素的约束，还有很多需要完善的地方。因此，档案部门在工作实践中，仍需要进一步的探索和挖掘，不断深耕数字化转型、发掘数字化能力、为企业赋能，助推档案事业现代化和高质量发展。

参考文献

[1] 朱笑. 档案数字化扫描质量提升策略 [C] //档案管理理论与实践——浙江省基层档案工作者论文集，2021：337-339.

[2] 朱旭. M 供电公司档案管理数字化转型研究 [D]. 陕西：西安理工大学，2024.

[3] 张艳枚. PDCA 循环法在档案数字化加工工作中的应用 [J]. 办公自动化，2014（11）：55-57.

[4] 李敏敏. LC 档案数字化项目质量管理提升研究 [D]. 山东：青岛大学，2023.

作者简介

吴　昊（1985—），男，政工师，主要研究方向：企业管理、档案管理。E-mail：289878322@qq.com

曹明珠（1975—），女，工程师，主要研究方向：档案管理。E-mail：1072161348@qq.com

Practice of Improving the Quality of Digital Processing of Archives based on PDCA Theory in Guizhou Jinyuan Qianxi Power Plant

WU Hao，CAO Mingzhu

（Guizhou Qianxi Zhongshui Power Co., Ltd., Qianxi 551500，China）

Abstract：Archive digitization refers to the use of high-tech technologies such as computer technology, scanning technology, OCR technology, digital photography（recording，videography）technology，database technology，multimedia technology，storage technology，etc. to transform various carriers of archive resources into digital archive information.If there are a large number of existing archives in grassroots enterprises，the quality of digital processing of existing archives will directly affect the construction and digital transformation of the enterprise's digital archives room. Therefore, the management of the quality of digital processing of archives is particularly important.Qianxi Power Plant has introduced the PDCA cycle management concept in the digital processing of archives，and has achieved significant results and accumulated certain experience through practice. The article combines work practice to explore the quality control methods for digital processing of archives through the implementation of the "Plan-Do-Check-Action" cycle mode in the project，in order to provide reference for archive peers and achieve comprehensive improvement in the quality of archive management work in power enterprises in the context of the information age.

Keywords：digitalization of archives；PDCA cycle method；quality improvement；practical exploration

国际火电项目档案管理中的优化策略研究

刘金串

（山东电力工程咨询院有限公司，山东省济南市　250013）

摘　要：探讨了国际火电项目档案管理的特点、存在的问题以及优化对策，分析了其特点、存在的问题，并提出了相应的优化对策。国际火电项目档案管理具有跨文化性、技术与管理并重以及长期性与持续性的特点。然而，文化差异导致的沟通障碍、档案标准不统一以及档案管理专业人才缺乏等问题，严重制约了档案管理的质量和效率。为此提出了加强跨文化沟通与协作、推动档案标准化与融合，以及培养档案管理专业人才等优化对策。这些对策旨在提升国际火电项目档案管理的规范化、标准化和专业化水平，为项目的顺利实施和长期运营提供坚实的信息支撑。

关键词：国际火电项目；档案管理；文化差异；沟通障碍；优化对策

0　引言

随着全球化的不断深入，国际火电项目合作日益频繁。档案管理作为项目管理的重要组成部分，对于项目的顺利实施和长期运营具有重要意义。然而，在国际火电项目档案管理中，文化差异成为一个不可忽视的问题。不同国家和地区的文化差异、法律法规以及技术标准等都对火电项目档案管理提出了更高的要求。本文旨在探讨国际火电项目档案管理中的问题，分析其特点、存在的问题，并提出相应的优化对策，以期为国际火电项目档案管理提供有益的参考和借鉴。

1　国际火电项目档案管理的特点

1.1　国际火电项目档案管理的跨文化性

国际火电项目档案管理呈现出显著的跨文化性特征。在全球化背景下，火电项目往往涉及多个国家、多种文化的参与与合作。这种跨文化性不仅体现在项目团队成员的多样性上，更深刻地影响了档案管理的各个方面。档案管理人员需要面对不同文化背景下的语言差异、价值观念冲突以及法律法规的多样性。这些文化差异要求档案管理人员具备跨文化沟通与协作的能力，以确保档案的完整性、准确性和可读性。同时跨文化性也促使档案管理人员在档案管理过程中不断学习和适应，以更好地服务于项目的顺利实施和长期运营。

1.2 技术与管理并重的特点

国际火电项目档案管理显著地体现了技术与管理并重的特点。一方面随着信息技术的飞速发展，数字化、网络化、智能化等技术手段在档案管理中得到了广泛应用。这些技术手段不仅提高了档案管理的效率和准确性，还极大地丰富了档案信息的呈现方式和利用途径。另一方面档案管理也需要依靠科学的管理理念和方法，如全生命周期管理、风险管理、知识管理等，以确保档案的完整性、安全性和可追溯性。技术与管理二者的有机结合，为国际火电项目档案管理提供了有力的支撑和保障。

1.3 长期性与持续性

国际火电项目档案管理的长期性与持续性是其显著特点之一。这类项目通常建设周期长、运营期更长，因此档案管理需要贯穿于项目的全生命周期，包括前期规划、设计、施工、调试、运营直至退役等各个阶段。每个阶段产生的档案都是项目历史的重要记录，对于项目的后续运营、维护、改造及法律纠纷解决等都具有重要的参考价值。同时，档案管理的持续性也要求在项目结束后，仍需对档案进行妥善保存和定期维护，以确保其长期可读性和可用性。这种长期性与持续性不仅体现了档案管理对项目历史负责的态度，也为项目的可持续发展提供了坚实的信息支撑。

1.4 法律与标准差异

由于国际火电项目往往跨越多个国家和地区，各地在档案管理方面的法律法规和标准规范存在差异，这给档案管理工作带来了极大的挑战。一方面，管理人员需要深入了解和掌握各地档案管理相关的法律法规，以确保档案管理工作的合法性和合规性。另一方面，还需要对不同国家和地区的档案管理标准进行深入研究和对比，找出其中的共性和差异，以制定科学合理的档案管理策略。这种法律与标准的差异要求管理人员具备较高的法律素养和标准化意识，以应对复杂多变的档案管理环境。

2 国际火电项目档案管理中存在的问题

2.1 文化差异导致的沟通障碍

在国际火电项目档案管理中，文化差异成为一个不容忽视的问题，它直接导致了沟通障碍的产生。由于项目团队成员来自不同的国家和地区，往往拥有各自独特的文化背景、语言习惯和价值观念。这种文化差异在档案管理过程中表现得尤为明显，例如，对于档案分类、编码、存储和检索等标准，不同文化背景下的团队成员持有不同的看法和操作习惯。这种差异不仅增加了档案管理的复杂性和难度，还导致信息误解、传递不畅或丢失等问题。

2.2 档案标准不统一

在国际火电项目档案管理中，档案标准不统一是一个显著的问题。由于项目涉及多国合作，各国在档案管理方面存在不同的法规、标准和惯例。这种标准的不统一不仅体现在档案的格式、编码、存储和检索等方面，还涉及档案的分类、鉴定、保管期限等关键环节。

标准的不统一导致了档案管理过程中的混乱和低效，增加了档案管理和利用的难度。同时这也引发法律风险和合规问题，因为不同国家对于档案管理的法律要求有所不同。

2.3　档案管理专业人才缺乏

由于档案管理涉及多学科知识，如信息技术、历史学、档案管理学等，要求档案管理人员具备较高的专业素养和综合能力。然而，在实际操作中，往往难以找到既熟悉火电项目特点又精通档案管理的人才。随着信息技术的不断发展，数字化档案管理成为趋势，对档案管理人员的计算机技能和信息处理能力也提出了更高的要求。专业人才缺乏不仅影响了档案管理的质量和效率，也制约了档案管理向更高层次的发展。

2.4　技术更新滞后

在国际火电项目档案管理的现代化进程中，技术更新滞后的问题日益凸显。随着信息技术的快速发展，档案管理技术也在不断演进，如数字化、智能化、大数据分析等新技术不断涌现。然而，由于火电项目档案管理的复杂性和特殊性，许多项目在技术应用上仍然滞后于行业发展的前沿。这不仅限制了档案管理效率的提升，还导致档案信息的丢失、损坏或泄露。技术更新滞后的原因包括资金不足、人才短缺、管理意识滞后等多方面因素。

3　国际火电项目档案管理的优化对策

3.1　加强跨文化沟通与协作

针对国际火电项目档案管理中文化差异导致的沟通障碍问题，加强跨文化沟通与协作是有效的优化对策。应组织跨文化培训，提升团队成员对不同文化的理解和尊重，增强文化敏感性和适应性。建立有效的沟通机制，如定期召开跨文化沟通会议，促进信息共享和经验交流。同时鼓励团队成员学习外语，提高语言沟通能力，减少因语言障碍导致的误解和冲突。还可以借鉴国际先进经验，引入跨文化管理工具和方法，如文化地图、文化冲突解决策略等，以更好地应对文化差异带来的挑战。通过这些措施，可以有效提升国际火电项目档案管理的跨文化沟通与协作能力。

3.2　推动档案标准化与融合

应深入研究各国档案管理法规、标准和惯例，找出共通点和差异点，为制定统一的档案管理标准奠定基础。组织专家团队，结合火电项目特点，制定一套科学、合理、可操作的档案管理标准体系，包括档案分类、编码、存储、检索、鉴定、保管期限等各个环节。同时积极推动国际间档案管理标准的交流与融合，参与国际档案管理标准的制定和修订工作，提升我国在国际档案管理领域的话语权和影响力。通过这些措施，可以有效解决档案标准不统一的问题，提升国际火电项目档案管理的规范化和标准化水平。

3.3　培养档案管理专业人才

应加强与高等教育机构的合作，开设档案管理相关专业课程，培养具备档案管理、信息技术、历史学等多学科知识的复合型人才。建立档案管理人才实训基地，通过实践项目、案例分析等方式，提升档案管理人员的实际操作能力和问题解决能力。同时鼓励档案管理人员参加国内外学术交流会议和培训课程，拓宽视野，了解国际档案管理最新动态和技术发展。还可以实施档案管理人才激励政策，如职称评定、奖励机制等，激发档案管理人员的工作积极性和创造力。通过这些措施，可以有效缓解档案管理专业人才缺乏的问题，为国际火电项目档案管理提供坚实的人才保障。

3.4 推动技术创新与应用

在国际火电项目档案管理中，技术创新与应用是提升档案管理效率与质量的重要途径。随着信息技术的迅猛发展，各种新技术（如人工智能、大数据、云计算等）正在深刻改变档案管理的面貌。应积极引入人工智能技术，如自然语言处理、图像识别等，实现档案的智能化管理和利用。这些技术可以大幅提升档案检索的准确性和效率，降低人工干预的成本。利用大数据技术，对档案信息进行深度挖掘和分析，为项目决策和风险管理提供有力支持。同时推动云计算技术在档案管理中的应用，实现档案信息的云端存储和共享，提高档案管理的灵活性和可扩展性。通过这些技术创新与应用，可以显著提升国际火电项目档案管理的智能化、自动化水平，为项目的顺利实施和高效运营提供有力支撑。

4 结语

通过对国际火电项目档案管理中优化策略的探讨，深入分析了其特点、存在的问题，并提出了加强跨文化沟通与协作、推动档案标准化与融合，以及培养档案管理专业人才、推动技术创新与应用等优化对策。这些对策的实施可以有效解决当前国际火电项目档案管理中存在的问题，提升档案管理的效率与质量，同时将有助于提升国际火电项目档案管理的规范化、标准化和专业化水平，为项目的顺利实施和长期运营提供坚实的信息支撑。同时，也为其他领域的国际项目管理提供了有益的参考和借鉴，强调了跨文化管理、标准化建设、人才培养和技术创新在国际项目管理中的重要性。未来，随着信息技术的不断发展和全球化的深入推进，国际火电项目档案管理将面临更多的机遇与挑战。因此，需要持续关注档案管理的最新动态和技术趋势，不断优化档案管理策略和方法，以适应国际火电项目档案管理发展的需要。

参考文献

[1] 何思源，刘越男，祁天娇. 档案与数据协同管理的历史溯源与现实动因 [J]. 北京档案，2023（1）：8-12.

[2] 叶丹云，焦浩，马雯. 黄河档案信息资源文化云平台建设研究 [J]. 管理工程师，2023，28（2）：63-67.

[3] 王尚祥. 电子档案文化资源信息安全管理之路 [J]. 文化产业，2024（9）：97-99.

[4] 李艳红. 基于大数据背景下工程档案管理工作探析 [J]. 东方文化周刊，2023：136-138.

［5］郑磊．谈电子档案与纸质档案的优化管理［J］．商业文化，2022（5）：74-75.

作者简介

刘金串（1984—），男，副研究馆员，主要研究方向：火电项目信息化管理、档案管理等。E-mail：490127193@qq.com

Optimization Strategy Research in International Thermal Power Project Archives Management

LIU Jinchuan

（Shandong Electric Power Engineering Consulting Institute Co., Ltd., Jinan 250013, China）

Summary：This paper discusses the characteristics，existing problems and optimization countermeasures of archive management of international thermal power projects，analyzes its characteristics，existing problems，and proposes corresponding optimization countermeasures. The article points out that the archive management of international thermal power projects has the characteristics of cross-culturality，equal emphasis on technology and management，and long-term and continuous nature. However, communication barriers caused by cultural differences，inconsistent archive standards，and lack of professional archive management talents have seriously restricted the quality and efficiency of archive management. For this reason，optimization countermeasures such as strengthening cross-cultural communication and collaboration，promoting archive standardization and integration，and cultivating professional archive management talents are proposed. These countermeasures are aimed at improving the standardization，standardization and professionalization of archive management of international thermal power projects，and providing solid information support for the smooth implementation and long-term operation of the projects.

Keywords：international thermal power projects；archives management；cultural differences；communication barriers；optimization countermeasure

核电项目工程信函质量管理研究

郑浩敏，高　杨

（国核湛江核电有限公司，广东省湛江市　524000）

摘　要：基于核电工程建设和生产活动内外部环境，以及湛江核电文控管理系统的使用情况，从工程信函编制、分发、关闭、作废全过程论述质量管理领域存在的不足和问题，并从人员素养、程序体系、系统功能、闭环管理等多维度多方面归纳有效措施，人防技防多措并举，提高工程信函质量管理水平，为核电项目建设安质环全面提升发挥文档的积极作用。

关键词：核电建设；工程信函；质量管理；文控系统

0　引言

工程信函指的是在核电工程建设和生产活动中，经过授权人签发的与外部单位相互传递信息的文件，包括信件、传真等。随着核电工程建设进入高峰期，基于核电项目周期长、投资大、涉及专业广泛等特点，在设计、采购、工程、商务等各个领域产生了数量众多、复杂多样的工程信函。工程信函作为核电建设中一项重要的支撑性管理内容，在核电工程建设全过程中发挥极其重要的作用。面对高速运行的建设进度和复杂的内外部环境，工程信函的质量管理存在一定风险和局限，前人多基于工程信函后端保存和查阅进行研究，对于前端控制过程中的质量管理尚不具备充足的研究案例。基于此，本文就质量管理的内涵、工程信函在质量管理领域的现状和有效举措进行论述，对工程信函的质量管理研究进行补充和丰富。

1　文档质量管理的内涵

《核电厂质量保证安全规定》（HAF003）是国务院授权国家核安全局发布的需要强制执行的法规，提出了核电厂质量保证必须满足的基本要求，为确保核设施的物项和服务必须采取的一整套质量管理措施，具体包括质量保证大纲、组织、文件控制、设计控制、采购控制、物项控制、工艺过程控制、检查核试验控制、不符合项控制、纠正措施、记录和监查。文件是核电工程、设计、采购、安装、调试等各项活动的依据，文件控制作为核设施质量保证体系的基本要素，文档的质量将会影响核电厂工程质量，因此，文档管理工作需要在文件编制、审核和批准控制、文件发布和分发控制、文件变更控制的流程中注重质量管理，发挥好文档工作对工程和生产工作的支持作用。

2　工程信函质量管理痛点

随着工程建设进度的加快，各单位往来的工程信函数量急剧增加，截至 2024 年 10 月底，2024 年度检查接收工程信函 8690 份，外发工程信函 5517 份，工程技术文件 46867 份。受制于工程现场复杂的内外部环境和众多的协作建设单位，工程信函数量激增的同时给质量管理带来了巨大的冲击和挑战。

2.1　工程信函规范性不足

工程信函直接关系到各单位间往来沟通事宜的正式传达和协调，其规范性事关项目建设现场进度和指令的准确性，对于工程信函规范性的质量管理仍存在编制质量无法贯彻程序要求的问题。

2.1.1　编制质量参差不齐

核电工程项目投入资金大、建设周期长、基建技术复杂，涉及诸多子项，贯穿前期、施工、验收等全过程，必须要各参与方来协同建设。正是由于参建单位众多，既有核电工程经验的建设单位，也有提供保障服务的民营单位，涵盖当地政府部门和工程建设的责任处室、供方、承包商等，各类拥有不同行业经验的建设单位对工程信函编制规范性的理解存在差异，核电经验的多寡甚至缺失直接影响工程信函的编制质量，编码重号、断号、字段著录不完整、缺失编审批签字、单位 Logo 误用、附件信息遮挡、文件与清单信息不符等情况层出不穷。

2.1.2　程序遵照执行意识不强

《核电厂质量保证安全规定》（HAF003）规定："从事各项活动的单位，必须制定有计划地、系统地实施核电厂工程各阶段的质量保证大纲的程序并形成文件。"为了满足核电工程建设符合国家和行业的要求，并支撑和辅助工程全阶段的建设活动，构建一套适配于项目现场的程序制度体系尤为重要。外部单位受限于核电经验的不足，一方面缺乏构建程序体系建设的意识，未能从程序制度层面对工程信函规范事宜进行明文规定；另一方面对于业主方释放的相关程序，未充分重视和组织培训学习。具体体现在签发资质不符合程序要求、通信信息变更未及时报备等方面，导致工程信函质量低下。

2.2　工程信函关闭质量有待提升

湛江核电目前全面使用文控管理系统流转和处理工程来函，根据程序要求函件关闭时间一般为自主办处室在文控管理系统接收到收函起 14 个自然日，对于有明确回函日期要求的函件，关闭时间为所要求的回函日期。但因多方原因，工程信函关闭及时率和准确率无法达到程序规定。

2.2.1　工程信函关闭及时率不足

一是部分工程信函要求回复时间即关闭时间设置不合理，无法在关闭日期前通过文控系统流转到主办人员节点；二是工程信函流程经公司阅批人到处室承办再到科室承办最后到主办人员主办，流转耗时耗力，且因各节点处理及时情况无法统一，导致未及时分发甚至延误关闭；三是存在审查周期较长、与关闭时间冲突的工程信函，无法严格按照程序要求时间关闭。

2.2.2 工程信函关闭准确率不足

根据程序要求，主办人员在关闭工程信函时，必须写明具体办理情况，并在关闭时间前完成回复信函的生效和关联。但由于大量新员工入职，主办人员对程序要求熟悉程度不足，关闭工程信函时仅用"按要求办理""按要求落实""已阅存"等概括，同时对于部分审查周期长、存在争议的工程信函，为了满足及时关闭要求，导致关闭结果填写不规范，未能真实反映工程信函的完整办理情况，从而降低工程信函关闭准确率。

2.3 文件分发不及时、不准确

文件分发工作需建立高效的文件流转渠道，保证各类文件的及时处理和分发，不因文件管理环节影响工程建设进度和领导决策，必须保证分发或发布的文件为最新版本，但因文件数量大、分发处室和单位众多，难以保证文件分发准确、及时。

2.3.1 函件分发的准确性问题

通过文档管理系统和正式邮件途径接收的函件，需及时分发到相应责任人处，以保证文件得到及时处理，分发时需根据信函类型、内容将信函确认主办和协办处室，将文件分发到相关处室。现阶段，湛江核电工程信函涉及两期工程，12 种类型，14 个业务处室（后续生产处室会进行拆分），各处室容易对文件主办、协办和负责处室产生分歧，而且人工阅批的方式可能造成阅批不准确，从而导致函件分发不准确。

2.3.2 工程技术文件的分发难以保证周期内、及时

通过传递单接收的工程技术文件，需分发至相应的施工单位，但因分发的图纸数量大，分发单位数量多，且需要分发的文件可能通过不同的传递单传递，导致文件升版后难以识别需分发的最新版本文件，容易造成文件漏发，不利用文件的受控管理，难以保证工程现场使用最新版工程技术文件，不利用工程质量管理。

2.4 文件作废管理难度大

变更后文件的分发管理必须采取与原文件相同的管理措施，按原文件的分发范围将文件变更情况迅速通知执行具体工作的有关人员和处室、单位，以防止使用过时的或已废弃的文件。目前承包商的各类变更通过传递单传递，由信息文档处变更关联后，通过文件分发流程流转至相应处室。针对文件作废，承包生会通过函件说明需作废的文件和作废原因后，由主办处室核实情况，并发起文件作废申请，但因流程较长，难以保证文件作废的后续处理符合要求。

2.4.1 函件处理质量难以保证

由于作废函件的数量较多，需作废的文件涉及多个科室、多名员工，审核流程和作废流程较长，难以保证函件内涉及的文件得到有效处理，容易出现已不适用的文件未进行作

废，在文档管理系统中仍然为生效状态，导致误用无效文件，造成工程质量事故。

2.4.2　作废信息通知不及时

文件作废后，需及时通知到受影响的人员、处室和单位，以防止使用过时的或已废弃的文件，但因作废文件数量多，可能存在文件作废后，并未发送通知，导致作废文件仍然被使用的情况。因此，如何识别作废文件已被查看或分发，并按照原文件的分发范围进行通知，成为亟需解决的问题。

3　保障工程信函质量管理的有效举措

3.1　组织培训，提高工程信函质量

为了做好现场施工的文件保障工作，发挥文件控制的能动性，提高工程信函的编制和关闭质量，信息文档处先后基于不同受众开展了多次针对性、个性化的文档培训。①对文档科员工，制定"培"你成才、"周四学程序"等培训计划，根据工作实际中的问题编写文控系统规范性调整事项清单，做好前端控制，全程管理，提高专业技能，把控工程信函质量。②对各处室文员，为加强对文档工作的熟悉，提高文档工作的质量，开展了公司文员文档培训会，对工程信函规范性要求作了统一说明。③对公司员工，编制工程发文规范手册和信函关闭要求手册，通过办公系统分发给各处室，并组织会议集中培训，从收函步骤、阅批流程、关闭流程、关闭时间、填写内容、正反面示例等全过程、多方位宣贯，并针对各个处室个性化的需求进行答疑。④对工程各承建单位，编制承包商文档宣贯材料，将工程信函规范性要求和质量标准落实到学习材料中，并在后续通信渠道建立后随通工程信函一同分发至新进场单位。

3.2　加强复核，建立工程信函统计核对机制

信息文档处发挥文档归口管理作用，将工程信函的统计和复核工作做实做细做到实处。①跟踪工程信函的办理进度，掌握关闭情况，把控工程信函的流转信息。信息文档处每月对公司各处室的工程信函关闭情况进行统计，公示每个处室工程信函的主办人员、关闭时间、关闭状态和关闭率，并在公司门户上进行通报，以此进行督促和提醒。②规范文档数据著录，提高文档的检全率和检准率。全面梳理各类文档数据著录要求和系统内著录字段分布，根据梳理情况和特点针对性地设置必填字段，避免文档著录时的人因疏漏。编制发布著录规范程序，建立统一的文档数据著录、修改操作规范，以保证系统数据形成的规范性、数据信息的准确性和信息的可检索性。建立文件著录核查机制，定期对每日、每月工程技术文件的著录信息进行核实和更新，每周对本周收发的工程信函著录信息进行核查。

3.3　优化文控系统功能，保证流程效率

为尽可能减少人因失误，需将工程信函的质量管理贯穿到文控系统的流转过程中，最大限度发挥文控系统的优势。优化文控系统工程信函办结中的回复信函功能，根据信函是

否需要回复，将需要回复的信函回复方式调整为必填项，设置下拉框选择"发函回复"或"其他方式"，系统自动生成实际回复信函编码和回复日期，从技防方面减少失误。除了已在文控系统一期中部署实现的功能，还广泛征集公司内部意见，汇总成二期需求，如开放工程信函中附件批量删除功能、参考广西核电部署变更关系和图册关系导入功能、建议根据发起人选择的密级和保密期限实现对工程信函覆盖密级图层等，以期在二期建设中持续改善和优化系统，提供更加顺畅的工程信函办理流程，在质量保障的基础上提高工作效率。

3.4 建立文件分发矩阵，主动识别分发文件

为明确文件分发职责分工、分发范围确定原则、分发执行等各环节因素并进行优化，避免工程信函职责不清、文件阅知范围过大或过小等造成信息传递过滥或不畅的情况，湛江核电梳理了公司各类文件分发范围和原则，对公司各类文件分发方式、分发范围进行规定，发布工程信函拟分矩阵。工程信函根据分发矩阵进行分发，若对阅批存在疑问，可进行反馈，经过批准后可重新进行阅批，保证工程信函分发的准确性。工程信函分发要求每个工作日完成当天收到信函的阅批，将此要求纳入日常管理的指标，保证分发的及时性。

在文档管理系统开发报表功能，通过文件分发统计报表，可查询文件的分发记录。此外，在统一梳理文件的有效分发记录后，通过系统开发，建立工程技术文件工作文件站，导入以往分发记录，工作文件站内的文件状态关联系统中的文件，若文档管理系统中文件状态变化，工作文件站内文件状态相应进行变化。因此，文件首次分发由业务处室负责，后续的升版分发由信息文档处负责。通过维护工作文件站，主动识别状态变化的文件，确定需分发的最新版本文件和需回收的作废文件。文件分发时通过工作文件站确定和检查文件分发范围，确保内部分发和外部分发的文件时刻保持最新状态，从而可以保证文件分发的准确性、及时性和全面性。

3.5 规范文件作废流程，保证文件作废闭环管理

在文档管理系统开发文件撤销撤回流程，适应不同类型文件撤销撤回的需求，区分普通文件、程序文件和应急预案三种文件类型，不同文件采用不同的审批流程，程序文件和应急预案加入安全质保处审批，从而规范文件作废流程。业务处室在收到作废通知类信函后，若审核通过，则需发起文件撤销撤回申请单，根据要求填写文件类型、申请类型、撤销原因和撤销后可能产生的影响，由信息文档处承办时，检查信息是否准确，通过多重审核，保证文件根据要求作废，并尽可能全面地考虑到相关影响。

为发挥信息文档处的归口管理作用，作废通知类信函由信息文档处协办，定期跟踪作废函件的处理情况，保证需作废文件已全部发起文件撤销撤回申请，并且在文档管理系统中为作废状态，若存在遗漏未作废的文件，需及时联系业务处室，发起撤销申请，防止误用不适用的文件。为保证作废信息通知到有关的人员和单位，内部查阅的文件，系统会自动触发邮件提醒文件已作废，外部分发的文件，信息文档处在承办文件作废时，需查看文

件撤销撤回申请单上的分发信息，通过正式函件的形式，通知到相应的单位。

4　结语

文档管理在核电质量管理发挥了重要作用，本文分析了工程信函质量管理痛点，提出如何采取措施提供工程信函质量。本文以《核电厂质量保证安全规定》（HAF003）为立足点，关注到工程信函的规范性、信函关闭质量、信函分发时效和作废文件的管理，从人员专业知识、建立体制机制、发挥好系统的辅助功能和文件闭环管理等方面归纳有效措施，从而保证工程信函质量，为工程和生产质量提供支撑。本文主要根据实际工作情况进行归纳总结，未来还可结合数据分析，为结论提供数据支持，增加图表的形式呈现内容，增强文章的科学性。

参考文献

[1] 宋平，李岚. AP1000 核电质量管理体系的建立与实施 [J]. 四川建筑科学研究，2013，39（5）：357-361.

[2] 董正方. 核电工程文件质量前端管控研究 [J]. 项目管理技术，2021，19（3）：147-150.

[3] 葛涛. 核电工程项目质量链协同管理研究 [D]. 武汉：武汉大学，2015.

[4] 王雨迪. 核电项目工程信函全程管理研究 [J]. 办公室业务，2020（11）：39，41.

作者简介

郑浩敏（2002—），女，助理专责（二级），主要研究方向：图书馆学、文档管理。E-mail：zhenghaomin@spic.com.cn

高　杨（2001—），女，助理专责（二级），主要研究方向：信息资源管理、文档管理等。E-mail：gaoyang08@spic.com.cn

Research on Quality Management of Engineering Letters in Nuclear Power Projects

ZHENG Haomin，GAO Yang

（State Nuclear Zhanjiang Nuclear Power Co, Ltd., Zhanjiang 524000，China）

Abstract：This article，based on the internal and external environment of nuclear power plant construction and production activities as well as the usage of the Zhanjiang Nuclear Power Document Control System，discusses the shortcomings and issues in quality management throughout the process of engineering letter preparation，distribution，closure，and obsolescence. It summarizes effective measures from multiple dimensions and aspects, including personnel competence, procedural systems, system functions, and closed-loop management, combining human and technical prevention to improve the quality management level of engineering letters. This aims to fully leverage the positive role of documents in enhancing the safety, quality, and environmental aspects of nuclear power projects.

Keywords: nuclear power construction; engineering letters; quality management; document control system

第四部分　档案信息化建设与安全保障

水电站传统载体档案的数字化转型

（黄河上游水电开发有限责任公司/海北分公司，青海省海东市 810600）

摘 要： 档案是记录历史、传承信息的重要载体，但随着时间的推移，传统的纸质档案易受损、难保存，而档案数字化能够有效解决这些问题。数字化是现代档案管理的重要趋势，它通过将传统纸质、音像等档案转换为数字格式，实现档案信息的高效存储、快捷检索与便捷利用从而确保档案信息的长期安全与档案完整。对于分公司这种站多面广、各站点距离较远的特点，传统载体的档案数字化，一方面能够解决员工查借阅档案的时效性，方便查询各类档案，另一方面，还能节省库房存储空间，有效防止档案因时间流逝而遭受的自然损坏。传统载体档案数字化充分发挥分公司档案的基础性、支撑性作用，更好地为各级领导决策服务、为各项管理服务。

关键词： 水电站；传统载体；档案；数字化

0 引言

随着社会科学的不断发展，档案管理的方式和手段也在不断进步，传统载体的档案管理模式已不满足时代的发展。前人通过大量的人力物力归档保存的纸质文件，不仅费时费力，还难保存，且分公司站多面广，地理位置位于山区，各站点之间距离较远，档案存储空间不足，员工查借阅档案不便。针对这些问题，档案数字化显得尤为重要。

1 传统载体档案管理的现状

1.1 保存要求高

传统载体档案保存需要"八防"要求，增加了档案保存的成本，同时，随着时间的推移，纸质档案易老化、破损，导致信息丢失。

1.2 查询效率低

纸质档案的查询需要人工翻阅，耗时费力。当查找特定信息时，往往需要从大量档案中逐一排查，效率低下。

1.3 信息共享不便

纸质档案在信息共享方面存在诸多限制，站点员工查阅部分档案需乘坐交通工具，无形中增加了交通风险和交通费用，且无法实现快速、便捷的信息传输和共享。这限制了水电站内部各部门之间的信息交流和协作。

2　传统纸质档案数字化工作的必要性

2.1　提高管理效率

数字化档案可以实现快速检索和查阅，极大提升了档案管理的工作效率，降低了人工操作的错误率。

2.2　促进资源共享

数字化是通过数字化的形式存储在计算机或网络中，数字化档案可以实现远程访问，可以解决分公司站多面广、站点间距离较远的问题。数字化档案可以打破时间和地域限制，通过资源共享，为分公司研发、生产、经营提供丰富的信息资源。

2.3　保障档案安全

传统的纸质档案容易受地域、环境、自然灾害、人为损坏等因素的影响，而数字化备份则能有效避免这些问题，确保档案信息的长期安全保存。

2.4　降低档案管理成本

受分公司利用空间的影响，档案室存储空间受限，而档案数字化存储能大大节省实体存储空间，使得档案管理更加方便、高效。此外，还减少纸质档案的保管和维护成本，数字化的档案可以通过自动化管理系统进行管理，降低人力成本。

2.5　保护原始档案

数字化档案可以减少对原始档案的直接利用，从而减低原始档案损坏风险，同时，数字化档案还可以作为原始档案的备份，确保档案的安全性和完整性。

3　传统载体档案数字化转型的实现路径

3.1　数据采集和录入

采用高精度扫描仪等专业的数据采集技术和设备，对纸质档案进行逐页扫描，确保图像清晰、完整。将纸质档案的内容全部转换为数字形式，并进行准确的录入和校对。这是数字化转型的基础工作。

3.2　质量检查与审核

对数字化成果进行质量检查，确保每一份档案的数字化质量达标，包括图像清晰度、信息完整性等，严格控制质量和标准的情况下，还必须保证数字化的档案跟原档案对应一致，只有这样才能保证档案的真实生命。

3.3　建立档案管理系统

利用现在信息技术，建设完善的档案管理系统，实现档案的信息化存储、查询、检索和共享。系统应具备高可靠性和安全性，确保档案信息的完整性和保密性。

3.4 提升档案人员管理技能

数字化转型需要专业的档案管理人才支持，档案管理人员及相关技术人员应更新知识结构，熟练掌握了电子档案管理、信息技术管理等方面的知识，提升档案管理技能，为公司打造了一支专业素质过硬的档案信息化团队。

4 传统载体档案数字化案例分析

4.1 基本情况

分公司下设 5 个部门，管理中小型水电站六座，包括纳子峡水电站、东旭二级水电站、卡索峡水电站、青岗峡水电站、加定水电站、金沙峡水电站。其中，纳子峡水电站距离分公司 108km，东卡水电站距分公司 30km，青加水电站距分公司 2km，金沙峡水电站距分公司 30km。纳子峡水电站设立单独的科技档案室，其余几站公用分公司档案室。

4.2 分公司传统载体未数字化前借阅

分公司所属电站员工查借阅建设期档案只能通过实体纸质档案查阅，以金沙峡电站为例：金沙峡水电站正在 A 级检修，派某员工借阅建设期图纸，某员工收到通知后，从金沙峡水电站坐车前往分公司本部档案室借阅档案。

（1）金沙峡水电站距离分公司本部 30km，每千米油耗约 1.2 元，所以分公司员工来回借阅档案共产生交通费用为（30×1.2）×2=72 元；金沙峡水电站每年约利用次数 50 人次，一年共产生交通费用为 50×72=3600 元。

（2）金沙峡水电站至分公司本部路段道路崎岖，存在较大的交通安全风险。

（3）金沙峡水电站至分公司本部距离 30km，花费时间约 30min，借阅档案来回共花费时间 30×2=60min。

（4）保证不了分公司员工使用档案的及时性。

（5）增加了传统载体档案因长期翻阅，造成纸质档案的破损，最大限度还原不了历史档案的真实完整性。

（6）对档案管理人员也是新的挑战，通过数字化档案，熟悉掌握电子档案的保管及日常维护等。

综上所述，传统载体档案未数字化前，分公司员工查借阅档案不仅费时费力，不方便归档及查借阅档案，增加了因长期翻阅而造成的纸质档案破损，还产生了交通费用，而档案数字化就能很好地解决这些问题。

5 水电站传统载体档案数字化转型的益处

5.1 提升档案管理效率和质量

数字化转型可以大幅度提升档案管理效率和质量，实现档案的快速查询和检索，降低档案保存成本，提高档案信息的利用率。

5.2 促进水电站现代化管理

数字化转型是水电站现代化管理的重要组成部分。通过数字化转型，水电站可以实现档案管理的自动化、智能化和信息化，提升整体运营效率和管理水平。

5.3 推动水电行业可持续发展

数字化转型有助于降低水电站运营成本，提高运营效率，推动水电行业的可持续发展。同时，数字化转型还可以为水电站在发展、运营、生产中提供精准的数据支持，助力水电站实现安全、高效、环保的运营。

6 结语

档案数字化处理是推动档案管理现代化、智能化的关键一步，它不仅优化了档案管理流程，更赋予了档案新的生命力，水电站传统载体档案数字化转型是必然趋势。通过数字化转型，可以大幅度提高档案管理效率和质量，降低档案保存成本，促进信息共享和协作，推动水电站现代化管理和可持续发展。未来，水电站应持续深化数字化转型的应用，不断完善档案管理系统，提高档案管理水平，为水电站的发展提供有力支撑。

参考文献

[1] 卢妮. 水电工程档案数字化策略 [J]. 科学时代，2014（13）：78.

作者简介

陈 英（1988—），女，助理工程师，主要研究方向：水电站运行期档案管理。E-mail：15003663057@163.com

The Digital Transformation of Traditional Carrier Archives for Hydropower Stations

CHEN Ying

（Yellow River Upstream Hydropower Development Co., Ltd. Haibei Branch，Haidong 810600，China）

Abstract：Archives are important carriers for recording history and inheriting information，but over time，traditional paper archives are prone to damage and difficult to preserve. Digitization of archives can effectively solve these problems. Digitization is an important trend in modern archive management，which converts traditional paper，audio-visual and other archives into digital formats to achieve efficient storage，quick retrieval and convenient utilization of archive information，ensuring the long-term security and integrity of archive information. For the characteristics of branch offices，which have multiple sites and are far apart from each other，the digitization of archives through traditional carriers can solve the timeliness of employees' access to and borrowing of archives，facilitate the search for various types of archives，and save warehouse storage space，effectively preventing natural damage to archives due to the passage of time. The digitization of traditional carrier archives fully leverages the fundamental and supportive role of branch archives，providing better decision-making services for leaders at all levels and management services.

Keywords：hydropower station; traditional carriers; archives; digitization

电力企业档案管理：以信息化为核心的发展之路

苏　静

（芜湖发电有限责任公司，安徽省芜湖市　241009）

摘　要：随着信息技术的飞速发展，电力企业档案管理在信息化时代面临新挑战与机遇。本文探讨以信息化为翼的电力企业档案管理，明确档案信息化内涵与重要性，阐述相关技术支持与法规依据，分析现状与问题。其主要包括：加强信息化建设，建立智能化档案管理平台和推动云平台化发展；强化安全保障，健全安全管理制度，强调电力企业档案管理信息化创新对提升企业核心竞争力和可持续发展能力的重要意义。

关键词：电力企业；档案管理；信息化创新

0　引言

随着信息技术的飞速发展，电力企业档案管理在信息化时代面临着新的挑战与机遇。传统的档案管理方式已经难以满足现代企业的发展需求，必须进行变革。

在当今社会，电力作为国民经济的重要支柱产业，其档案管理的重要性不言而喻。电力企业档案记录了企业的发展历程、技术创新、经营管理等重要信息，对于企业的决策、发展规划和历史传承具有重要价值。然而，传统的档案管理方式存在着诸多问题，如档案存储分散、管理效率低下、检索困难等，这些问题严重制约了电力企业档案管理的发展。

信息化时代的到来，为电力企业档案管理带来了新的机遇。信息技术的应用可以实现档案的数字化存储、网络化管理和智能化检索，提高档案管理的效率和质量。同时，信息化也为档案资源的共享和利用提供了便利，有助于实现档案价值的最大化。

电力企业必须积极应对信息化时代的挑战，抓住机遇，加快档案管理的信息化建设，以提高档案管理的水平和服务能力，为企业的发展提供有力的支持。

1　研究目的

电力企业档案管理的信息化创新是适应时代发展的必然要求。其目的在于通过引入先进的信息技术，对传统档案管理模式进行全面升级，从而提升管理水平与效率。

在信息化背景下，电力企业档案管理可以借助数字化技术，将大量的纸质档案转化为电子档案，实现档案的集中存储和管理。通过数字化档案管理，能够极大地节省存储空间，降低管理成本，还可以避免资料的损坏及遗失。采用电子档案存储系统后，企业可以减少对传统档案库房的需求，节省大量的场地维护费用。

同时，信息化创新还可以提高档案管理的效率。通过建立网络化的档案管理平台，实现档案的远程查询和共享，使企业内部各部门之间能够更加便捷地获取所需档案信息。以某大型电力企业为例，在实施档案管理信息化前，员工查询技术档案，需要到档案室找档案管理员调阅档案，而管理员因为专业知识的限制并不能单独完成搜索工作，如果企业有较大的技改项目所需资料很多，时间紧任务重，常常很多人协助才能完成查资料的工作，导致效率很低。而档案数字化，各专业技术员可以自己在工位上搜索自己的专业资料，也可以便捷地下载所需资料保存发送等，使各部门的交流更加便捷，时间也从原来的平均半小时缩短到了几分钟，大大提高了工作效率。

此外，智能化检索技术的应用，可以让用户通过关键词、时间、类别等多种方式快速准确地找到所需档案，进一步提升档案管理的服务能力。总之，探索电力企业档案管理信息化创新路径，对于提升企业的核心竞争力和可持续发展能力具有重要意义。

2　电力企业档案管理信息化的理论基础

2.1　档案信息化的内涵与重要性

档案信息化是指利用现代信息技术，对档案信息资源进行数字化、网络化、智能化管理和利用的过程。对于电力企业而言，档案信息化具有重要的价值。

2.1.1　档案信息资源数字化

这是档案信息化的基础。它包括对纸质档案、照片档案、录音录像档案等传统载体档案进行数字化转换。例如，将纸质档案通过扫描设备转化为电子图像文件，利用音频采集设备将录音档案转换为数字音频格式。通过这些手段，把各种形式的档案信息变成计算机可以识别和处理的二进制数字代码，从而有利于档案的长期保存和高效利用。

2.1.2　档案管理过程信息化

（1）收集环节：利用信息技术拓宽档案收集渠道。例如，办公自动化系统（OA 系统）可以直接将电子文件收集到档案管理系统中。员工在日常办公过程中形成的电子公文、电子邮件等电子文件能够自动或半自动地进入档案收集流程，减少了人工干预，提高了收集效率。

（2）整理环节：档案管理人员可以利用档案管理软件按照档案的门类、年度、保管期限等多种方式对档案进行分类整理。与传统的手工整理相比，信息化环境下的整理工作更加准确、高效。例如，在软件中设定好分类规则后，档案可以快速地被划分到相应的类别中，同时软件还可以自动生成档号等标识信息。

（3）存储环节：采用数字化存储设备，如磁盘阵列、磁带库、光盘库等存储档案信息。这些存储设备不仅存储容量大，而且具有良好的稳定性和安全性。同时，通过建立存储备份策略，如异地备份、冗余存储等，可以有效防止数据丢失。

（4）检索环节：信息化为档案检索提供了强大的工具。用户可以通过档案管理系统的检索功能，利用关键词、日期、文号等多种检索条件在海量的档案信息中快速定位所需档案。例如，可以通过合同编号或者工程名称来检索与之相关的所有合同档案，而不需要像传统方式那样在档案库房中逐卷查找。

（5）利用环节：通过网络技术，打破了档案利用的时空限制。档案用户可以在授权范围内，通过内部局域网或者互联网远程访问档案信息。

2.1.3 档案信息服务网络化

借助网络平台，打破了地域的限制，用户可以实现远程在线访问、查询、下载、利用所需的档案资料。

（1）提高工作效率。

1）检索效率提升：档案信息化后，通过建立电子索引和数据库检索系统，工作人员可以利用合同号、合同关键词、文件名、项目名称、日期等多种方式进行快速精准的检索。例如，在查找某一光伏建设项目的相关档案时，只需在检索系统中输入"某光伏"等关键词，就能迅速定位到整个项目相关的文件，即准备阶段、前期文件、施工文件、设备文件等，大大缩短了检索时间。

2）档案整理与存储便捷：信息化手段使档案的整理和存储更加高效。一方面，文件可以通过各种方式，即电脑、手机上传，并由人工智能按照一定的标准进行编制形成电子文件，可以直接在系统中进行分类、编号和归档，避免了纸质档案整理过程中的繁琐步骤，如手工装订、编写页码等。而电子文件中的签章可以通过元数据保证了文件的真实可靠。电子存储介质具有存储容量大的特点，能够节省大量的物理空间，减少了档案库房的建设和维护成本。另一方面，档案信息化建设可以将电力企业内部的档案内容信息进行整合，形成一个完整的档案管理网络。各个职能部门设置兼职的档案管理人员，将档案完整地移交到档案管理部门进行归档，方便企业内部各部门之间的信息交流与共享，提高档案资源的利用效率。特别是大力发展新能源后，企业建立了多个新能源项目，实现数字化后，可以在项目所在地由兼职档案员对项目档案进行录入、传输，再由档案管理部门进行归档，节省人力和物力。

3）档案更新与维护方便：对于电力企业不断更新的设备信息、技术资料等档案内容，在信息化系统中可以及时地进行修改和更新。例如，当电力设备进行升级改造后，相关的技术参数、运行维护手册等档案能够迅速在系统中更新，确保档案信息的时效性和准确性。

4）档案利用效率的提高：电子信息技术在一定程度上实现了档案资料的高效共享，能够为电力企业的经营和发展提供必要的数据支持。工作人员只要通过搜索引擎就可查询到档案的电子版，经过下载保存就可以做到自由利用，这极大地提高了档案的利用价值，进而提高了工作效率。

（2）深度挖掘数据价值。

通过对大量档案数据进行数据分析和挖掘技术，能够为电力企业的决策提供有力支持。通过对设备运行数据（如温度、压力、振动频率等）的大量分析，可以提前发现设备的潜在故障。例如，对风力发电机组的叶片振动数据进行长期监测和分析。当出现异常振动，如频率突然改变或者振幅增大，可能预示着叶片出现了裂纹或者连接部件松动等问题。

（3）提升档案安全性。

1）数据备份与恢复容易：电力企业档案数据至关重要，信息化系统可以通过定期的数据备份策略，将档案数据存储在多个不同的存储介质或地点。在遇到自然灾害、系统故障等突发情况时，能够快速恢复数据，保证档案的完整性。

2）访问权限控制严格：信息化档案管理系统可以根据用户的角色和职责，设置不同的访问权限。只有经过授权的人员才能访问、修改特定的档案内容，有效地防止了档案信息的泄露和非法篡改。

（4）促进企业知识传承。

积累企业知识资产：电力企业档案包含了企业在生产、经营、技术等各个方面的知识和经验。通过信息化手段将这些档案进行有效管理和整合，形成企业的知识资产，做好企业知识的传承。例如，企业的老员工在退休时，可以将自己多年积累的工作经验、技术诀窍等以电子文档的形式存入档案系统，为新员工提供宝贵的学习资源。

（5）培训与学习便捷。

新员工可以通过档案信息化系统方便地查阅企业的历史档案、操作规程、典型案例等知识内容，快速了解企业的业务流程和技术要求，提高培训效果和工作效率。例如，在员工培训过程中，培训师可以直接从档案系统中调取相关的培训资料，如电力设备操作视频、安全事故案例分析等，进行生动直观的教学。

（6）实现资源共享。

一方面，电力企业的档案管理实现信息化后，可以提高文档归类、编辑的效率，各个部门之间能够更加便捷地获取所需档案信息，实现资源共享。另一方面，档案信息化建设可以将电力企业内部的档案内容信息进行整合，形成一个完整的档案管理网络。各个职能部门设置兼职的档案管理人员，将电子文件完整地移交到档案管理部门进行归档，方便企业内部各部门之间的信息交流与共享，提高档案资源的利用效率。

2.2 相关技术支持与法规依据

2.2.1 技术支持

档案信息化建设离不开先进的技术支持。电子文件管理技术是其中的关键之一，它能够实现对电子档案的高效管理，包括电子文件的生成、存储、检索和利用等环节。

数据存储技术也是档案信息化建设的重要支撑。采用云存储等先进的数据存储技术，可以实现档案的海量存储和快速访问。此外，数据备份技术也至关重要，它可以确保档案数据的安全性，防止因数据丢失而造成的损失。

网络技术的发展为档案信息化建设提供了广阔的平台。通过建立企业内部的档案管理网络平台，可以实现档案的远程查询和共享，方便企业内部各部门之间的信息交流与合作。

2.2.2　法规依据

2020 年 6 月 20 日，第十三届全国人大常委会第十九次会议通过了新修订的《中华人民共和国档案法》，于 2021 年 1 月 1 日起正式施行。新《档案法》具有多方面的重要意义和特点。明确电子档案与传统载体档案具有同等效力。随着信息技术的不断发展，电子档案的数量和重要性日益增加，这一规定确立了电子档案的法律地位，为电子档案的管理和利用提供了法律保障。

2024 年 3 月 1 日起实施的《中华人民共和国档案法实施条例》，是档案法之下最重要的档案行规法规。设立"档案信息化建设"专章，对推动档案数字化转型、加强电子档案管理等问题做出了具体规范。对电子档案管理信息系统建设、电子档案须满足的条件、电子档案移交、电子档案保管、存量档案数字化、数字档案馆建设、档案数据利用等方面进行了详细规定，为档案信息化工作提供了具体的操作依据。

国家和地方政府还出台了一系列关于电子档案管理的法规和标准，如《电子文件归档与管理规范》等。电力行业也发布了 DLT 241—2024《电力企业火电建设项目文件收集及档案整理规范》。这些法规和标准对电子档案的形成、存储、移交和利用等环节进行了详细的规定，为电力企业档案信息化建设提供了具体的指导。

3　电力企业档案管理信息化的现状与问题

3.1　现状分析

当前，电力企业档案管理信息化取得了一定的发展成果，建立了较为完善的电子档案管理系统。这些系统通常具备档案的数字化存储、分类、检索等功能，极大地提高了档案管理的效率。但是，目前各个系统集成度较低。例如，电力企业内部存在多个信息系统，（如生产管理系统、营销系统、财务系统等），这些系统与档案管理系统之间的集成度较低，导致档案信息的收集和传递不及时、不完整。因此，在项目实施过程中，相关的文件和数据可能无法及时归档到档案管理系统中，影响了档案的完整性和准确性，档案更新不及时，给后面的工作造成影响。

3.2　问题剖析

3.2.1　管理理念落后

在当前电力企业档案管理信息化进程中，管理理念落后成为一个突出问题。档案管理人员对信息化的认识存在偏差，仅仅将档案信息化理解为纸质档案的数字化存储，而没有真正认识到信息化带来的管理模式变革和服务提升。习惯于传统的档案管理方式，对新技术、新方法的接受和应用能力不足。企业对档案管理信息化的重视程度不够，没有将其纳入企业发展战略中，缺乏对档案管理信息化的投入和支持。

3.2.2 软硬件不完善

电力企业档案管理信息化的发展离不开完善的软硬件设施支持。一方面，设备转化速度慢。随着信息技术的快速发展，档案管理设备需要不断更新换代。另一方面，软件不适用且缺乏统一管理，软件的兼容性差，无法与企业内部的其他信息系统进行有效的对接。档案管理软件的使用上缺乏统一管理，不同部门之间使用的软件不一致，导致档案信息无法实现共享和整合，影响了档案管理的整体效果。

4 电力企业档案管理信息化的创新策略

4.1 加强信息化建设

4.1.1 建立智能化档案管理平台

在当今科技迅猛发展的浪潮之下，电力企业若要切实提升档案管理的智能化水准，构建智能化档案管理平台至关重要。如内置各类档案管理法律法规以及电力行业专属标准，借助人工智能技术，可全方位赋能档案管理流程，既能高效完成工程资料的编辑工作，又能精准实施档案的"四性"检测，还可以实现资料的在线流转，确保档案信息实时在线管控，随时随地对档案动态进行跟踪掌握[3]。

不仅如此，智能语音识别技术的引入，也可以为档案管理人员带来了极大便利。管理人员利用简单的语音指令，迅速查询到所需的档案信息，工作效率得以大幅跃升。同时，运用机器学习算法，能够对海量档案进行自动分类与精准标注，让档案归类更为科学准确，后续检索时也能直达目标，提升检索的精准度。

智能化档案管理平台还应具备智能预警功能，像一位时刻坚守岗位的"安全卫士"，及时提醒即将到期的档案，让管理人员提前做好处理安排。

4.1.2 推动云平台化发展

随着云计算技术的不断成熟，推动电力企业档案管理的云平台化发展成为必然趋势。通过建立档案管理云平台，实现档案的云存储与共享，可以极大地提高档案的存储容量和安全性，同时方便企业内部各部门之间，以及企业与外部单位之间的档案信息交流与合作。在云平台上，企业可以实现档案的实时共享，不同部门的员工可以根据自己的权限随时访问所需档案，提高了档案的利用效率。此外，云平台还可以实现对档案的远程管理和维护，档案管理人员可以随时随地对档案进行管理和监控，提高了档案管理的便捷性和灵活性。

4.2 强化安全保障

电力企业档案管理信息化在带来诸多便利的同时，也面临着安全风险。因此，强化安全保障至关重要。

4.2.1 健全安全管理制度

档案安全是电力企业档案管理的生命线。健全安全管理制度，明确档案保护责任与措施，是确保档案安全的基础。

（1）建立严格的档案访问权限制度。根据不同岗位和职责，设定不同级别的访问权限，确保只有授权人员能够访问相应档案。同时，对档案的查阅、下载、复制等操作进行详细记录，以便追溯和审计。

（2）制定档案备份制度。定期对电子档案进行备份，采用多种备份方式，如本地备份、异地备份、云备份等。

（3）明确档案保护责任。将档案安全责任落实到具体的部门和个人，建立严格的考核机制。对因失职导致档案安全事故的人员进行严肃处理，以增强档案管理人员的责任感。

4.2.2　利用安全技术

为防范档案信息泄露与损坏，需要充分利用先进的安全技术。一方面，加强网络安全防护。采用防火墙、入侵检测系统、加密技术等，防止外部网络攻击和非法访问。例如，使用高强度的加密算法对档案数据进行加密，确保档案在传输和存储过程中的安全性。另一方面，采用数据恢复技术。在档案数据遭受损坏或丢失时，能够及时进行恢复。例如，利用数据备份和恢复软件，对损坏的档案数据进行快速恢复，减少损失。

4.3　促进深度融合

推进档案管理与业务管理融合，提高实用性，是电力企业档案管理信息化创新的重要方向。在当今数字化时代，档案管理不再是孤立的活动，而应与企业的各项业务紧密结合，为企业的发展提供更有力的支持。

4.3.1　建立一体化平台

建立一体化平台是实现档案与业务信息集成管理的关键。通过整合档案管理系统与企业的业务管理系统，打破信息孤岛，实现数据的无缝对接和共享。例如，在电力工程项目管理中，将档案管理模块嵌入项目管理系统，从项目的立项、设计、施工到竣工验收各个阶段，实时生成和收集档案资料。这样不仅可以确保档案的完整性和准确性，还能提高档案的收集效率，避免了因为资料收集赶不上工程进度导致资料缺失。

一体化平台具备的数据分析功能，对档案数据和业务数据进行综合分析，为企业的决策提供数据支持。

4.3.2　无缝对接业务流程

实现档案管理与业务流程的无缝对接，能够提升档案对业务的支撑服务能力。在业务流程的各个环节，设置档案收集点，确保档案资料的及时收集和归档。例如，在人事管理流程中，员工入职、调动、离职等环节都应及时将相关档案资料归档到档案管理系统。

同时，档案管理系统应根据业务需求，提供快速准确的档案查询服务。当业务人员在处理业务问题时，能够通过一体化平台迅速查询到所需的档案资料，为业务决策提供参考。

总之，促进档案管理与业务管理的深度融合，建立一体化平台，实现无缝对接业务流程，能够提高电力企业档案管理的实用性，为企业的发展提供更强大的支撑服务能力。

5 结论与展望

5.1 研究结论总结

本文探讨了以信息化为翼的电力企业档案管理工作。通过对电力企业档案管理信息化的理论基础、现状与问题进行分析。首先，明确了档案信息化的内涵与重要性。档案信息化不仅能提高工作效率，实现无纸办公和电子资料高效共享，还能促进资源共享，整合档案内容信息，形成完整管理网络，提高档案资源利用效率。其次，阐述了相关技术支持与法规依据。电子文件管理技术、数据存储技术和网络技术为档案信息化建设提供了关键支撑，而《档案法》等法规和相关标准则为其提供了法律保障和具体指导。再者，分析了电力企业档案管理信息化的现状与问题。最后，强化安全保障，健全安全管理制度和利用安全技术，确保档案安全；促进深度融合，建立一体化平台和无缝对接业务流程，提高档案管理实用性。

5.2 未来研究方向展望

随着信息技术的不断发展和创新，电力企业档案管理信息化也将面临新的机遇和挑战。未来的研究方向可以从以下几个方面展开：

5.2.1 持续推进智能化技术应用

在未来，电力企业档案管理应进一步加大对人工智能、大数据、区块链等智能化技术的应用研究。例如，利用大数据分析技术对海量档案数据进行深度挖掘，提取有价值的信息，为企业决策提供更精准的支持。

5.2.2 加强与新兴技术的融合

随着 5G、物联网等新兴技术的快速发展，电力企业档案管理应积极探索与这些技术的融合。例如，利用 5G 技术的高速传输特性，实现档案数据的实时传输和共享，提高档案的利用效率。结合物联网技术，对档案存储设备进行智能化管理，实时监控设备状态，确保档案的安全存储。

5.2.3 提升档案管理的标准化和规范化

加强电力企业档案管理的标准化和规范化建设。制定统一的档案管理标准和规范，确保档案数据的格式统一、存储规范、检索便捷。同时，加强对档案管理人员的培训，提高其标准化和规范化意识，确保档案管理工作的高效开展。

5.2.4 拓展档案服务领域

电力企业档案管理应不断拓展服务领域，从传统的档案存储和检索服务向知识服务、决策支持等方向转变。为企业提供知识管理服务，帮助企业员工快速获取所需知识。利用档案数据为企业的战略决策提供支持，提高企业的决策水平。

未来电力企业档案管理信息化的研究方向将更加注重智能化技术应用、与新兴技术融合、标准化和规范化建设，以及拓展服务领域，不断提升档案管理的水平和服务能力，为电力企业的发展提供更有力的支持。

参考文献

[1] 李桂荣. 浅谈如何做好电力档案管理工作 [J]. 中国电业，2020（25）：1-2.

[2] 邢花. 提升电力企业档案数字化管理水平的探讨 [J]. 农电管理，2022（5）：1-2.

[3] 李艳丽. 电力工程档案管理信息化建设的对策探讨 [J]. 基层建设，2020（15）：1-2.

作者简介

苏　静（1976—），女，助理工程师，主要研究方向：档案管理。E-mail：139555386550@139.com

Archive Management in Electric Power Enterprises： The Road of Innovative Development with Informatization as the Core

SU Jing

（WUHU Power Generation Co.，Ltd.，Wuhu 241009，China）

Abstract：With the rapid development of information technology，archives management of power enterprises is facing new challenges and opportunities in the information age. This paper deeply discusses the innovative way of archives management of power enterprises with informatization as the wing. It clarifies the connotation and importance of archives informatization，expounds the relevant technical support and legal basis，analyzes the current situation and problems，and puts forward innovative strategies. The innovative strategies include strengthening informatization construction，establishing an intelligent archives management platform and promoting the development of cloud platform；strengthening security guarantee，perfecting security management system and using security technology；promoting deep integration，establishing an integrated platform and seamlessly docking business processes. Finally，it summarizes the research conclusions and looks forward to the future research directions，emphasizing the significance of informatization innovation of archives management of power enterprises for improving the core competitiveness and sustainable development ability of enterprises.

Keywords：power enterprises；archives management；informatization innovation

新技术助力国企档案管理数字化转型探析

施亦龙

（上海核工程研究设计院股份有限公司，上海市　200233）

摘　要：随着信息技术的飞速发展和数字化经济的崛起，数字化转型已经成为企业发展的必经之路，国有企业也正大刀阔斧地进行数字化转型升级。档案不仅记录了企业的历史和发展轨迹，更包含了企业的核心竞争力，强化档案管理，充分利用数字化技术发挥档案价值将对企业科技创新与持续发展起到积极推动作用。本文首先简述国企档案管理工作数字化转型现状和新技术应用情况，随后总结其在转型过程中存在的困难和不足，同时提出相应的改进建议，以期能有效提升档案管理工作数字化转型，以点带面，促进国企的数字化转型升级。

关键词：国企改革；档案管理；数字化转型

0　引言

2024 年 3 月 1 日起施行的《中华人民共和国档案法实施条例》，这是有力推动档案事业创新发展的重大举措，是档案工作服务推进中国式现代化的重要法治保障。近日，国务院国资委举行发展人工智能相关会议表示，要更好推动中央企业用好人工智能技术、发展人工智能产业，加快培育壮大新质生产力，塑造高质量发展新优势[1]。国企作为我国社会主义经济的重要组成部分，肩负着经济、政治、社会三大责任[2]，应该充分利用新技术手段主动承担起为党管档，为国守史，为民服务的社会责任。

数字化转型对于档案工作提高效率、优化流程、提升服务质量等方面有着重要的意义，也是促进国企数字化改革升级的基础。面对数字化转型的迫切需求，国有企业应以档案工作数字化升级为抓手，全面提升管理与服务效能。一方面，需应对高质量数据治理的挑战，引入新技术挖掘档案价值；另一方面，要迎接创新驱动发展的机遇，变革管理方式激发创新活力。然而这一过程中也面临着许多困难和挑战，本文将分析企档案工作数字化转型的现状以及存在的困难和挑战，重点探讨如何通过新技术助力国企档案工作数字化转型。

1　档案管理数字化转型情况

1.1　国内档案管理数字化研究现状

近年来，随着信息技术的迅猛发展和数字化转型的深入推进，国内档案界对档案数字化转型的研究日益增多，形成了丰富的研究成果，涉及理论框架、实践路径、技术应用等多个方面。理论研究方面，杨智勇、桑梦瑶等基于 TOED 理论框架，指出技术创新、组织变革等因素是推动档案数字化转型的重要力量[3]；虎杨针对"十四五"时期企业档案工作的数字化转型策略进行了探究，提出了加强档案工作数字化标准建设等针对性的建议[4]；胡玉贵等提出了数字化转型背景下档案工作的新定位和发展思路[5]。实例分析方面，徐曼以制造业企业为例，探讨了档案工作在生产现场"最后一公里"的数字化转型建设，为档案工作与实际业务融合提供了新思路[6]；蒋术、郑信要等以电力企业为例，进一步探析了企业档案工作数字化转型的具体路径[7]；胡姝姝深入研究了数字转型环境下中小企业文件管理模式，为中小企业档案管理提供了有益参考[8]。技术应用方面，刘凯亚研究了增强现实技术在档案文化遗产领域的应用，为档案文化遗产的保护和传承提供了新的技术手段[9]；高丹丹探讨了图像增强技术在人事档案数字化转换中的应用，为档案数字化转换提供了技术支持[10]；高伟波等研究了数据科学的可视化恶意软件分析技术在档案数字化安全管理系统中的应用，为档案数字化安全管理提供了新的思路[11]；孔德静探讨了区块链技术在企业档案信息化管理中的应用，为档案信息安全提供了新的解决方案[12]。

1.2　国企档案管理新技术应用情况

根据 2024 年 6 月中国新一代人工智能发展战略研究院和南开大学中国式现代化研究院联合发布的《中国新一代人工智能科技产业发展 2024》显示，大模型、网络安全、算力网络、操作系统、AI 框架、多模态、具身智能等技术类型是 2023 年中国人工智能产业应用活跃的技术类别。目前，许多央国企已建立了一定规模的电子档案系统，并通过引用新技术实现了部分档案的数字化流程管理。中国石油天然气集团公司结合多种技术实现了数字档案信息的集中化管理、便捷检索和安全存储[13]。上海农商银行通过系统集成和增强检索技术实现了银行业务档案的跨平台信息集成服务和共享，提高了检索的全面性和精准性[14]。中国电子科技集团第十五研究所探索构建全业务协同数字档案系统，并将各类档案建立关联关系形成档案数据图谱，利用智能技术挖掘数据内在联系[15]。福清核电将机器人技术引入档案管理领域，打造"文档管理、综合利用、数据分析"的智慧型机器人以服务档案数据采集、数据管理、数据分析[16]。国家电网将机器学习和深度学习等技术引入公司电力文档编制业务中，实现电力文档智能组稿和撰稿[17]。

相较于传统档案管理形式，数字化技术一定程度上提高了档案人员的工作效率，提升了档案信息的利用率，促进了各部门之间信息共享和协同办公的能力。从长期来看，数字化技术是手段，转型是最终目的，如何贯彻落实《"十四五"全国档案事业发展规划》，有效利用数字化、智能化兴起带来的技术革新为契机，加强信息资源开发利用，发挥数据要素价值，促进国企档案工作提质增效是当前主要急需解决的问题。

2 新技术带来的机遇

随着新一代数字技术的快速发展，档案数字化变革早已在各行各业中悄然兴起，给档案管理工作的"收、管、存、用"全方面带来了新机遇，也为企业新质生产力发展增添活力，促进档案管理工作由传统人工向数智化转变，主要表现为：

（1）提升管理效率：档案管理系统中引入"AI+RPA"技术实现文件的自动收集、分类、著录、索引、归档和备份，将档案人员从规则明确、重复性高、数量大的工作中解放出来，降低人因失误，提升档案管理工作的效率和效益。档案工作由原来的纸质文件逐步向"单套制"或"单轨制"管理模式过渡将进一步节省大量的时间和人力成本。

（2）促进信息共享：档案数字化管理实现了档案信息的集中存储和共享，文档一体化系统建设打破了传统档案管理的壁垒，优化流程管理，促进各部门之间协同参与档案全周期管理，在同一平台完成文件审批、报告生成、数据归档等流程可以加快业务处理速度，有利于降本增效，业档融合，使档案服务更加人性化。

（3）保障数据安全：新施行的《档案法》从法律层面明确了电子档案的法律效力，档案数字化管理将数字摘要、数字签名、区块链等新技术应用于档案的加密、封装、移交等环节，可以有效保证电子档案的真实性、完整性、可用性和安全性（简称"四性"），防范信息篡改、泄露和损坏的风险。

（4）支持业务决策与预判：档案数字化除了存储数据本身之外，还包括档案的背景、内容、结构及其整个管理过程的元数据，结合知识图谱和大语言模型技术进行分析和挖掘发现数据之前的潜在关联，帮助企业更好地了解自身情况、把握发展方向，为企业的业务决策和管理提供科学的依据和支持。

档案是企业的重要信息资源和知识资产，做好档案管理的数字化转型对于企业的发展具有深远影响。

3 新技术应用中的挑战

3.1 管理理念相对滞后

由于对新技术理解有限和传统观念的影响，许多国企档案工作的数字化转型仍处于初级阶段，即实现手段电子化和对象数字化，但缺少基于人工智能等新技术辅助对档案价值的深度洞察。如果未把数据挖掘和智能决策列入档案工作发展规划，数字化只是转变了文档的存储方式，无法发挥档案的潜在价值，难以产生长期效益。

档案工作数字化转型是一项耗时长、涉及面广、内容复杂的工作，需要企业自上而下地持续推动。企业高层管理者对档案工作数字化转型的重视程度，以及是否对其有清晰明确的战略目标是转型能否成功的关键。档案工作数字化建设不仅是档案部门的工作，更需要多部门支持合作，需要公司管理层积极推动不同部门之间的合作，搭建以档案为核心的协作平台，避免档案与业务脱节，建立档案全生命周期数字化管理流程，形成加强档案数字化建设的共识，消除信息不对称、信息孤岛、管理壁垒等问题，协同推进档案工作数字化转型。

3.2　管理制度体系不完善

目前，国家已经出台一系列电子文件与电子档案管理相关法律法规，但在管理制度体系建设方面还有待提高。从政策落实角度看，各行业内企业对于引入新技术的推进档案数字化转型的进度存在较大差异，部分企业缺乏经验，不知如何将这些法律法规与公司发展有效结合，亟需行业协会牵头制定具有针对性的指导意见和普适性的技术标准，促进产业上下链交流合作；从制度内容角度看，部分企业已开展试点项目并制定了电子文件单套制归档和管理的规范文件，但仍处于验证阶段，此外，现有管理制度主要是以电子文件为对象，随着数字化转型的推进，相关人员管理等一系列配套文件也需要补充和更新。从数据监管角度看，档案数字化涉及大量的敏感数据，电子化的数据传送效率远远高于纸质文档，目前的制度主要侧重在数据归档、移交和长期存储方面的四性检测和容灾备份，电子数据使用监管体系建设相对滞后，还未形成统一高效的数字化监管网络和技术防范手段，可能导致数据泄露等安全问题。

3.3　人才培养机制有待优化

在企业档案工作数字化转型长期过程中缺的不是技术，而是数字化管理人员。新技术不断迭代，引入技术相对简单，如何让档案人员消化、吸收、利用好技术需要较长的时间。档案作为历史悠久的传统学科，普遍存在人员安于现状的情况，现有的人才考核机制尚不能激励档案人员主动去接触和利用新技术。国企的档案人员在日常培训方面往往忽视了培养员工的数字化思维，缺乏数字化思维的员工无法快速感知市场变化，难以有效利用计算机等工具深入挖掘大数据背后的有用信息[17]。

4　档案工作数字化转型路径与方法

4.1　革新管理，建立体系

在数字化背景下，档案工作的数字化转型是一个自上而下推进的过程，企业需要树立全局观，将档案工作纳入公司数字化整体规划，将档案资源建设纳入数据资源体系建设。公司管理层要根据国家和地方有关政策和指导意见，结合企业实际从顶层设计出发，制定清晰明确、循序渐进、可持续的档案数字化转型目标和路径，根据档案部门的工作特点，制定具体的分步实施计划。树立全程观，实施文档一体化管理流程，从文件形成到归档、查阅、保存实现实时管理。树立系统观，打通各部门系统壁垒，将工作载体从分散应用转为统一平台，搭建企业内容集成管理平台，探索建立跨部门的协作机制，由来自不同部门人员组成数字化项目小组协调各部门之间的需求和反馈，促进信息共享和知识传递，以实现数字化转型的整体效益。

4.2 完善制度，优化人才

为了保障档案数字化项目持续推进，离不开人、财、物三方面的支持，企业除了投入资金以外，还需要在档案数据制度和档案人员的管理方面下功夫。从应用角度看，电子档案数据标准制度的完善和实现档案价值密切相关，要完善电子档案数据著录标准、电子档案分类方案和数字化加工标准，尤其注意版式固化，背景信息、过程信息留存，形成信息证据链，为数据识别和开发奠定基础；建立数字档案长期保存框架策略与容灾备份机制，包含四性检测方案、系统维护方案等，减少数据对于系统和技术的依赖性；重视数据安全和隐私保护，健全电子档案数据安全政策、操作准则和监管制度，明确数据保密范围和用户权限管理，实施全流程数据监督并及时进行风险干预，确保档案数据的安全性、防止数据泄露和滥用。

从人员管理角度来看，要加强档案人员培训制度，培养员工的数字化思维，提高其档案数据价值开发意识。首先，通过组织培训和知识共享活动，增强校企合作，提供必要的培训材料、在线资源和技术支持，帮助档案人员适应数字化变革。同时，在档案人员招聘时，考虑引入具有多元化学科背景的复合型人才，补充新鲜血液。其次，利用跨部门的数字化合作项目让档案人员更好地理解数据在不同领域的应用情况，促进跨部门共同解决数字化挑战。最后，采用多样化的绩效管理体系和反馈机制，更准确地评估员工绩效，及时发现问题，鼓励员工基于数据进行决策，并将数据作为持续改进和创新的依据，使员工主动参与到档案数字化转型过程中。

4.3 技术融合，数据增值

档案数据价值开发的对象是数据，因此档案数据内容质量的高低决定了档案数据价值的可信度。将纸质文件转为电子文件，再把电子文件转换为计算机可以识别、分析和利用的数据过程中需要通过完善电子文件标准、提高数据转化技术、建设信息共享平台等多方面入手提高档案数据内容质量，为档案价值的挖掘与利用做好基础工作。

在大数据科学背景下，档案的价值主要体现在利用数据挖掘技术对海量信息进行深入分析后产生的增值价值。随着知识时代的到来，用户对档案数据的利用需求也在改变，其关注重点从简单地获取文献转向如何从繁杂的信息环境中解析出能解决问题的强相关信息，并将这些信息重组为相应的知识或解决方案[8]。档案数据增值主要通过引入新技术来实现，例如采用文本挖掘、语义分析和垂类大语言模型等探索档案数据之间的关联关系和隐藏信息，通过统一平台实现知识自动采集、推送、智能问答，提供完整的知识管理解决方案，让知识来源于工作，服务于工作，满足用户的不同需求；利用 VR、AR、MR 等可视化技术，促进档案编研智能化和形式多样化，尝试将结构复杂、类型多样的档案数据形成知识图谱，以更为直观的方式呈现，通过知识场景化应用驱动隐性知识显性化，驱动组织发现和知识创新；基于组织知识文档行为、岗位用户画像、业务场景需求，对文档内容进行智能分析，让知识能够智能生成，辅助经营决策。通过加强行业合作和生态建设，汇聚行业智慧攻关难题，研究用户需求并结合新技术，创新档案利用服务方式，全力推动档案数据产品开发和知识服务。

5　结语

综上所述，数字化建设将给档案管理工作提质增效，也将促进国企改革和数字化经济深度融合。虽然目前档案数字化建设过程中还存在很多困难和挑战，但是可以从革新档案管理理念、明确转型目标与路径、完善数据管理制度体系、培养员工数字化思维和创新档案数据服务等方面出发，探索档案数字化转型路径，为国有企业的发展创造更多经济效益与社会效益。

参考文献

[1] 沈寅飞. 国资央企数智化转型需求不断提升企业级 AI 平台或推动加速变革 [EB/OL]. [2024-11-05]. https://baijiahao.baidu.com/s?id=1814242963055818862&wfr=spider&for=pc.

[2] 陈赟. "十四五"国有企业如何引领数字经济发展 [J]. 新经济导刊，2021（1）：48-52.

[3] 杨智勇，桑梦瑶，李华莹. 档案工作数字化转型的驱动因素和推进路径探析——基于 TOED 理论框架 [J]. 档案学通讯，2024（5）：22-30.

[4] 虎杨. "十四五"时期企业档案工作数字化转型的策略探究 [J]. 机电兵船档案，2024（4）：115-117.

[5] 赵琳，李超，张舒. 数字化转型背景下国企档案工作定位与思路研究 [J]. 档案与建设，2023（8）：54-57.

[6] 徐曼. 制造业企业档案工作数字化转型浅析——以生产现场"最后一公里"建设为例 [J]. 浙江档案，2024（9）：53-56.

[7] 蒋术，郑信要，吴润叶，等. 企业档案工作数字化转型路径探析 [J]. 兰台世界，2024（S1）：227-228.

[8] 胡姝姝. 数字转型环境下中小企业文件管理模式研究 [D]. 吉林：吉林大学，2024.

[9] 刘凯亚. 增强现实技术在档案文化遗产领域中的应用研究 [J]. 山西档案，2024（6）：132-134.

[10] 高丹丹. 图像增强技术在人事档案数字化转换中的应用 [J]. 数字与缩微影像，2024（2）：7-9.

[11] 高伟波，徐炳雪，李仲琴，等. 数据科学的可视化恶意软件分析技术在档案数字化安全管理系统中的应用 [J]. 网络安全与数据治理，202443（5）：18-26.

[12] 孔德静. 区块链技术在企业档案信息化管理中的应用 [J]. 现代企业文化，2024（24）：38-40.

[13] 杨帆，王强. 企业数字档案长期保存框架与策略——基于中石油的实践和启示 [J]. 兰台世界，2020（10）：112-115.

[14] 严群，姚慧. 务实推进业务类电子档案管理能力建设——以上海农商银行为例 [J]. 中国档案，2020（12）：58-59.

[15] 高彬娜. 全业务协同数字档案系统建设实践 [J]. 机电兵船档案，2023（5）：32-34.

[16] 邱杰峰，李喆，刘敬仪. 机器人技术在文档智能管理中的应用研究 [J]. 中国档案，2022（9）：68-69.

[17] 彭剑锋. 数字化不仅仅是一种技术变革，更是一场认知与思维革命 [EB/OL]. （2018-08-22）［2024-11-04］. https: //baijiahao.baidu.com/s?id=1609469479968222394&wfr=spider&for=pc.

作者简介

施亦龙（1988—），女，中级经济师，主要研究方向：档案数字化转型、档案管理等。E-mail: shiyilong@snerdi.com.cn

Exploration of the Digital Transformation Path for State-owned Enterprise archives management with New Technology

SHI Yilong

（Shanghai Nuclear Engineering Research& Design Institute Co.,
Ltd., Shanghai 200233，China）

Abstract：With the rapid development of information technology and the rise of the digital economy，digital transformation has become an inevitable path for the development of enterprises，and state-owned enterprises are also vigorously carrying out and upgrading digital transformation. Archives not only record the history and development of an enterprise but also contain the core competitiveness of it. Strengthening archive management and making full use of digital technology to leverage the value of archives will actively promote the scientific and technological innovation and sustainable development of the enterprise. This paper first briefly describes the current status of digital transformation in the management of state-owned enterprise archives and the application of new technologies，then summarizes the difficulties and deficiencies in the transformation process，and at the same time puts forward corresponding suggestions for improvement，in order to effectively enhance the digital transformation of archive management to fan out from point to area，promote the digital transformation of state-owned enterprises.

Keywords：reform of state-owned enterprises；archive management；digital transformation

浅谈核电企业电子文件单套制归档

戴 玲

（上海核工程研究设计院股份有限公司，上海市 200030）

摘 要： 当今时代，互联网技术飞速发展，核电企业产生的数字文档以指数级增长，电子文件单套制归档已呈必然趋势。本文从国家层面、集团层面首先介绍电子文件单套制归档已不可逆转，分析核电企业电子文件单套制归档面临主要挑战，提出电子文件单套制归档保障措施，介绍实施电子文件单套制归档可由点及面，先行在某类别电子文件中开展试点工作，最后通过实例简单介绍了电子文件单套制归档实施具体方案措施。

关键词： 电子文件；单套制；归档管理

0 引言

当今时代，互联网、大数据、云计算、人工智能、区块链等数字技术不断进步和发展，推动数字中国、数字政府建设，各个领域在管理理念和模式上不断创新发展，国家能源局在 2020 年 6 月的《关于加强核电工程建设质量管理的通知（征求意见稿）》中，明确要求深入研究推广信息化、智能化、大数据等新技术在核电工程建设管理中的作用，统筹建设共享高效的信息管理平台和"智慧工地"，提高建设项目管理信息化、智能化水平，更好地保障工程质量。作为核电工程项目总承包单位，积极推进现场各项工程管理智能化建设，包括积极推广设计图纸、操作规范、施工方案等电子化，面对信息化发展中电子文件数量激增的现状，电子文件双套制已不再是理想的归档方式，智能化地"收、管、存、用"电子文件单套制归档已成大势所趋。

国家层面在《全国档案事业发展"十四五"发展规划》等多份政策文件中强调，要加快档案资源数字转型，加强国家档案数字资源规划管理，逐步建立以档案数字资源为主导的档案资源体系，加强电子文件归档和电子档案移交接收。强化各领域电子文件归档工作，着力推进在业务流程中嵌入电子文件归档要求，在业务系统中同步规划、同步实施电子文件归档功能，保障电子文件归档工作广泛开展，切实推动来源可靠、程序规范、要素合规的电子文件以电子形式单套制归档。2021 年 1 月 1 日开始实施的新《中华人民共和国档案法》第三十七条明确规定符合"来源可靠、程序规范、要素合规"的电子档案与传统载体档案具有同等效力，电子形式可以作为凭证作用。这是我国第一次以国家法律的形式规定电子档案的法律效力，为电子文件单套制管理提供了司法保障。

集团公司在《集团"十四五"档案工作专项实施方案》中也提出要将档案数字化移交行动作为八个优先行动之一，以二维电子档案作为数字化移交对象，开展文件级档案数字化移交试点工作，2023 年档案工作要点中提出要启动数字档案馆二期建设，开展基于区块链的核电档案数字化移交试点工作。

1 电子文件单套制归档含义

电子文件单套制归档，即按照既定方法对电子文件进行管理，实现电子文件管理流程和业务流程的交接，利用信息技术在电子文件整理完成后，直接进行移交归档的过程，其归档管理模式贯穿于文件形成到文件保存整个生命周期，是一种全程监控式运行模式。电子文件单套制归档管理后，不再将电子文件转换为纸质文件或者缩微胶卷同时归档，仅以电子文件形式进行归档和管理。

2 电子文件单套制归档优势

实现电子文件单套制归档管理，使文件从生成到最终归档保存或利用都处在电子系统流转过程中，不仅可以完整保留电子文件内容、结构、背景信息，具备档案原始属性，具有档案凭证效力，也是顺应文档一体化及无纸化办公的必然选择，提高电子文件管理规范性，保证电子文件质量要求。电子文件单套制归档也可以简化传统纸质文件与电子文件并存的复杂流程，提高档案管理效率，同时也减少纸质文件打印、存储和运输成本，降低企业的运营成本。数字化的存储，也使得电子文件易于检索和共享信息，提高了信息的利用效率和价值。

3 核电企业电子文件单套制归档面临主要挑战

3.1 缺少顶层战略规划

近些年，核电企业先后开展数字核电、智能核电、智慧核电建设，数字化核电将核电设计、制造、建设和运营全过程通过计算机环境来实现，产生大量的核电数字文档。这些电子文档是核电工程建设档案的重要组成部分，具有查考利用价值，很大程度上也直接影响着核电建设工程质量，但各业务系统产生大量的电子文档，独立建设，没有和档案部门进行充分沟通，系统建设中也没有长远考虑电子文件归档问题，缺乏统一的有效管理，没有将电子文件归档纳入单位的信息化建设规划中，归档工作与企业的整体信息化战略不相协调。

3.2 电子文件管理制度规范落后

电子文件归档是电子文件管理前端即电子文件形成阶段的最后一个环节，属于业务活动的一部分，涉及电子文件及元数据清点、鉴定、登记等主要环节工作，因此在电子文件管理中，不仅需要先进的技术手段，还要建立一套完善的管理制度、管理流程，两者相辅相成，共同保证电子文件和档案长期保存和有效利用，但现阶段各类电子文件管理的制度规范相对落后。

3.3 如何保证电子文件真实可信存储安全

电子文件归档管理需要确保电子文件从产生、收集、整理到长期保存的过程中，保持其真实性、完整性、可用性和安全性，管理要求涵盖文件格式、元数据管理、归档流程、存储与备份、安全防护、系统维护、法规遵从、利用与服务等多个方面。如何确保其管理体系安全、完整、合规，长期存储，符合国家关于电子文件归档与管理的法律法规和标准，是需要面对的技术挑战。

3.4 档案人员素质难以适应电子文件归档要求

电子文件单套制归档，对档案人员提出更高要求，必须加强电子文件归档工作队伍建设，选拔具备 IT 专业知识和档案管理实践经验的人员担任，提高其业务水平和创新能力。现阶段，一些核电企业相关管理人员专业技术培训不到位，员工信息技术能力较弱，难以适应单套制归档管理的新要求。

4 实施电子文件单套制归档重要保障举措

电子文件单套制归档，是顺应时代发展必然结果，也是档案工作者面临的重要机遇，只有迎难而上，全面融入信息化管理的新时代。核电企业现阶段实施电子文件单套制归档应从以下几方面着手：

4.1 强化组织领导，优化业务系统和档案管理系统

依托智慧核电建设、数字核电建设的机遇，企业档案主管部门应向公司分管信息化建设管理者提出要加强组织领导，将电子文件归档管理纳入企业信息规划，成立以公司主管档案工作公司，分管领导作为电子文件管理项目组长，各级业务部门都要充分认识到电子文件也是信息资产，具有凭证作用，强化档案主管部门的职能，制定专项实施方案，保障预算投入，统筹各业务系统建设与档案管理系统之间建立规范化的数据接口，各业务部门配合，协同工作方式推进系统接入，最终实现单套制归档。

4.2 提升档案人员能力，培养复合型人才

电子文件归档管理，需要档案人员对电子文件四性保障技术充分了解和实际应用，需要全面提升电子档案管理人才的素养和技能，鼓励企业制定专项档案数字化人才计划，培养一支高水平、高素质、复合型档案人才队伍，积极探索高效灵活的档案信息人才引进、培养、评价和激励政策，保障企业电子档案工作有序、高质量开展。

4.3 强化技术能力，保障档案安全

核电企业应深入研究行业发展的趋势和动态，强化技术应用，通过四性检测技术、电子签名技术、可信时间戳技术等保障电子文件真实、完整、可用。在其管理和利用环节，密切关注和分析人工智能 AI、区块链、大数据、物联网等新技术与核电档案管理融合发展，解决

工作的难点和挑战，采用先进的存储技术和安全策略，确保电子文件长期保存和安全性。

4.4 建立健全电子文件单套制归档企业电子档案工作规范

核电行业电子档案工作需要依法开展，应充分发挥新修订的《中华人民共和国档案法》作用，不断完善核电行业内、企业内电子档案管理标准规范建设，标准化程序规范建设是组织现代化生产的重要手段，是科学管理重要组成部分，没有标准化，就没有专业化，也就没有高质量、高速度推进电子档案单套制归档工作。企业应开展电子文件归档方式、归档范围、归档格式、元数据管理、系统接口、电子文件安全保管技术标准等方面制度建设，确保电子文件归档后，电子文件真实完整、具有凭证效力和长期可用。

4.5 构建核电知识管理系统

企业应从生存发展长远考虑，构建核电档案数字化的知识管理系统，实现文档信息的互联互通和全面统一的数字化管理，这有助于提高电子文件的利用效率和价值，促进核电领域的信息化发展。

5 电子文件单套制归档具体实施方案

电子文件单套制归档管理是一项整体性、系统性工作，企业可先行在某一类文件归档中开展试点和实践工作，由点及面展开。首先可筛选出工作文件在归档范围内的业务系统，不在归档范围内可以不作考虑，再从中筛选出初步具备电子文件归档条件的业务系统，逐一验证，找出具备实施条件系统，并在此基础上，以"文件产生量大、需要纸质打印或线下流转，且流转过程繁琐"为标准，作为优先开展电子文件单套制归档的试点单元，按照单套制归档要求开展业务系统管理流程、归档流程的升级改造，使其具备电子文件单套制归档条件。示例：针对某核电企业在业务系统中形成的原生型电子文件，采用"电子签章（PDF 格式）+四性检测+整理组卷+数据封装"模式（见图 1），以 PDF 格式和 XML 格式的数据包封装提交，完成归档工作。此技术是较为成熟、实用、可靠和高性价比的技术方案。通过加强技术保障，制定科学合理的资源建设及管理规划，完善管理制度及采取有效风险应对措施策略，确保电子文件归档满足"来源可靠、程序规范、要素合规、安全管理"要求。

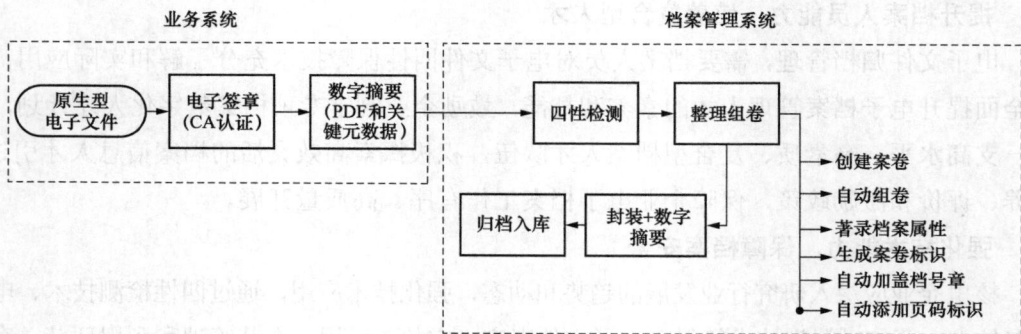

图 1 电子文件归档入库流程图示例

按照 DA/T 28《建设项目档案管理规范》、NB/T 20523《核电文件档案管理要求》相关要求，目前核电企业产生的项目建设工程技术文件分为全流程线上流转、部分流程线上流转、线下流转三类。单套制归档工作以全流程线上流转业务系统产生的工程技术文件作为试点内容，推动工程技术文件单套制归档、入库及移交业主工作。

电子文件产生阶段主要集中在前端各业务系统平台上独立运转，流程完成后，通过系统接口统一传递至文档管理系统归档入库，实现闭环管理，产生阶段可采用第三方 CA 认证电子签章、数字摘要等技术来保障电子文件"来源可靠、程序规范、要素合规"的管理要求。

5.1　电子签章技术

电子签章技术，是指业务系统中电子文件在其流程生效或归档时自动加盖电子印章，体现组织认可，保障其在脱离业务系统后不被篡改、不可抵赖，电子签章系统及签章认证服务采用第三方产品，符合《中华人民共和国电子签名法》要求"可靠的电子签名与手写签名或者盖章具有同等法律效力"。

5.2　文件格式要求

核电企业电子文件归档一般以通用格式 PDF 格式进行归档和存储，声像档案、实物档案、焊接见证件、射线胶片等归档除外，但一些政工类简报或宣传类材料，企业在归档时也可考虑增加 PPT 版本同时归档，便于后期档案查询利用。

5.3　四性检测要求

参考 DA/T 70《文书类电子档案检测一般要求》，在文件归档环节，布置四性检测平台，对电子档案的真实性、完整性、可用性、安全性进行检测，并与归档业务流程结合，验证不通过的文件无法继续归档组卷。同时，对归档的文件和元数据信息形成数字摘要值，验证在不同阶段，文件的真实性和完整性。

5.4　元数据及封装

元数据是描述电子文件、电子档案的内容、结构、背景及其整个管理过程的数据。参考 DA/T 48《基于 XML 的电子文件封装规范》要求，采用 XML 语言，即以件为单位对电子文件元数据进行独立封装，所形成的封装包中不包含电子文件，仅包含封装包描述信息、电子签章、机构人员实体元数据、业务实体元数据、文件实体元数据、附件集合及其他元数据等。元数据信息可参考 NB/T 20418《核电电子文件元数据》、DAT 70《文书类电子档案检测一般要求》相关要求。

电子文件单套制归档工作，后续还面临文件长期存储问题。目前，核电行业内集团公司都建立了数字档案馆，有较为完备的数据备份机制，按照集团的统一备份策略，实施在线数据备份，以满足各企业电子档案长久保存的需要，同时也采用蓝光存储系统用于数字档案馆中数据的近线离线备份，确保归档电子文件数据安全。核电企业内部进行线下备份电子文件、目录数据等，确保在极端情况下档案利用。

核电企业在开展电子文件单套制归档试点时，应遵循 DA/T 92—2022《电子档案单套制管理一般要求规定》，在制定好实施方案后，首先应在本单位内部组织开展自评，通过后再向同级档案主管部门提出评估申请，由档案主管部门或者其认可具备电子档案管理评估能力机构进行评估，通过后开展企业电子档案单套归档较为稳妥，并且每三年还要进行至少一次复评。

6　结语

核电企业电子文件单套制归档是档案管理专业领域一项重大革新，具有深远意义，随着信息化时代的到来，电子文件数量以指数增长，如何更好地实现电子文件归档及归档后的管理，已成为企业必须面对的课题，作为一名档案工作者更需要与时俱进，推动企业文档领域的信息化发展，提高档案管理的现代化水平。

参考文献

［1］中国核能行业协会. 核电工程建设质量提升指导手册第八篇电子档案篇［M］. 2024.

［2］李玉灵. 核电领域电子文件单套制研究［D］. 四川：四川大学，2023.

［3］电子档案单套管理一般要求：DA/T 92—2022［S］. 北京：国家档案局，2022.

作者简介

戴　玲（1973—），女，副研究馆员，主要研究方向：核电项目文档管理。E-mail：dailing@snerdi.com.cn

A Brief Discussion on Single-Set Archiving of Electronic Documents in the Nuclear Power Enterprise

DAI Ling

（Shanghai Nuclear Engineering Research & Design Institute Corporation Ltd., Shanghai 200030，China）

Abstract：In the current era of rapid development of internet technology，nuclear power enterprises are generating digital documents at an exponential rate，making the single-set archiving of electronic documents an inevitable trend. This article first introduces，from both the national and corporate levels，the irreversible nature of single-set archiving for electronic documents. It then analyzes the major challenges faced by nuclear power enterprises in implementing single-set archiving for electronic documents and proposes corresponding safeguard measures. Finally，through practical examples，it illustrates how the implementation of single-set archiving for electronic documents can be approached incrementally，starting with pilot projects for certain types of documents，and briefly outlines the specific plans and measures for implementing single-set archiving of electronic documents.

Keywords: electronic document; single-set; archiving management

基于 OCR 识别技术的项目文件审查应用实践

袁佳燕

（上海核工程研究设计院有限公司，上海市　200030）

摘　要： 探讨了基于 OCR 识别技术在项目文件审查中的应用实践，以设计文件审查为例详细阐述了文件规范性审查管理现状，以及利用 OCR 识别审查的可行性。本文通过审查平台建设的案例，介绍了该技术在提高核电设计文件审查效率、提升设计文件控制管理水平的显著优势可推广意义。同时，也指出该了核电项目管理中仍存在较多的多源性文件，需要引进智能审查模式提升管理效能。研究表明，OCR 识别技术能够显著提升项目设计文件审查的质量和效率，提供了项目文件智能审查的思路，也为文件管理的标准化、智能化发展带来了新的实践思路。

关键词： 核电；文件审查；OCR

0　引言

笔者所在单位的主营项目管理业务包含核电项目的总承包管理。项目严格遵循国家标准及核安全法规中对于文件和记录的管控要求，配置了专业的文档团队实施文件从形成到归档的全生命周期管理，管理对象包括设计图纸、施工方案、设备文件、质量报告等文件类型。

近年来，核电项目建设迎来高峰，文件数量成倍增长，而传统的人工检查效率已然不能适应项目高效流转的需求。为构建文档管理的新质生产力，笔者所在文档管理团队积极探索文件审查的数字化转型路线，以设计文件作为试点类型，在文件的"入库审查"环节引入文档规范性智能检查，以求高效、精准辨识设计文件入库前的规范性问题，提升工作效率和设计文件质量。

1　文件规范性审查管理现状

核电项目中设计文件输出的无纸化程度较高，具体由设计人员在客户端采用无纸化规范模板编制而成，经审批、签字后输出原生型的 PDF 格式非结构化电子文件。设计文件入库流程的示意图详见图 1。

文控人员 2 次介入设计文件审批流程（简称"文件入库流程"）进行的审查，分别针对文件内容规范性、内容与系统数据的一致性以及签名印章的规范性展开。根据文件图幅

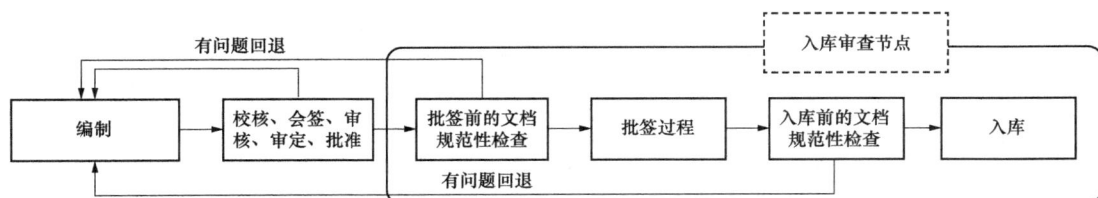

图 1　文件入库流程示意图

大小、页码张数以及文控操作熟练程度的差异，单份文件的审查耗时在 5～10min 不等。参考某项目高峰期的单月设计文件入库数量，处置要求时间投入将是原先的 3 倍有余，且在文件量巨大的情况下，人工审查质量存在很多不确定性，因此引进智能审查工具既是顺应了项目文控工作的实际需求，也是文控数字化转型的必经之路。

2　文件智能审查技术路径

现有 OCR 技术是一种将图像中的文字转换为可编辑、可搜索文本格式的技术。因为文档图像通过光学成像获取，所以文字识别或文档识别又称为光学字符识别（optical character recognition，OCR）。在文档管理、合同审查、数据录入、知识产权保护、审计等多个领域应用，对硬件配置要求不高。同时，信息系统原生型设计文件具有模板标准、清晰度高的特点，且制度文件中已明确规范性审查要求和检查要素清单，给 OCR 智能审查提供了良好的实施条件。

根据文件入库流程的设计特点，为了对主体业务不产生负面影响，智能审查在文控"入库审查"节点接入，在"批签前"和"批签后"实施 2 次审查，审查内容不交叉、不重复。

3　文件智能审查实现步骤

区别于传统的人工审查，智能审查需建立在精准识别、准确比对、友好输出的基础上。为确保系统精准识别到文控日常检查项的位置，只需在原检查要素清单的基础上重新细分——按文件类型分别梳理审查区域、审查项，确认比对阶段，形成表 1 清单。

表 1　　　　　　　　　　　设计文件规范性审查（主要内容）清单

文件类型	审查区域	审查项	比对阶段
设计变更单	图签栏	电子签名	批签后
	图签栏、编码栏	空值填写情况	批签前
图纸	图签栏、会签栏	电子签名	批签后
	图签栏、会签栏	空值填写情况	批签前
	图签栏	版本、日期、历版信息	批签前
图样目录	图签栏	电子签名	批签后
	图签栏	空值填写情况	批签前

续表

文件类型	审查区域	审查项	比对阶段
图样目录	图签栏	版本、日期、历版信息	批签前
	目录清单	数量、编码、版本、图幅、张数等	批签前
文件（说明书、规格书等）	封面、扉页	电子签名	批签后
	封面	日期、版本、QC审查	批签前
	封面、扉页	空值填写情况	批签前
	修订页	编码、开口项信息	批签前
	页眉	页数	批签前

3.1 审查平台的建设

文控人员在文件入库系统接收待办审查任务，调取运行"智能审查模块"，在该模块中确认并保存审查结果，再回到原平台将异常情况反馈给责任工程师修改，待工程师重新提交文件并重新执行智能审查，直至文件无异常入库。

为保障业务审批流程的正常运转，文件智能审查平台（简称"中台"）需独立运行，并提供友好的展示操作界面。

中台包含了图像识别、逻辑比对、数据统计和数据共享4个子模块，中台比对界面包括审查页面展示、审查意见处置、审查数据统计，架构样式如图2所示。页面展示内容包含原始文件页面展示、OCR转化页面展示及标识；审查意见处置区域使用表格样式呈现，包含问题分类和错误描述，可供文控复核确认和意见一键汇总；数据统计展示主要问题的占比和趋势，提供经验反馈和持续改进的数据来源；数据共享指识别记录和审查结果的共享和存储，用于设计过程管理的改进和提升，也为人工智能技术的后续引入奠定基础。

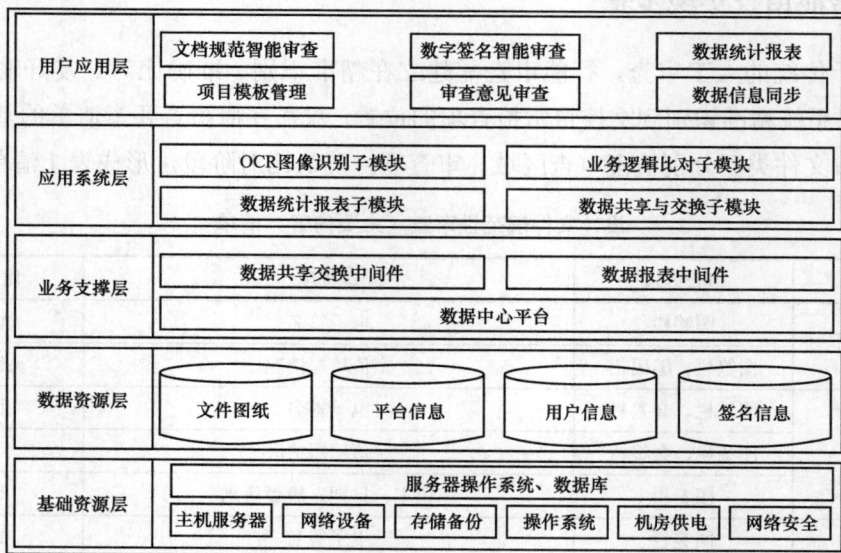

图2 中台功能架构框架

3.2 文件识别和比对

文件的识别是智能审查工作的基础。文控人员实施的规范性审查聚焦于图纸的图签栏、会签栏以及文件的封面、扉页、页眉等区域，如若对图纸和文件的所有内容进行 OCR 识别，存在耗时过长、识别精准度低且结果内容冗余的问题。因此，切割文件识别区域显得尤为必要。

识别区域切割基于文件不同幅面开展。设计文件图幅尺寸较多、存在横版和竖版情况，且使用不同软件产生的相同幅面也会存在审查区域坐标偏差，因此需要收集设计文件的所有模板进行分析，并根据识别要求判定切割原则。

图像切割完成后，需对图像进行预处理，包括几何变换、畸变校正、去除模糊、图像增强和光线校正等。对于自带旋转值的页面，使用 Python 进行坐标转换以便找到需识别的区域；对于连续字符序列分割成单独的单元，以便对照接口信息进行比对；对于空格空行、I/O 等相似字符实施容错机制，降低误报率，以便实施正则匹配。

文件规范性审查的比对方法主要有 3 种，包含单一逻辑判断、与系统数据的一致性判断和上下文一致性判断。系统根据文控提供的逻辑判断类型和依据内容，完成比对，并输出比对结果，见表 2。

表 2 　　　　　　　　　　　　　文件规范性审查比对方法

比对方法	适用场景	案例
单一逻辑	批签前，自动带入属性栏的填写情况	批准日期、编审批人名等
数据一致性	与文件属性一致性	编码、版本、标题、密级等
	与关联信息一致性	图样目录所辖图纸清单、会签人数等
上下文一致	页码	页码的连续性，总页码计算正确性等

智能审查平台能够将审查记录储存到 mysql 数据库，并能够针对一段时间内确认的问题，按问题类别、文件类型、项目等多维度形成问题分析报表，为文件审查规范性管理提供数据支持，见图 3。

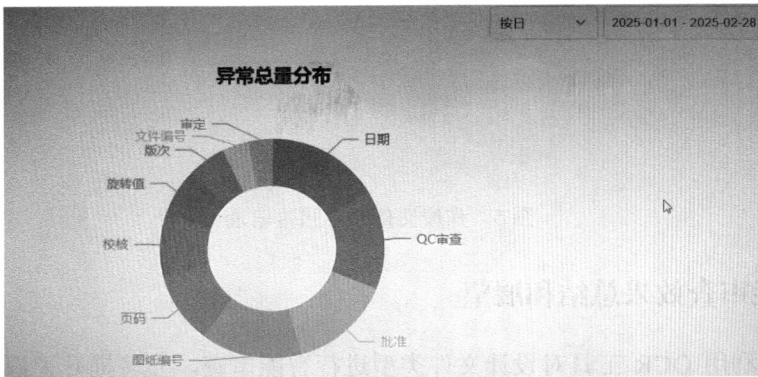

图 3 　数据统计表

3.3 审查结果反馈

文件入库流程到达文控"入库审查"节点时，文件被推送至中台实施审查，审查完成后返回结果至文件入库流程。文控人员可在文件入库流程的任务查看界面筛选查询中台审查结果（"未检测、已检测无异常、已检测有异常"），点击打开具体任务，通过链接跳转至中台查看细节。文件入库流程也可将中台已检测无异常的文件条目自动触发后续流程，加快流转效率，见图4。

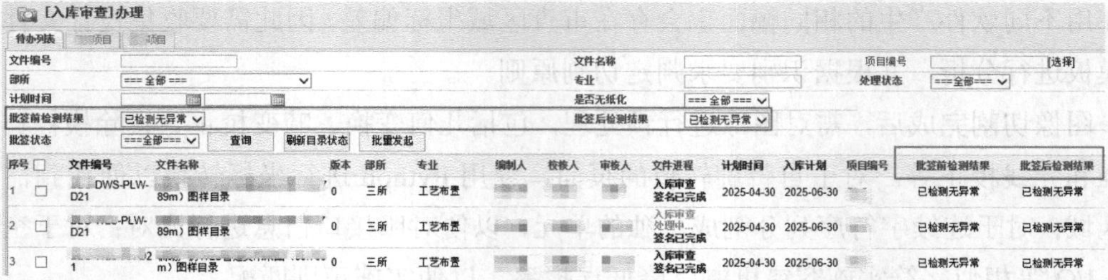

图4 文件入库平台查询智能审查结果

3.4 数据保存和利用

中台在实施文件规范性智能审查任务的同时，对审查结果数据予以保存，作废后续实施 AI 智能审查的基础语料库。同时，对设计文件管理的的重要数据进行记录，协助设计控制管理水平的提升。笔者团队尝试对作废的图纸条目进行接口回传（见图 5），并将其与文件作废申请流程联动管理，确保图样目录中确定应作废的图纸均已触发作废申请流程，避免作废流程滞后对施工和制造带来的影响。

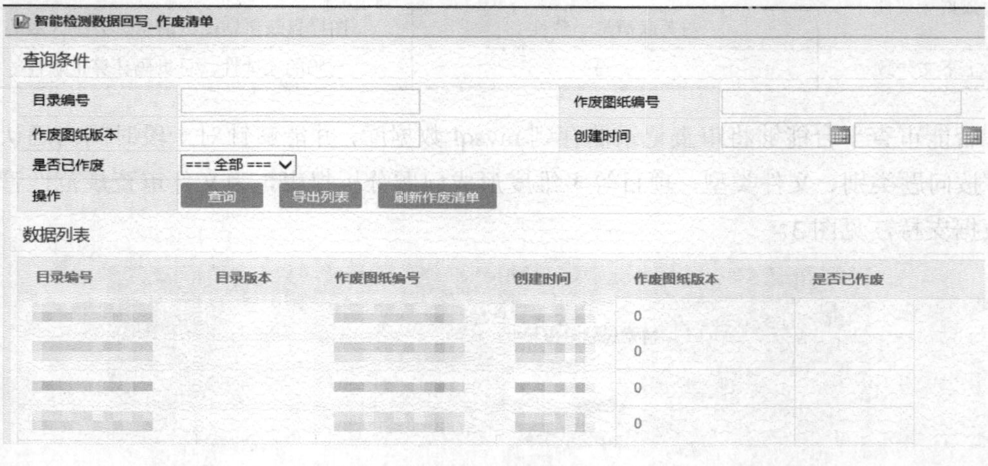

图5 作废文件清单回传记录

4 文件智能审查效果总结和展望

经实践，利用 OCR 工具对设计文件类型进行智能审查，显著提升了识别准确性，大大减少审查时间；其数据双向传递的功能，能够帮助反向提升设计文件的管控能力。

4.1　审查效率提升

中台的日处理能力达到 18000 页（折合 A4 幅面）以上，处理时间达到 300ms/页，满足核电项目群堆建设模式下高负荷运转要求。

基于检测结果累计数据，根据不同类型检测项和检测难度的不同，审查准确率在80%～95%，但同时很好地弥补人工实施难度较大的关联信息一致性审查困难。文控人员可在文件入库平台快速筛选得到可信度较高的检测结果，单份文件审查时间 5min 左右，大大提升了审查效率。

4.2　设计文件控制能力增强

通过作废图纸编码、版本数据的回传，联动触发作废申请流程验证流程，确保图纸作废与图样目录生效的同步管理，显著提升图纸文件作废管控的及时性，增强设计文件的控制能力。

利用 OCR 工具对设计文件实施的规范性智能审查，是基于模版样式相对固化和规范的企业内部文件类型开展的，对同类文件审查需求的单位具有较高的推广性。然而，设计文件的全流程控制中，审查要素远远大于使用的范围，还需进一步评估其他要素的适用性，如标准、项目基础信息等的检查内容，将设计文件类型的智能审查做深、做透。与此同时，核电项目存在数百个接口单位，项目全周期需要实施数万计的外来文件规范性审查，而外来文件多为非结构化的不固定表式文件，需要利用更多的新技术（如 AI 人工智能大模型）解决此类问题。将基于实际业务需求，继续拓展新技术的应用，对各类表式的文件开展智能审查，形成文控领域新质生产力，推动文件控制的高质量发展。

参考文献

[1] 刘成林，金连文，白翔，等. 文档智能分析与识别前沿：回顾与展望 [J]. 中国图象图形学报，2023，28（8）：2223-2252.

[2] 达观数据. 智能 RPA 实战 [M]. 北京：机械工业出版社，2020.

作者简介

袁佳燕（1987—），女，馆员，主要研究方向：项目文件控制、档案管理。E-mail：yuanjiayan@snerdi.com.cn

Project Document Review Practice based on OCR Recognaition Technology

YUAN Jiayan

（Shanghai Nuclear Engineering and Research Design Institute，Shanghai 200030，China）

Abstract: This article explores the application practice of OCR recognition technology in project document reviewing. Take design documents reviewing as an example, it introduces the current situation of formative review management and elaborates the feasibility of OCR recognition technology in the field of document reviewing. The author introduces the significant advantages and promotional significance of this technology in improving the review efficiency of nuclear power design documents and enhancing the control and management level of design documents through the case of the Document Review System construction. At the same time, it is also pointed out that there are still many multi-source documents in the nuclear power project management, and it is necessary to introduce an intelligent review model to improve management efficiency. Research shows that OCR recognition technology can significantly improve the quality and efficiency of project design document review, provide ideas for intelligent review of project documents, and also bring new practical ideas for the standardized and intelligent development of document management.

Keywords：nuclear power；document review；OCR

从传统文档移交到数字化移交的思考与实践

朱佳杰，郭林越

（上海核工程研究设计院股份有限公司，上海市　200233）

摘　要： 随着互联网和信息技术的快速发展，全球经济正经历着数字化转型。这一转型不仅涉及互联网企业，也扩展到了传统行业，如制造业、能源、交通等。在这一大背景下，信息的存储、处理和传输方式发生了根本性变化。项目业务数字化带来的文件信息全面电子化对项目电子文件归档管理的内容、形式提出了更高的要求。伴随着载体对象的变化，文档管理领域也正经历着从传统纸质文档移交到数字化移交的深刻变革。本文旨在探讨这一转变的必要性和机遇，并根据目前已有的实践基础提出实施文档数字化移交的有效策略及展望。

关键词： 文档移交；数字化移交；文档数字化转型；单套制；三维模型归档

0　引言

随着信息技术的飞速发展，特别是"大云物移智链"等新兴数字技术的崛起，核电项目设计、采购、施工、调试、运行数字化全面推进，为数字化移交提供了技术基础。国内外标准化组织与核电企业对核电数字化发展做了大量研究，带动了核电工程技术和项目管理水平的整体提升，智慧工地、数字化移交等内容也已明确纳入项目管理要求，在项目总承包合同中已约定实施工程项目数字化移交，在此基础上，基于数字化技术的项目全生命周期一体化交付也成了总承包方向业主进行工程移交的主流发展趋势，实现在移交一个物理工厂的同时，移交一个完全一致的数字孪生电厂，服务于电厂运营维护。而归档的文件（包括二、三维文件）与数据，成为数字化移交中的主角之一。目前，从文档角度出发对文档数字化移交的研究与讨论主要聚焦在电子档案单套制移交上，而对于工程项目的数字化移交又鲜有聚焦文档移交的研究视角。本文将从具体的实践案例出发，以核电项目数字化移交中的文档数字化移交为例，探讨项目文档数字化移交的转型方向及展望。

1　文档数字化移交的背景与意义

文档数字化移交一方面可以被视为数字化移交的一种形式，比如近年来迅速发展的电子档案"单套制"管理与归档移交。这种归档移交模式强调的是只以规范的数字化信息进行传递，与数字化移交的概念相吻合。另一方面，文档数字化移交不仅是应用数字化手段

185

对传统档案移交管理流程的再造，其移交的内容更是整个项目数字化移交的关键组成部分。数字化移交的内容可以按数据形式划分为结构化的数据/信息和非结构化的文档，其中非结构化的文档主要参考的就是传统项目竣工文件的移交范围，而数字化移交所需部分数据也需要从非结构化的文档中利用新的技术手段进行提取、清洗。可以说，文档的数字化移交也是整个项目数字化移交的重要基础。

1.1 项目文档移交的传统做法及其局限性

随着信息技术的发展，越来越多的文件在线上产生、流转，各种类型的电子文件大量形成，原生电子文件的范围不断扩大，逐步替代纸质文件成为主要的记录工具和知识载体。目前，核电项目工程设计文件、信函、会议纪要计划、报告、方案等管理类文件均已实现文件形成、流转全流程在线完成。同时，在项目建设过程中产生的三维设计文件、数码照片、音视频等特殊载体档案也仅以电子文件形式存在。

在此形势下，核电项目仍主要采用纸质+电子双套制归档的方式。系统原生的电子文件也需要以其 PDF 原文作为电子副本归档，文件生成元数据未与 PDF 原文同步归档。项目电子文件的整理在总承包方文档系统内完成后打印纸质文件，自检合格的待归档项目文件由总承包方通过信函传递至建设单位，建设单位审查合格后在其文档系统内进行著录、挂接电子文件等后续操作。

随着项目的持续推进，归档文件的数量日益庞大。继续电子文件和纸质文件双套移交，一方面库房和人力资源的投入成本越来越大，另一方面原生型电子文件打印出纸质文件归档并不会更好地体现档案的凭证价值，反而会增加归档文件元数据不完整和缺件的风险，不利于交付和验收。

1.2 数字化移交的必要性和发展趋势

2021 年 6 月，中共中央办公厅、国务院办公厅印发了《"十四五"全国档案事业发展规划》，将"档案信息化建设再上新台阶"和"档案工作基本实现数字转型"写入发展目标，并体现在各项具体任务之中，数字转型已成为助力档案事业高质量发展的重要引擎。而在核电建设项目数字化转型的过程中，电子档案的管理对象从二维文件逐步向三维模型、智能图纸、数据和二维文件的关联逐步转变。随着这些数据载体的变化，目前的双套制移交方式也正逐步发展演变为数字化移交模式。采用数字化移交，能够在移交内容和移交形式上产生巨大变革。数字化移交在内容上增加了三维模型、智能图纸、结构化工程信息和文档，在形式上突破性地以面向工厂对象的管理方式，将各类对象和数据文档进行关联，对 EPCS 各阶段成果进行数字化梳理和呈现。项目建设单位通过数字化交付，得到一座全面有序的数字电厂数据底座，数据资产应用效率显著提升，且为后续运行期的智能应用场景提供高质量的数据基础，满足核电厂全生命周期数字化移交与管理，形成业务的一体化、专业化和集约化发展模式。

2　文档数字化移交的应对与实践

2.1　文档数字化移交应对思路

项目数字化移交不仅仅是一个模型、资料和数据收集和移交的过程，它重点研究解决核电工程建设各参与方，如何能够及时采集需要的数据，确定各阶段需要移交的内容，并按照要求进行移交，根据规则对数据进行各项校验，保证数据质量，使数据在核电厂全生命周期充分有效地发挥作用，同时也为在运电厂的信息化建设提供数据整理和加工的参考。根据项目数字化移交的范围与目标，上海核工院从二维文件单套制移交与三维电子文件归档两个方面分别研究、推进，形成了一套二维电子文件与三维电子文件同步归档的归档思路与做法。

文档数字化归档移交示意图如图 1 所示。三维模型经过模型创建、设计与固化、模型出图、竣工模型固化后进入 3DEDMS 平台，包含结构化数据；二维电子文件同样经过编制计划、编校审批、检查发布及归档移交后进入 3DEDMS 平台，包含智能 P&ID 图。三维电子文件在平台中进行中性格式转化、轻量化展现，同时对三维和二维文件进行数据挖掘与分析，通过大数据检索功能实现整个模型、智能 P&ID 图、结构化数据、二维文档的多维度应用。

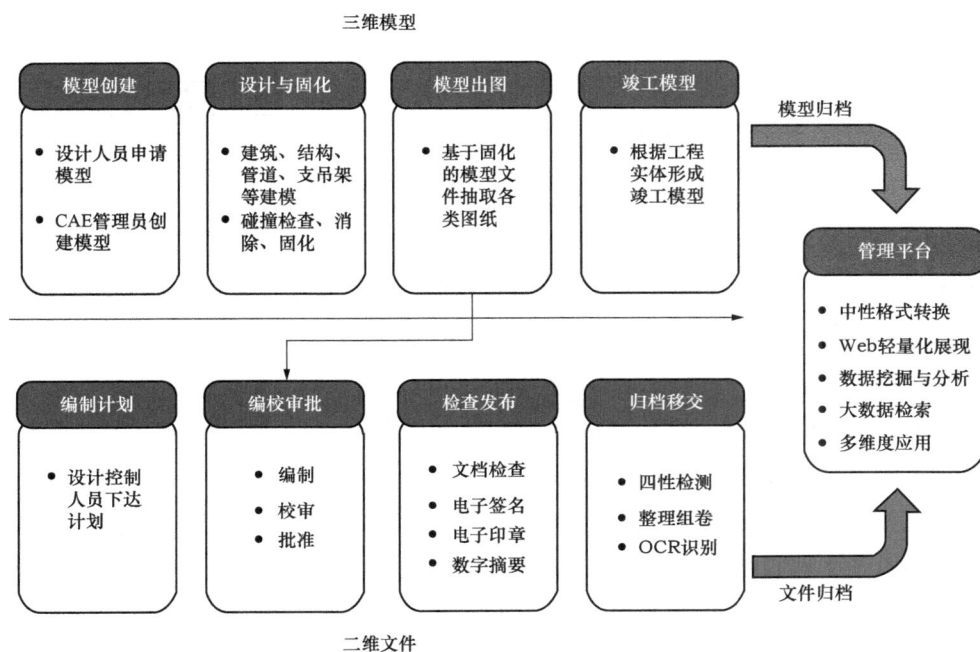

图 1　文档数字化归档移交示意图

根据此思路，将文档数字化移交转型的工作分为二维电子文件的单套制移交及三维电子文件归档两个部分分别实施，基于电厂设施对象建立关联关系后最终融入整个项目数字化移交平台中。

2.2 电子文件单套制移交的实施

依 2020 年《中华人民共和国档案法》 第三十七条规定："电子档案应当来源可靠、程序规范、要素合规"。来源可靠、程序规范、要素合规，这实质上是提出了电子档案收集、整理应当遵循的基本原则。为达到电子文件移交来源可靠、程序规范、要素合规的要求，单套制移交重点对移交流程和技术实现两个方面进行了研究，形成了"电子签名+电子印章+四性检测+智能组卷+元数据封装+区块链+RPA+长期存储"的一体化移交方案。

在整个移交归档流程中，采用了电子印章、数字摘要、四性检测、封装、区块链等多项技术手段来保障整个移交过程来源可靠、程序规范、要素合规，如图 2 所示。

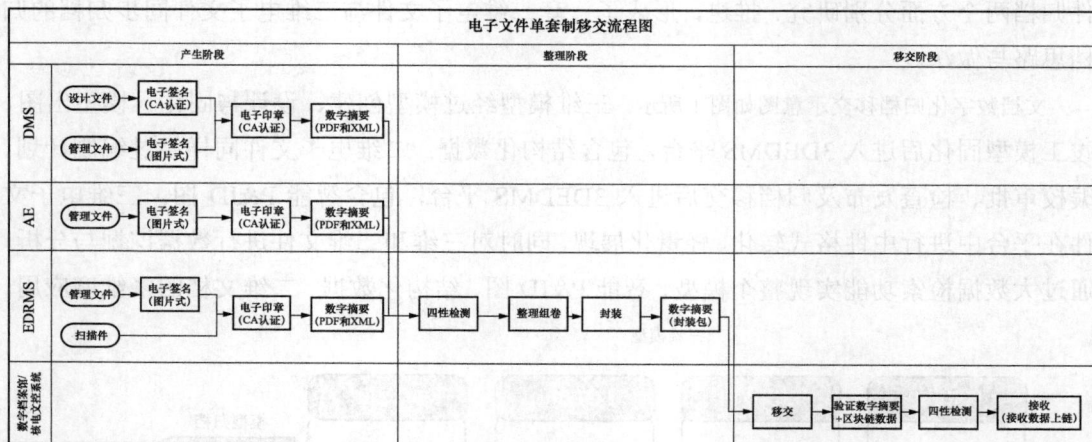

图 2　文档单套制移交流程图

产生阶段主要运用了电子签名、电子印章，以及数字摘要等技术手段；而在整理过程中，则侧重于四性检测、智能组卷及区块链技术的应用；最后，在移交环节，通过实施四性检测与区块链等技术手段来确保符合单套制移交的要求。

具体实施内容包括：

（1）确定项目电子文件归档范围。系统梳理项目工程文件形成、流转、归档管理情况，按照合同范围及规范要求，梳理、确定项目电子文件归档范围。

（2）完善项目电子文件归档和电子档案管理制度。在现有文档管理制度体系的基础上梳理、完善电子文件归档和电子档案管理相关要求，重点完善电子文件元数据管理、电子档案数据恢复相关管理要求。

（3）制定项目电子文件单轨制归档技术方案。研究单套制归档实现方式，对涉及的跨组织线上数据采集、数据封装、流程设置、接口开发、数据传输等关键环节要求进行重点研究，发布项目电子文件单轨制归档技术方案。

（4）实现项目设计文件单轨制归档系统功能开发。研究项目设计文件单轨制归档对档案系统的要求，完善已有档案系统功能。开发电子印章平台，采用 CA 认证电子印章的方式，从中心化角度保障归档移交文件的四性；在已有电子文件数字摘要的基础上，进一步开发关键元数据的数字摘要功能，保障元数据的真实、完整；开发智能组卷功能，实现全程在线组卷，保障电子文件完整、可用，减少人工耗时，降低人因出错概率；整理组卷后，在文档管理系统中进行封装后同步至核电文控系统系统，保持电子档案元数据与档案内容的可靠联系；引入国产化的区块链平台，针对文档需求进行定制化开发，保证文档的真实性。

2.3　三维电子文件的归档

三维电子文件归档管理应实现归档的全过程管理，包括模型归档、格式转换、模型保管、在线预览等环节。归档系统应支持模型的多种格式，实现从三维模型的原格式——发布格式——中性格式转化（长期保存）——模型轻量化——数据存储归档——在线预览的全过程自动化批量处理。同时为了更好地提供利用，创新利用方式，三维模型的归档应与二维电子文件相结合，实现二三维文件智能联动利用。

主要实施内容包括：

（1）建立标准规范体系。系统梳理相关规范、标准，研究三维电子文件归档和元数据标准，建立管理体系。明确各项工作需遵照执行规范，形成具有推广价值的核电三维电子文件归档管理规范体系。

根据内、外部调研情况及现状分析结论，为实现三维电子文件的归档与管理，先后编制《三维电子文件归档管理规范》《三维电子文件模型数据标准》《三维电子文件归档评估机制》等管理制度。同时，结合核电行业档案分类标准、数字化移交的范围，梳理核电三维电子文件移交归档范围，建立分类，明确三维电子文件归档流程。

（2）加强技术保障，解决技术难点。引入具备三维归档平台建设经验的外协单位，建设了一套符合工程人员使用习惯的三维模型归档平台，解决各项技术难点。针对现状分析中存在的问题及差距，本课题研究主要通过以下几项措施来实现三维电子文件的归档管理及呈现：

1）三维模型的格式转换和中性化。将专业三维设计软件产生的三维模型特有格式转化成 STEP 中性格式。经过数据校验（四性检测、完整性校验）形成 SIP（Source Information Package）数据包，进行转换后，生成 AIP（Archiving Information Package）数据包。

2）三维模型的 Web 展现。经过模型的轻量化处理，保持原始查看精度的同时，还便于 WEB 端的渲染，在轻量化过程中重复信息的校验，并形成 AIP 接收包，完成模型转化，形成 DIP 信息包，完成原始模型、中性格式模型和轻量级的模型文件归档。

3）三维模型的归档和永久保存方式。模型的归档是自主化管理平台的核心功能之一，旨在确保三维模型数据的完整性、准确性和可追溯性。平台提供自动化工具，以简化从设计软件到归档系统的模型转移过程。

4）三维模型价值的挖掘，模型、智能 P&ID、设备属性与文件的动态关联与展现。系统会对模型文件进行分析，并且进行模型属性拆解，与工厂对象进行设备属性的关联。将设备属性参数信息导入到配置管理数据库中，最终与结构化数据、智能 P&ID 图、二维文档建立关联展现关系，用于前台展现。

3 文档数字化移交的效益与展望

通过二三维电子文件数字化移交归档的实践，文档数字化移交实施后相比传统的档案移交方式，将在管理和经济等方面产生良好效益。

3.1 管理效益

（1）提升文件管理效率、助力现场工程建设。在项目建设过程中，实现电子文件单套制，施工单位、总包单位、监理单位，以及业主单位的技术和文档人员可通过业务系统在线收发、审查电子文件，减少纸质文件传递等待及重复审查时间，极大地提高文件收发及审查效率，助力现场工程建设。

（2）提升保管利用效率、助力项目建设运行。随着多个核电项目相继开工并投入运营，相关建设资料的查阅需求也日益增长。然而，由于核电工程具有较长的建设周期，现场的保管条件有限，难以避免会文件的丢失及损坏。此外，对于已经归档完成的项目档案，电子文件的利用频率和利用需求远高于纸质文件。实施电子文档单一化管理及实时归档措施，能够有效解决上述问题，从而大幅提升资料的整体利用率。

3.2 经济效益

（1）降低管理成本、减少文印投入。以单个核电项目为例，每个核电项目一期工程需向业主公司交付设计文件（最终版，1 套）纸质文件约 10220 万页，仅设计文件的文印及扫描成本即可节省约 200 万元，还可节省大量的文印设备、档案装具采购费用，邮寄费用等。各项目单套制移交策略基本相同，如在多项目推广使用，各类管理成本将成倍降低。

（2）降低人力成本、减少人员投入。实现文件收、存、管、用全业务流程的电子化及单套制运行后，可以显著简化一系列文档人工操作步骤。据估算，如果施工文档能够以单套制形式完成电子归档，则对于拥有两台机组的单个项目而言，大约可以减少配置约 20 名资料员和文档管理人员的需求。

（3）降低存储成本，减少库房投入。为存储和保护纸质档案，各核电基地（含工程公司、施工单位）均建造了相应的档案库房，配备了符合要求的档案装具和库房设施设备，建立了严格的温湿度控制、日常巡检和节假日值班制度。实现电子文件单套制归档，不仅可节省档案设施设备的投入，还可大大节省运营期间库房的日常管理投入。

4 结语

通过对二维电子文件单套制移交及三维电子文件归档的实践，上海核工院摸索出了一套适用于核电建设项目的文档数字化移交范式，同时为整个项目数字化移交的推进奠定了基础。文档单套制归档移交是数字化移交的基础，同时数字化移交的深入推进，也会对文档单套制归档移交的发展起到牵引引导作用。未来文档数字化移交将与整体项目的数字化移交进行更多的融合，文档数字化转型将为整个数字化移交领域提供重要的实践场景和发展方向。

参考文献

［1］邢变变，李欣钰."十四五"时期档案工作数字转型的实现路径研究［J］. 档案管理，2022（2）：P33-36.

［2］赵吉梅. 论电子档案收集、整理的三个基本原则［J］. 兰台内外，2021（3）：P23-24.

作者简介

朱佳杰（1988—），男，馆员，主要研究方向：项目文件归档与移交。E-mail：zhujiajie@snerdi.com.cn

郭林越（1986—），女，馆员，主要研究方向：文档数字化与文档信息系统。E-mail：guolinyue@snerdi.com.cn

Thoughts and Practices on the Transition from Traditional Document Handover to Digital Handover

ZHU Jiajie, GUO Linyue

（Shanghai Nuclear Engineering Research & Design Institute Co., Ltd., Shanghai 200233, China）

Abstract: With the rapid development of the Internet and information technology, the global economy is undergoing a digital transformation.This transformation involves not only Internet enterprises but also extends to traditional industries such as manufacturing, energy, and transportation. Against this general backdrop, the ways of storing, processing, and transmitting information have undergone fundamental changes. The comprehensive electronization of document information brought about by the digitalization of project business has put forward higher requirements for the content and form of the archival management of project electronic documents. Along with the change of the carrier object, the field of document management is also experiencing a profound transformation from the handover of traditional paper documents to digital handover. This paper aims to explore the necessity and opportunities of this transformation and, based on the existing practical foundation, propose effective strategies for implementing the digital handover of documents and look into the future.

Keywords: document handover; digital handover; document digital transformation; single-set system; 3D model archiving

数字化与人工智能在核电文档管理中的应用

王泽煜

（国核示范电站有限责任公司，山东省荣成市　264300）

摘　要： 核电文档产生于核电建设、运行和管理活动的全过程，在全球化能源转型和信息化浪潮的推动下，探索数字化与人工智能技术在核电厂文档管理中的应用，可以提升核电文档管理的效率、准确性和安全性。分析核电文档管理面临的挑战，包括信息量大、检索复杂和数据安全等问题，探讨数字化技术在文档电子化、存储优化和快速检索中的应用，以及人工智能技术在智能分类、自动化处理和数据分析中的潜力。结合数字化和人工智能技术能够显著提高文档管理的现代化水平，增强文档信息的安全性和可用性，通过核电文档数字化管理，使核电文档更好地发挥作用，推送核电的数字化进程。

关键词： 核电文档管理；数字化技术；人工智能

0　引言

在全球化能源转型与信息化浪潮的推动下，核电厂文档管理正面临前所未有的挑战与机遇。核电文档是指在核电建设、运营和管理活动中形成的对国家、社会和核电站具有保存价值，并经过整理、归档的文件，核电文档作为记录核电建设、运行和管理全过程的重要资料，其内容涉及多个领域，其管理效率、准确性和安全性对核安全至关重要。当前，数字化与人工智能技术的应用已成为提升文档管理水平的研究热点，例如，福清核电开展了"机器人技术在文档智能管理中的应用研究"，通过"RPA"的技术，实现了文档实体机器人、虚拟机器人结合的多种智能服务。然而，信息量大、检索复杂、数据安全以及技术成熟度等问题仍然存在。

本文旨在探索数字化与人工智能技术在核电厂文档管理中的应用，以期提高文档管理的现代化水平。通过分析核电厂文档管理面临的挑战，并探讨数字化与人工智能技术如何助力解决这些问题，从而推动核电文档管理的信息化和智能化发展。

1　核电文档的特点及重要性

1.1　核电文档的特点

1.1.1　核电文档的复杂性

核电文档的内容复杂，从项目选址、项目核准、项目建设到生产运营的各个阶段，都会产生大量的文件，而这些文件经过整理、归档后会形成文档。这些文档涉及这个项目的业主和营运单位，还包括总承包商、专业承包商以及监理单位，文档内容包括各项批文、专题文件、合同、设计文件、施工文件、调试文件、各个部门的生产技术文件等，文档的载体也不仅限于纸质文件，还包括电子文档、光盘等。核电建设运营过程的复杂性导致了核电文档的复杂。

1.1.2　核电文档的完整性

电文档记录了核电站从选址、设计、建设到运营、退役的全生命周期，涵盖了项目决策、施工管理、设备运行、安全管理等各个方面。这些文档必须保持完整性和系统性，以确保能够全面反映核电站的历史和现状，为后续的运行维护、技术改造和安全管理提供全面的信息支持。

1.1.3　核电文档的长期性

核电站的运行周期长达数十年，而核电文档的管理周期甚至更长，需要长期保存以备不时之需。同时，随着核电站运行的不断进行，文档内容也在不断更新，每一份文件的更新、替换，都需要文档的不断更新，如设备维护记录、运行日志、安全检查报告等，体现了文档的动态性。

1.1.4　核电文档的安全性

由于核电文档中包含了大量涉及国家安全和商业秘密的信息，如核材料信息、技术秘密、安全防护措施等，因此其安全性和保密性要求极高。文档管理必须遵循严格的安全规定和保密制度，防止信息泄露可能带来的风险。

1.2　核电文档的重要性

核电文档管理的意义不仅体现在确保核安全和法规遵从上，还涉及知识传承、运营效率、技术发展、应急响应以及国际合作等多个方面。随着技术的进步和行业的发展，核电文档管理的重要性将进一步凸显，成为核电行业不可或缺的核心能力。

1.2.1　核安全保障

核电文档管理首要的意义在于保障核安全。核电站的运行涉及复杂的技术和严格的安全标准，文档管理确保所有相关的安全规程、操作指南和事故应对措施都被妥善记录和存档，以便在需要时能够迅速查阅和执行。这些文档包括设计文件、安全分析报告、操作手册、维护记录和事故报告等，它们是确保核电站安全运行的基础。

1.2.2　知识传承与经验积累

核电文档管理是知识和经验传承的重要手段。核电站的建设和运营过程中积累的大量技术数据和操作经验，通过文档的形式保存下来，为未来的项目和新一代核电工作者提供宝贵的参考。这些文档记录了核电站的历史，包括成功的做法和需要避免的失误。

1.2.3　提高运营效率

有效的文档管理能够提高核电站的运营效率。通过快速检索和访问所需文档，操作人员可以及时作出决策，减少延误和错误。此外，良好的文档管理还有助于优化维护计划和库存管理，降低成本并提高资源利用率。

2 数字化和人工智能在核电文档管理中的应用

2.1 数字化在核电文档管理中的应用

数字化是文档管理现代化的基础。它通过将纸质文档转化为数字形式，实现了文档信息的快速存储、检索和利用。数字化核电文档管理系统通常包括 3 个关键方面。

2.1.1 文档采集与转换

数字化核电文档管理首要任务是采集纸质文档，并将其转换为数字格式。这通常涉及高质量的扫描、OCR 识别以及音频视频文件转换等技术。通过这些技术，纸质文档的信息可以准确、快速地转化为数字形式，便于后续的管理和利用。

2.1.2 数据存储与管理

数字化核电文档管理通常采用分布式存储技术，确保数据的安全性、完整性和可扩展性。系统支持多版本控制，能够记录文档的历史版本，便于追踪和审计。同时，系统还提供精细化的权限管理功能，确保不同用户只能访问其权限范围内的文档信息。

2.1.3 文档检索与查询

数字化核电文档管理提供多种检索方式，如关键字搜索、时间范围搜索、文档类型搜索等。用户可以通过这些方式快速定位所需文档，提高文档利用效率。

2.2 人工智能在文档管理中的应用

人工智能技术的引入，进一步推动了文档管理的智能化和自动化。它不仅能够提高文档管理的效率，还能提升文档管理的质量和安全性。人工智能在文档管理中的应用主要体现在 4 个方面。

2.2.1 文档分类与标注

通过机器学习算法，人工智能可以对文档进行自动分类和标注。这不仅可以提高文档管理的效率，还能确保文档分类的准确性和一致性。系统能够自动识别文档的主题、内容等特征，并将其归类到相应的分类体系中。

2.2.2 文档鉴定与销毁

人工智能可以辅助文档鉴定工作，根据预设的规则和标准，对文档进行自动鉴定和筛选。这可以大大提高鉴定的准确性和效率，减少人为错误。同时，对于需要销毁的文档，人工智能也能提供智能化的筛选和推荐，确保销毁工作的准确性和合规性。

2.2.3 文档保护与修复

利用图像处理技术，人工智能可以对受损的文档进行修复和保护。这不仅可以延长文档的使用寿命，还能确保文档信息的完整性和可读性。通过智能修复技术，系统能够自动识别和修复文档中的破损、污渍等缺陷，提高文档质量。

2.2.4　文档数据分析

人工智能还具有强大的数据分析能力，能够对文档数据进行深度挖掘和分析。通过挖掘文档数据中的潜在信息和价值，人工智能可以为核电站的决策提供支持。同时，系统还能对文档数据进行可视化展示，帮助用户更好地理解和分析数据。

2.3　数字化与人工智能在文档管理中的融合应用

数字化和人工智能在文档管理中的融合应用，进一步推动了文档管理的智能化和自动化。通过数字化技术，将纸质文档转化为数字形式；通过人工智能技术，对数字文档进行智能分类、标注、鉴定、修复和分析等操作。这种融合应用不仅提高了文档管理的效率和质量，还提升了文档管理的安全性和可靠性。

例如，人工智能可以自动对文档进行分类和标注；在文档检索过程中，人工智能可以根据用户的查询意图和需求，提供智能化的检索建议和结果；在文档鉴定和销毁过程中，人工智能可以根据预设的规则和标准进行自动鉴定和筛选；在文档保护和修复过程中，人工智能可以利用图像处理技术进行智能修复和保护；在文档数据分析过程中，人工智能可以对数据进行深度挖掘和分析，提供有价值的决策支持。

3　核电文档管理数字化的必要性及优势

3.1　核电文档管理数字化的必要性

3.1.1　适应核电站信息化水平提升的需求

核电站作为技术密集型行业，其信息化水平不断提升。从 ERP 系统、生产管理系统，以及经验反馈系统、行动跟踪系统等多个专用系统，这些系统产生了大量形式多样的原生电子文件。传统的文档管理模式已难以满足这些电子文件的收集、整理和保管需求，特别是三维图纸等复杂文件的管理。因此，数字化成为解决这一问题的有效途径。

3.1.2　提高核电站文档利用便捷度的需要

核电站注重"凡事有据可依"，视安全为生命。文档利用对及时性的要求非常高，许多文档需要在极短时间内完成利用。然而，核电文件数量庞大，类型多样，整理方式不一，传统查询方式耗时耗力。数字化文档管理通过全文检索等信息化手段，降低了职工查询文档信息的难度，极大提高了核电文档利用的及时性，为核电厂的安全稳定运行提供了强有力的文档信息保障。

3.1.3　核电文档信息资源进一步开发利用的需要

核电站文档资源的开发利用主要采用文档编研的方式，但这种方式耗费大量人力，及时性难以保证。数字化文档管理能够实现非结构化数据的提取和整合，为文档信息进行深层次加工和知识化组织提供了有利条件。通过数字化手段，文档部门可以更加及时、准确、专业地为核电站提供全方位、多层次的个性化文档信息和决策支持服务。

3.2 核电文档管理数字化的优势

3.2.1 提高管理效率

数字化文档管理系统通过自动化的数据采集、管理、存储和利用功能，显著提高了文档管理效率。系统可以自动分类、编号、整理文档，减少人工操作，降低管理成本。同时，系统还支持快速检索和查询功能，使得职工能够迅速找到所需文档，提高工作效率。

3.2.2 保障信息安全

核电文档涉及核安全等敏感信息，信息安全至关重要。数字化文档管理系统通过数据加密、权限管理、日志记录等安全措施，确保文档数据的安全性和保密性。只有权限人员才能访问和修改文档，有效防止信息泄露和篡改。

3.2.3 促进知识共享与传承

数字化文档管理系统可以实现文档的数字化存储和网络化访问，使得文档资源能够在核电站内部实现共享和传承。职工可以通过系统快速获取所需知识，促进知识交流和创新。同时，系统还可以记录文档的使用情况和反馈意见，为知识的持续改进和优化提供支持。

3.2.4 降低管理成本

数字化文档管理系统通过减少纸质文档的使用和存储成本，降低了单位的管理成本。同时，系统还可以提高文档资源的利用效率，减少重复劳动和浪费，为核电站创造更多的经济效益。

4 结语

本文围绕数字化与人工智能在核电文档管理中的应用展开研究，通过深入探讨核电文档的特点、重要性及其管理现状，揭示了数字化与人工智能技术在提升核电文档管理效率、确保文档安全及促进知识共享方面的巨大潜力。研究指出，核电文档具有高度的专业性、保密性和长期保存需求，其管理直接关系到核电厂的安全运行与经验反馈。

本文亮点在于系统性地分析了数字化与人工智能技术的融合应用，如何有效解决了核电文档管理中存在的信息孤岛、检索效率低下、安全性难以保障等问题。通过数字化手段，实现了文档的高效存储与快速检索；而人工智能技术的引入，则进一步提升了文档分类、审核与推荐的智能化水平，确保了文档内容的准确性和安全性。

研究总结出，数字化与人工智能技术的应用，不仅提高了核电文档管理的效率与精度，还促进了知识的有效传播与利用，为核电行业的安全运营与持续发展提供了有力支持。然而，本研究也存在一定局限性，如数据样本的局限性及技术融合的深度仍有待加强。未来，建议继续深化技术探索，扩大数据样本，以进一步提升核电文档管理的智能化水平，为核电行业的数字化转型贡献力量。

参考文献

［1］核电文件文档管理要求 NB/T 20523—2018［S］. 北京：国家能源局，2018.

［2］孙彩光. 数字化背景下的核电文档管理研究［J］. 兰台内外，2017（3）：33.

作者简介

王泽煜（1999—），女，二级助理专责，主要研究方向：核电生产技术文件控制。E-mail：wang721zy@163.com

Application of Digitalization and Artificial Intelligence in Nuclear PoweNuclear Power Document and Records Management

WANG Zeyu

（State Nuclear Power Demonstration Plant Co., Ltd，Rongcheng 264300，China）

Abstract： Nuclear power document and records is generated throughout the entire process of nuclear power construction，operation，and management. Driven by the global energy transition and the wave of informatization，exploring the application of digitalization and artificial intelligence technologies in the management of nuclear power document and records can enhance the efficiency，accuracy，and security of nuclear power document and records management. Through literature reviews，this study analyzes the challenges faced by nuclear power document and records management，including the large volume of information，complex retrieval，and data security issues. It discusses the application of digital technology in the electronic archiving，storage optimization，and rapid retrieval of archives，as well as the potential of artificial intelligence technology in intelligent classification，automated processing，and data analysis. The integration of digitalization and artificial intelligence technologies can significantly improve the modernization level of archive management and enhance the security and usability of archive information. By implementing digital management of nuclear power document and records，these archives can better exert their role and advance the digitalization process of the nuclear power industry.

Keywords： nuclear power document and records management；digital technology；artificial intelligence

档案管理体制机制优化对安全保障的提升作用研究

朱　宁，屠　凌

（国家电投集团资本控股有限公司，北京市　100033）

摘　要：档案管理体制机制的优化是提升安全保障水平的重要基础。通过分析某大型电力企业的管理体制机制优化案例，研究发现规范化的档案分级授权机制、全流程管控体系和现代化的电子档案管理平台建设显著增强了档案安全保障能力。优化后的管理体制在人员职责划分、权限管理、应急处置等方面形成了系统性防护屏障，建立起横向到边、纵向到底的安全保障网络。研究结果表明，档案管理体制机制优化对提升安全保障具有显著促进作用，为档案管理部门完善安全保障体系提供了实践参考。

关键词：档案管理；体制机制；安全保障；分级授权；全流程监管

0　引言

档案安全是国家安全体系的重要组成部分，加强档案管理体制机制建设对提升安全保障水平具有重要意义。随着信息技术发展和安全形势变化，传统档案管理模式已难以适应新时期安全保障需求。档案管理体制机制优化成为提升安全保障的关键举措，深入研究两者关系对完善档案管理具有重要理论价值和实践意义。

1　档案管理体制机制优化的基础分析

1.1　档案管理体制机制的内涵界定

档案管理体制机制是指档案管理工作中的组织架构、规章制度、运行机制和管理方法的有机统一[1]。从组织架构角度，档案管理体制包含领导管理机构建设、档案部门设置、人员配备、职责分工等基本要素；从规章制度层面，涵盖档案收集、整理、保管、利用等环节的规范要求；从运行机制来看，重点在于档案管理各项工作的协调运转和高效联动。管理方法方面，需遵循档案管理工作规律，完善制度标准体系，为档案工作提供完备、标准的管理依据并形成科学规范的工作流程。

1.2　档案管理体制机制优化的核心要素

档案管理体制机制优化的核心要素主要体现在组织结构优化、制度体系完善和运行机制创新三个方面。组织结构优化强调建立科学合理的档案管理组织架构，明确各部门职责权限，实现管理层级科学化；制度体系完善着重构建分级分类管理制度，制定档案安全管理规范，形成标准化作业流程；运行机制创新需结合档案管理要求的变化、信息化技术手段的革新、企业主营业务的转型发展需要，优化创新工作机制，及时评估新技术对档案管理效果的推动促进，持续优化档案信息化平台，顺应新要求、新技术提升档案管理效能。优化过程需重视人员素质提升、技术支撑保障和监督考核机制等配套措施的完善，确保各项优化举措落地见效。

1.3　档案管理体制机制优化的重要性

档案管理体制机制优化对提升档案管理水平和安全保障能力具有重要意义[2]。优化管理体制机制能够规范档案管理行为，提高管理效率，降低安全风险。从安全保障角度看，完善的体制机制有助于构建全方位的安全防护体系，加强对档案全生命周期的安全管控。体制机制优化通过建立健全责任体系、强化制度执行力、提升管理科学化水平，为档案安全提供制度保障和组织保障。档案管理体制机制优化对于适应新时期档案管理发展需求，应对日益复杂的安全挑战具有重要作用。体制机制优化是档案部门提升管理效能、增强安全保障的必然选择。

2　档案管理体制机制优化的具体措施

2.1　健全分级授权管理机制

分级授权管理机制改革是档案管理体制机制优化的核心内容。该电力企业针对档案敏感度、价值和利用频率，构建"分级分类、多层审批"的授权管理体系。按照档案敏感度和重要程度，档案材料划分为四级，不敏感、敏感、较敏感级、非常敏感。根据敏感程度，分别制定相应的管理规范和操作流程，严控浏览、打印、下载权限的授权。针对工作秘密、商业秘密，通过商密系统与数字档案馆的接口策略，对在线浏览、打印行为进行严格控制，确保在符合商密管理要求的系统内、符合保密管理要求的前提下，进行工作秘密、商业秘密行为操作。对涉及国家秘密档案材料，严格按照机要保密管理要求，在涉密场所内通过保密专用设备，集中统一有序管理，明确具体管理责任人，确保涉密档案合法依规管理、安全万无一失。

档案分级分类管理机制的实施，实现了档案管理权限和管理模式的精细化控制，有效防范了越权、违规操作风险，为档案安全管理提供了制度保障、筑牢了安全防护屏障。

2.2　构建全流程监管体系

全流程监管体系建设立足于档案管理全过程，构建了涵盖档案形成、移交、保管、利用、销毁各环节的安全监管网络[3]。该电力企业通过建设集团系统内统一的数字档案馆，将具体产生各类文件资料的主要办公信息化系统与数字档案馆进行接口集成，实现了多系统电子文件的线上移交归档，保证了电子档案材料的完整收集和移交过程的可追溯性。通过档案库房安全监控设备部署，实现档案库房全天候、全方位的安全监控，对档案整理、利用等各项行为的全过程监控有效防止了违规行为发生，进一步保障档案安全。档案鉴定销毁工作依据国家标准和企业制度要求，严格执行规范的鉴定销毁审批程序，留存审批和执行全过程记录资料，确保规范执行档案鉴定销毁工作。建立安全巡检工作机制，落实档案库房日常检查、安防设施设备运行效果定期评估等监管措施，确保安全防控工作有效、到位。全流程监管体系的运行提升了档案安全管理的系统性和协同性，增强了企业档案安全防控保障能力。

2.3 完善档案数字化管理平台建设

通过集团化数字档案馆的建设，有效促进了该企业集团系统内各单位档案管理工作的数字化转型。该企业基于成熟、专业化的内容库技术，统一建设了符合集团化多级次、多全宗管理需求的数字档案馆，为电子档案全生命周期管理搭建了现代化的数字技术管理平台。数字档案馆设置了权限管理、内容管理、元数据管理、检索查询管理、数据统计及利用统计管理等多项功能模块。数字档案馆的建设将国家有关电子档案管理制度标准和档案管理要求纳入其中，行程规范、严谨的线上管理流程；同时注重系统安全防护，通过采用身份认证、数据分级分类权限管控等技术手段，确保了运行过程中的安全性，为电子档案的规范、受控、安全管理提供了专业且集中统一的管理平台，显著提升了电子档案的管理规范性、档案数据资源利用的便捷性和存储安全性。

3 档案管理体制机制优化对安全保障的提升作用

3.1 强化人员安全管理效能

人员安全管理效能的提升体现在管理制度规范化和执行力强化两个层面。通过优化体制机制建设，建立健全岗位责任制，明确档案管理人员、一线业务人员在档案全过程管理中的安全职责和行为规范。建立常态化档案培训机制，明确档案岗位上岗条件、规范培训考核机制，有效提升档案管理人员的责任意识、安全意识和专业素养；定期组织开展涵盖档案法律法规、档案专业知识、业务技能提升、安全防控知识等档案综合培训，持续强化全员档案意识和合规利用、保护档案的责任意识及风险防控能力。较为完善的档案管理体制机制加强了各类员工在档案管理、利用等过程的行为约束和监督管理，通过量化指标评估安全责任履职情况，明确奖惩规则，形成了激励与约束并重的良性管理机制。

3.2 提升设施安全防护水平

设施安全防护水平的提升主要体现在基础设施配置优化和安防体系升级两个方面[4]。体制机制优化推动档案库房安全设施标准化建设，完善温湿度控制、消防系统、安防监控等档案室物理环境硬件设施配置。实施分区管理模式，对涉密、重要档案按照保密管理要求严格落实人防、物防、技防等管控措施。建立档案室管理机制，优化规范设施设备巡检流程，确保安全设施持续有效运行。防护设施配置科学合理，实现档案库房监控、阅览区、办公区安全防护无死角。通过定期开展设施安全检查和性能测试，及时发现并消除安全隐患，保障档案存储环境安全稳定。

3.3　增强电子档案管理系统安全性能

电子档案管理系统安全性能的增强主要通过数字档案馆技术防护体系优化和管理机制的配套完善来实现。档案数据多元化、管理要求多级化推动形成了分层分级的档案信息安全防护体系，实施"分级分类"的用户访问权限和操作行为控制。强化数据加密传输和存储机制，通过商密管理系统操作、处理工作秘密、商业秘密，建立集中统一的数据备份恢复体系，提高全系统档案数据资源的长期保存能力和抗风险能力。优化后的管理机制加强了系统运维规范化管理，建立安全漏洞定期检测和修复机制。电子档案管理系统安全管理制度的完善规范了用户权限管理、访问策略和系统维护流程，有效防范信息安全威胁。

3.4　完善应急处置机制

应急处置机制的完善体现在预案管理规范化和响应能力提升两个层面。体制机制优化推动建立了分类分级的应急预案体系，涵盖自然灾害、设备故障、网络攻击等多种突发情况。规范化的应急预案编制和管理机制明确了应急组织体系、处置流程和相应保障措施。建立应急指挥协调机制，落实应急处置责任，提高突发事件处置效率。优化后的应急机制加强了应急资源储备管理，建立应急演练评估制度，定期组织开展实战演练，通过应急案例分析和经验总结，持续改进应急处置措施，提升档案安全突发事件应急处置能力和管理水平。

4　档案管理体制机制优化的保障效果

4.1　安全责任落实情况

体制机制优化促进安全责任体系的全面落实，推动档案安全管理工作规范化、制度化发展。安全责任制度实现横向到边、纵向到底全覆盖，各有关部门、岗位安全职责明确，责任追究机制有效运行。建立了档案领导工作组专题会议机制，及时研究部署档案安全工作，形成了自上而下的管理格局。档案管理层面，形成了档案管理队伍与安全保卫人员联防联控检查机制，按期开展安全隐患排查和突发事件应急演练，提升应急处置能力，及时防范化解安全风险。一线业务人员严格遵守档案安全规范，做好档案室人员进出、档案进出日志管理，严格落实档案借阅利用等过程管理和实体档案安全防控工作。通过安全责任体制机制的优化完善，各级人员安全责任意识显著增强，自觉履行安全职责，构建起多层级的安全防护网络。

4.2　档案完整性保护成效

档案完整性保护取得显著成效，实现了档案资料的安全可控管理。档案管理全流程监控体系有效运行，从档案形成到归档、保管、利用各环节均建立起完整的全链条监管。档案接收实行严格的验收制度，确保移交档案材料和元数据的规范、完整、准确。档案整理过程中执行规范化操作流程，避免人为损坏和信息缺失。库房管理的优化提升改善了实体档案存储环境，有效防止档案材料保管过程中的损毁和老化。档案数字化加工明确工作流程和要求，加工过程中采用标准规范的技术手段，且对数字化加工全过程实施无死角安全监控，有效保障数字化加工工作规范性和档案数据安全性。数字档案馆系统实现数据定期备份，建立了异地容灾机制，保障档案信息的安全存储和长久保存。

4.3 安全保障体系建设成果

安全保障体系建设持续完善，形成了全方位、多层次的安全防护格局。人防、物防、技防三位一体的安全防护体系有效运行，实现安全管理的系统性和协同性。视频监控、门禁系统、档案专用消防设施等安全设备的及时更新和完善，使电子档案安全技术防护水平得到显著提升。应急保障机制运行顺畅，应急处置能力明显提高，应急管理体系的持续完善。安全管理联防联控常态化运行，推动了档案安全管理水平的持续提升。

5 结语

档案管理体制机制优化通过建立分级授权管控机制、健全全流程监管体系、完善全集团数字档案馆建设，推动了档案数字化转型，有效提升了集团系统内档案安全保障水平和管理能力。优化后的体制机制在人员管理、设施配置和信息系统等方面形成了完整的安全防护体系，为档案安全保障提供了有力支撑。这些优化措施对加强档案安全保障具有重要的参考价值，在后续实践中将结合实际运用情况持续优化管理、创新应用，通过档案管理体制机制的持续优化促进管理提升，为企业健康稳步长足发展进一步夯实基础、提供助力。

参考文献

[1] 张丹丹. 管理体制视角下档案管理工作创新路径研究 [J]. 兰台内外，2024（30）：6-8.

[2] 贾喜华. 智慧校园建设视阈下高校档案管理机制现状与优化路径 [J]. 办公室业务，2024（1）：68-70.

[3] 朱劲松. 信息时代档案管理工作面临的问题及对策分析 [J]. 秦智，2023（10）：134-136.

[4] 姜志敏. 档案工作管理体制和运行机制的创新 [J]. 云南水力发电，2023，39（8）：257-259.

[5] 赵冰. 计算机信息技术在图书档案管理中的应用 [J]. 集成电路应用，2023，40（2）：184-185.

作者简介

朱　宁（1981—），女，工程师，主要研究方向：档案传统管理模式向数字化转型及档案安全防护机制建设等。E-mail：zhuning@spic.com

屠　凌（1983—），女，经济师，主要研究方向：档案传统管理模式向数字化转型及档案安全防护机制建设等。E-mail：tuling@spic.com

Research on the Enhancement of Security Assurance through Optimization of Archives Management System and Mechanism

ZHU Ning，TU Ling

（Spic Capital Holding Co.，Ltd.，Beijing 100033，China）

Abstract：The optimization of archives management system and mechanism serves as a crucial foundation for enhancing security assurance levels. Through analyzing the optimization case of a large power enterprise archives management system and mechanism，the research reveals that standardized archives hierarchical authorization mechanism，whole-process supervision system，and intelligent management platform construction have significantly enhanced archives security assurance capabilities. The optimized management system has formed systematic protective barriers in personnel responsibility allocation，authority management，and emergency response，establishing a comprehensive security assurance network that extends both horizontally and vertically. The research findings indicate that the optimization of archives management system and mechanism has a significant promotional effect on enhancing security assurance，providing practical reference for archives management departments to improve their security assurance systems.

Keywords：archives management；system and mechanism；security assurance；hierarchical authorization；whole-process supervision

水电建设项目基于 BIM 技术的档案数字化管理应用

李婷婷 [1]，曾山娇 [2]，杨慧君 [3]

（1. 五凌电力五强溪水电厂，湖南省怀化市　418000;

2. 贵州清水江水电有限公司，贵州省黔东南州　556700;

3. 五凌电力怀化沅江电力开发有限责任公司，湖南省怀化市　418000）

摘　要： 建筑信息模型（BIM）技术在建设工程中广泛应用，为工程设计、施工和运维管理带来了革命性变革。BIM 技术不仅显著提高了工程效率和质量，也产生了海量的工程数据。这些数据蕴含了工程全生命周期的宝贵信息和知识，已成为工程电子档案的重要组成部分。本文以五强溪扩机工程为例，探讨基于 BIM 技术的全寿期深度集成应用和档案数字化技术融合，构建 BIM 技术的档案数字化管理方法和技术，实现项目实施全过程的数字档案存储、利用、查询等管理流程自动化、可视化和规范化，提高项目实施过程中电子档案查询效率，充分发挥档案的利用价值。

关键词： BIM；档案数字化；档案查询

0　引言

国家标准《电子文件归档与电子档案管理规范》（GB/T 18894—2016）发布后，国家档案局、国家发改委于 2016 年 11 月 14 日印发了《建设项目电子文件归档和电子档案暂行办法》，推动数字化档案建设的高速发展。水电工程建设与管理的数字化，是时代发展的必然趋势，也是水电增量资产实现智能化先决条件与最优途径。开展水电工程数字化研究与实践，旨在以 BIM 技术等数字化手段推动工程建设管理效能的革命性提升，实现工程建设阶段精细管控与高效协同，实现建设期向运营期的信息无缝传递与数据价值再塑，为打造真正意义上的数字化、智能化水电站奠定基础，为水电数字化转型升级探索出一条可复制、可推广的实践之路。

1　BIM 技术在水电建设项目的应用分析

1.1　BIM 概述与特点

BIM 是源自于"Building Information Modeling"的缩写，中文译为"建筑信息模型"。其是以建筑工程项目的各项相关信息数据为基础而建立的建筑模型，通过数字信息仿真，模拟建筑物所具有的真实信息。它是以从设计、施工到运行协调、项目信息为基础而构建的集成流程。通过使用 BIM，可以在整个流程中将统一的信息创新、设计和绘制出项目，还可以通过真实性模拟和建筑可视化来更好地沟通，以便让项目各方了解工期、现场实时情况、成本和环境影响等项目基本信息。建筑信息模型（BIM）应用的精髓在于这些数据能贯穿项目的整个寿命期，对项目的建造及后期的运营管理持续发挥作用。

1.2　工程全专业三维正向协同设计与 BIM 应用

以 BIM 全生命周期应用为基础，开展设计、施工一体化的 BIM 应用，在工程建设中完整传递设计意图，通过 BIM 持续沉淀所有设计、施工、管理信息，为数字工程和将来智慧运维打下坚实的数据基础，推动精品工程的建设。五强溪扩机工程开展了 13 个专业 BIM 正向协同设计，完成主体建筑物土建 BIM 模型元素 442 个、机电 BIM 模型 20 套，完成主厂房、引水隧洞、调压井、进水口 4 套混凝土施工 BIM 模型。结合施工设计模型开展三维出图，完成 420 套主体建筑物土建数字设计图纸，106 套机电数字设计图纸，为档案数字化管控提供了有力的数据支持。

1.3　基于水电工程数字化管控平台的档案数字化管理

在梳理工程管理要求、沉淀参建各方建管经验、分析工程建设难点的基础上，研发基于公有专属云架构的水电工程数字化管控平台，上线安全、质量、进度、投资、档案等 20 个模块，196 项功能，并配套开发 App 应用，实现业主、设计、监理和施工单位线上一体化管控，推动形成"五位四方全过程、风险预防全方位、智能监控全要素"工程管控模式。

提出了基于 PBS 编码的 BIM 模型结构体系，形成了工程全专业、建设全过程的统一编码标准，实现了水电工程 BIM 模型的全生命周期一体化应用，解决了 BIM 模型在横向协同和纵向继承方面的难题。

1.4　基于 BIM 技术的档案数据渐进式归档模式

提出了基于区块链技术的工程数据渐进式归档模式，实现了水电工程建设全过程资料的线上实时签章、存证、组卷、归档，提高了电子档案的一致性、准确性和可追溯性。

将管理制度化、制度流程化、流程表单化、表单信息化，实现了安全、质量、进度、投资、生态等专业应用领域业务的全链条线上闭环和标准化工程数据的积累沉淀，将以往工程建设的过程管理从"口口相传""结果汇报"，变革为全过程的在线记录，打造了一个涵盖"五维四方"的工程管控数据看板，辅助参建各方获取安全、质量、进度等态势数据的分布和特征，支撑工程管理科学决策。

2　水电建设项目全周期数字化归档内容及特点

2.1　全周期一体化管控

五凌电力以五强溪扩机工程为依托开展水电工程数字化研究与实践，以 BIM 技术等数字化手段推动工程建设管理效能的革命性提升，实现工程建设阶段精细管控与高效协同，实现建设期向运营期的信息无缝传递与数据价值再塑，为打造真正意义上的数字化、智能化水电站奠定基础，为水电数字化转型升级探索出一条可复制、可推广的实践之路。

2.2　多重维度数据归档

多维度数据是各种基础层的数据信息汇集，在工程建设过程中，包含施工工序、影像、计量、试验等多种数据维度，以纸质档案、三维模型、影像等形式在项目建设过程中不断记录填报收取。从多个维度分析，能够明确记录建设项目生命周期内的完整数据，通过数字化集成的方式更加清晰地映射各维度之间的对应关联，使归档材料的形成过程可复制、可再现、可验证，有利于档案数字化管理。

2.3　全时态大数据存储

水电建设项目工程档案贯穿项目始终。一个建设工程形成的全部档案是一个有机联系的整体，它反映项目建设从投资立项到试运行等各阶段的连续性，以及项目建设中各项专业内容的内在联系。水电工程建设项目建设的周期长，参建单位多，不同阶段会产生大量、种类繁多、不同时期的工程档案资料，需要不断地充实和完善。数字化管控平台的实时录入监管，在实现业主、设计、监理和施工单位线上一体化管控的同时，有效保证了原始数据的真实性和完整性，为竣工资料整编工作提供了数据支持。

2.4　发挥数字档案的利用价值

构建档案数字化集成管理，发挥数字档案的利用价值。工程档案数字化管理能更好地实现工程档案的收集、归档及利用等工作，简化工作流程，节约了工作和查阅时间，规定设计、施工、运维等阶段需归档的 BIM 模型文件、数据文件的具体内容、格式、精度、交付方式等，满足各阶段的数据下载需求。数字化管控细化归档数据的移交接收、异地灾备、检索调阅、版本管理、安全保密等管理要求，促进归档数据的安全与开放共享。

3　结语

基于 BIM 技术的档案数字化管理应用开启了档案数字化管理的双轨制新模式，对类似档案管理系统建设具有一定的参考价值。集工程建管、协同开发、BIM 应用为一体的水电工程数字化建设标准体系，规范线上质量验评表单、统一数据纳管与编码规则、指导工程数字化建设与应用，实现水电建设项目档案资料的规范化管理，可视化组卷、归档、查询、利用及统计等功能，切实提高档案的归档管理准确度和利用效率，充分发挥档案在生产运维的最大价值。

参考文献

期刊论文。

[1] 王嵩. 建筑信息模型 BIM 在水电站运维中的应用 [J]. 集成电路应用，2022，39（10）：262-263.

[2] 刘子昌，张维廉，等. BIM 技术在国内大型水电站中的应用分析 [C] //第十七届全国现代结构工程学术研讨会论文集，2017：1468-1473.

［3］黄勇，贾新会，等．基于"BIM+"技术的水电站智慧运维管控平台［J］．西北水电，2021（4）：87-91，96．

［4］王欣垚，郑兆信，等．三维可视化管理平台在水电站工程管理中的应用研究［J］．水力发电，2021，47（11）：118-124．

［5］周波，赖真明，等．建筑信息模型在水电 站运维方面的应用［J］．四川水力发电，2022，41（1）：55-57，61．

作者简介

李婷婷（1985—），女，工程师，主要研究方向：水利水电工程建设管理、档案数字化等。E-mail：327632493@qq.com

曾山娇（1972—），女，工程师，主要研究方向：水电工程建设档案管理、项目档案管理、档案数字化等。E-mail：1227235993@qq.com

杨慧君（2000—），女，助理工程师，主要研究方向：标准化管理、水电工程建设管理等。E-mail：yang_yhj@wldl.com.cn

Application of Archives Digital Management based on BIM Technology

LI Tingting [1]，ZENG Shanjiao[2]，YANG Huijun[3]

（1．Wuling Electric Power Wuqiang stream power plant，Huaihua 418000, China；

2．Guizhou Qingshuijiang Hydropwer Co.，Ltd., Qiandongnan 556700, China；

3．Wuling Power Huaihua Yuanjiang Power Development Co.，Ltd., Huaihua 418000, China）

Abstract: Building information model（BIM）technology is widely used in local construction projects，which has brought revolutionary changes to engineering design，construction and operation and maintenance management. BIM technology not only significantly improves the engineering efficiency and quality，but also produces huge amounts of engineering data. These data contain valuable information and knowledge of the whole life cycle of the engineering and have become an important part of the engineering electronic archives. This paper takes five strong stream expansion project as an example，discusses the application of the BIM technology depth integration and archives digital technology integration，build BIM technology archives digital management method and technology，realize the whole process of project implementation of digital archives storage，utilization，query management process automation，visualization and standardization，improve the efficiency of project implementation，give full play to the utilization value of archives.

Keywords： BIM；archive digitization jarchive inquiry

核电厂档案管理数字化、智能化探索实践

邱士铃

（山东核电有限公司，山东省烟台市　265100）

摘　要： 信息技术的发展深刻影响当下核电档案管理，档案人员期望提高海量档案管理效率与质量，用户希望实现高效利用。传统做法难以满足档案人员及用户日趋强烈的高效管理、便捷利用需求。笔者所在单位依托现有信息化基础，应用 RPA、AI 为代表的新一代信息技术，通过提升在线服务能力、引入数字员工、搭建单套制归档框架探索数字化、智能化手段提升有效途径，在提升档案基础业务效能，改进档案用户体验方面取得了较好效果。

关键词： 核电厂档案；数字化；智能化

0　引言

信息技术的发展带来信息的爆炸式增长，也对档案管理带来深刻影响。面对海量化的档案资源，档案人员希望实现高效管理，提高记录的归档效率与质量。用户希望实现高效利用，以便捷、直接的方式获取所需档案资源。效率与质量的提升成为新形势下档案工作提质增效的应有之意。以 RPA、AI 为代表的新一代信息技术，因其智能、高效的特点及广泛适用性已被各行业广泛使用，也为档案管理提升带来了更多可能，笔者所在单位对应用数字化、智能化手段提升核电厂档案管理效能、服务质量进行了一系列探索，取得了较好效果，笔者在此进行粗浅总结、分享。

1　现状及问题

1.1　用户需求转变带来管理提升压力

随着信息技术的发展，档案形式由模拟态向数字态、数据态进一步演化，"管内容、管数据"正逐步代替传统的"管实体、管目录"管理理念，并日渐成为行业趋势。核电厂工程建设与生产运行管理过程中产生以百万计的归档文件，工程建设、技术改造、设备运维等电厂主要业务活动查档、用档需求旺盛。随着核电厂信息系统全面普及应用，用户对档案利用的便捷性、高效性要求进一步提高，业务对档案精细化、数据化管理的要求也日益显著。要对档案信息资源进行最大限度的开发利用，首先要更新对于档案信息资源管理

的理想理念[1]。电子档案在线利用能让用户高效、便捷获取档案信息，提升档案信息资源利用效率，日渐成为用户乐于接受的档案利用方式。电子原文在线浏览已成为核电厂主流档案利用方式，档案服务对电子档案的依赖性极大增强。

解决电子档案依赖性问题的最高效方法是直接归档电子文件。然而电子档案单套制管理对以企业数字信任机制和数字生态都有严格的要求，涉及基础设施、应用系统、标准规范和安全管控等方方面面[2]，难以一蹴而就。电子档案单套制管理不足，双套制归档仍占主导。传统的双套制文件归档工作系统且繁琐，档案整理、编目、数字化等工作中大量存在的简单、重复性基础工作，消耗档案人员的大量精力与时间。基础业务的低效能与用户日渐提高的用档需求给核电厂档案管理带来压力。

1.2　双套制对档案管理的掣肘加重

随着企业的进一步发展，山东核电步入工程建设、电力生产及核能综合利用三线并进的发展阶段。各项业务的稳定发展也形成了数量庞大的归档文件。以某电力生产档案为例，两台机组年归档量就达 10000 件以上，大修年则会突破 15000 件。后续工程建设档案参考海阳核电项目一期工程 1、2 号机组项目 55000 余卷 171000 余件纸质档案的归档数量也将产生海量归档文件。随着在线浏览逐渐成为企业主要档案利用方式，纸质档案数字化成为归档管理的基本要求。当前的双套制归档模式将为后续档案管理带来库房、人力、物力资源造成巨大压力。同时，原生型电子文件打印出纸质文件归档并不会更好地体现档案的凭证价值，反而会增加归档文件元数据不完整和缺件的风险，不利于后续档案信息资源进一步数据化与深层次发掘。

如何以有限的人力、物力条件应对海量增加的需归档文件及日益提高的用档需求，在新形势下促进档案工作提质增效，推动核电档案工作高质量发展，成为核电档案工作数字化转型必须解决的问题。

2　可行性分析

信息技术的发展为档案管理创造了良好的条件。一是信息系统的广泛普及为档案便捷服务提供了平台，也为服务质量的进一步提升创造了条件。二是 RPA、AI 为代表的新一代信息技术，其功能、特点已被各行业广泛使用、验证，积累了成熟、系统的应用经验。如 RPA 应用可依据已设定工作流程自动完成流程固定、高重复性、逻辑确定的工作任务。这一特性与核电档案基础业务的工作量大、简单、重复的痛点高度契合。同时，RPA 技术对已有信息系统"无创"式的开发、实现形式与核电厂信息建设实际极为贴合。福清核电打造"AI+RPA"文档智能机器人，实现核电文档著录、文件批分与分发、文档编研、生产文件利用 4 个应用场景落地[3]，为核电文档管理智能化提升积累了经验、提供了参考。

3　策略及成效

3.1　强化管内容、管数据，夯实在线服务基础

3.1.1　扩大数字化，完善在线利用档案门类

在现有技术档案在线浏览的基础上，根据用户档案利用习惯进一步扩大档案数字化范围，增加经营管理相关档案类目。将档案数字化要求以合同条款、管理制度条文的形式进行明确，确保数字化要求落实到位。实现对除涉密、财会等敏感档案外全门类档案数字化，档案数字化率达到 95%。其中工程、生产档案数字化率达到 100%，全部实现档案在线浏览。同时做好电子档案在线浏览权限控制，制定"分类+归档责任者+特定分组"权限控制机制，保证档案便捷利用的同时做好档案信息安全控制。

3.1.2　强化表层数据管理，提升"管内容、管数据"能力

按照集团、行业标准规范对现有档案著录规则进行整合、完善，建立基与核电分类体系及本单位业务实际的档案元数据体系，进一步规范档案元数据管理。将业务重点关注的文件编码、构筑物编码、物项编码、系统编码、设备功能位置码等档案关联实体信息纳入档案元数据管理，在档案收集、归档过程中做好相关信息的采集、管理。在满足当前档案管理要求的基础上进一步强化档案表层数据管理，提升档案元数据对关联实体揭示能力，为后续档案信息深度挖掘、利用创造条件。

3.1.3　强化"档-物"关联，提升用户体验

针对现有档案系统 UI 设计档案专业性强，查询、检索友好度、便捷度不高，影响利用效果的问题。山东核电档案团队从核电文档一体化查询的管理特点出发，根据用户文档利用习惯，对现有档案系统 UI 进行改造，开发用户专用档案系统 UI 界面。在档案系统目录结构树中设置档案主题标签，将档案与实体关联的构筑物、物项、系统、区域、通信渠道、年度等关键信息以节点标签的方式进行展示，实现档案与实体关联的具象化。通过 UI 优化，将专业较强的核电档案分类体系以用户日常工作中熟悉的构筑物、系统、物项等形式进行展示，提升在线浏览档案专题性、针对性。用户轻点鼠标即可获取该类目下相关主题档案所有目录、电子原文。在细节上，还针对档案人员、用户对档案信息需求的不同，对界面展示字段进行差异化定制。档案人员界面着重展示档号、题名、责任者等归档特征信息。用户界面着重展示档案内容、关联实体信息。从用户视角对档案系统 UI 设计进行系统性优化，有效提升档案用户体验。

3.2　应用新信息技术，推动智能化、自动化提升

3.2.1　引入数字员工，提升基础业务效能

通过对 RPA 技术在文档管理的应用场景、落地要求、应用效果进行了系统、全面学习、了解，对现有档案基础业务进行梳理、整合，提炼出与 RPA 技术特性适配度高的业务环节。依托企业统一 RPA 应用平台，开发数字员工的档案数字化副本审查和在线浏览

电子档案可用性抽查功能，实现归档和在线浏览档案数字化副本自动审查、抽查。

档案数字化副本自动审查由数字员工按照档案数字化副本归档要求，自动对档案数字化副本文件编码、题名、页数与归档文件目录清单一致性进行核对，对数字化副本文件清晰度、页面方向进行审查，并对审查结果进行自动记录及报告。全过程仅需人工介入流程启动、结果审查。审查过程中实现问题样本自动收集、定期更新，并支持数字员工对所收集样本进行自动学习，不断提升审查质量。

电子档案在线可用性抽查功能实现数字员工模拟用户在线浏览操作按类别、定期、按比例对档案系统中电子档案可读性进行抽查，实现抽查内容自动记录，自动反馈，抽查范围不重复。档案人员根据抽查结果核实问题文件实际情况，对系统中电子档案无法浏览的问题进行处理。档案人员可根据各类型档案实际情况自定义抽查数量，最大程度地做到抽查范围覆盖，确保电子档案在线浏览服务质量。

数字员工的引入有力推动了档案基础业务的提质增效。一是提升工作效率，以档案数字化副本审查为例，审查效率由人工审查的 5.45s/页提升至 RPA 审查的 2.18s/页，效率提升 60%。在保证计算机不断电的前提下可实现 24h 不间断工作，有利于充分利用晚上、周末等人工不使用电脑时间段进行审查工作。二是提升工作质量，人工长时间从事简单重复工作难以始终保持高度专注，容易因麻痹大意产生疏漏，影响工作质量。RPA 工作能有效避免人为原因产生的工作质量的问题，做到工作效率和质量的双提升。

3.2.2 以自动化、智能化促业务优化

RPA 技术要求应用业务标准明确、流程固定、逻辑性清晰。以 RPA 应用为契机，山东核电档案团队对现有文件归档基础业务操作流程进行整合、规范，提升基础业务标准化、规范化。一方面对企业现有档案数字化副本归档流程进行了整合、统一。如将文件清单准确性确认工作提前至纸质档案审查阶段，明确要求档案人员在待归档纸质文件审查阶段需完成文件清单与纸质文件一致性确认工作，并在纸质文件整改过程中同步做好清单更新信息的确认工作。以便为后续档案数字化副本自动审查提供正确信息参考。另一方面对档案数字化副本制作、整理、归档、著录等业务环节进行了统一规范。如将现有外部工程档案数字化副本以"序号 编码 题名"，内部档案以"序号"命名的方式统一为以"序号 编码 题名"命名。在满足 RPA 执行要求的同时提升电子档案表层数据对档案内容揭示能力，为后续自动审查创造条件。

3.2.3 以点带面，推进智能应用拓展

以 RPA 技术开发的档案数字员工档案数字化副本自动审查、抽查功能于 2023 年 4 月正式投用，投用后在提升档案数字化副本归档效率、归档质量方面产生了良好的应用效果。以此为起点，山东核电档案团队对新信息技术和档案基础业务特点进行了进一步学习、研究，探索更多应用场景的开发。后续将研究、开发智智能化应用在电子竣工图审查、在线归档电子文件审查等场景的应用。逐步扩展拓展智能应用在核电厂档案管理中的应用，提

升档案基础业务工作效率、质量，以智能化、自动化提升推动档案工作数字化转型。

3.3 探索单套制归档，搭建"纸改电"归档模式框架

针对当前双套制归档模式与企业档案管理实际的错位，山东核电对已有信息系统业务范围、运转情况、记录产生情况、归档条件进行梳理，厘清单套制归档需求，探索核电厂电子文件单套制归档的可行途径。初步搭建了符合企业管理实际的多门类档案"纸改电"归档模式框架。

3.3.1 统建业务系统电子文件

集团统建业务系统电子文件依托集团实现单套制归档。综合办公系统等集团统建业务系统电子文件，依托集团统一数字信任机制，采用集团统一数据封装、检测方案，经由集团数字档案馆核电标准接口，实现向数字档案馆单套制归档。

3.3.2 自建业务系统电子文件

自建业务系统电子文件采用"依托+自建"的方式实现单套制归档。文控系统、生产系统等自建信息系统在已有身份认证机制的基础上通过电子签名、区块链进一步完善企业数字认证机制。参考集团统一数据封装、检测技术要求制定对业务系统电子文件具有针对性的数据封装、四性检测技术方案，实现业务系统电子文件及元数据的收集、检测，经由集团数字档案馆核电标准接口，实现向数字档案馆单套制归档。

3.3.3 建设项目电子文件

海阳核电 3、4 号机组项目电子文件单套制归档涉及跨组织、跨系统的电子文件归档、移交，目前行业尚无标准、通用方案。为了推动项目文件单套制归档，山东核电联合 3、4 号机组工程总包方申请国家档案局建设项目电子文件归档及电子档案管理试点，申请项目入选第三批"建设项目电子文件归档及电子档案管理试点"。明确通过电子签名+电子印章+数字摘要+区块链方式构建总包方业务系统、文档系统及业主方文控系统、数字档案馆间数字认证机制。参考集团统一数据封装、检测技术要求制定对建设项目电子文件具有针对性的数据封装、四性检测技术方案，实现建设项目电子文件及元数据的收集、检测，经由集团数字档案馆核电标准接口和集团数字档案馆二级单位跨全宗移交两种方式实现核电建设项目电子文件由总包方方向业主方单套制归档。

4 结语

全国档案事业"十四五"规划明确要求在档案工作中应用新一代信息技术，提升档案管理数字化、智能化。面对数字转型对传统档案业务的冲击及用户日渐提高的用档需求，山东核电因势利导、因地制宜，依托现有信息资源通过信息系统改进优化，应用新一代信息技术等一系列举措，积极探索核电厂档案管理效能提升、服务改进的有效途径，从基础业务出发，以用户需求为落脚点，推动企业档案管理数字化、智能化提升，并取得实际成效。

尺有所短，寸有所长，他山之石可以攻玉。山东核电档案管理数字化、智能化探索实践虽然以企业自身信息化条件、管理实际为依据，但其针对的基础档案业务、用户档案需求、智能应用选择等内容对于档案管理具有一定的通用性，对于提升档案管理效能具有一定的参考价值。由于篇幅所限及笔者能力所限，可能存在观点不够全面、深刻的问题，欢迎广大同行探讨、交流。

参考文献

［1］王景杰．人工智能技术在档案管理工作中的有效运用［J］．陕西档案，2021（3）：41-42.

［2］钱毅．基于 U 型曲线重新审视档案信息化工作［J］．档案与建设，2023（4）：4-8.

［3］邱杰峰，李喆，刘敬仪．机器人技术在文档智能管理中的应用研究［J］．中国档案，2022（9）：68-69.

作者简介

邱士铃（1988—），女，馆员，主要研究方向：科技档案管理、档案信息化。E-mail：879267002@qq.com

Digitalization and Intelligence Exploration Practice of Nuclear Power Plants Archive Management

QIU Shiling

（Shandong Nuclear Power Co., Ltd.，Yantai 265100，China）

Abstract：The development of information technology has a profound impact on the current management of nuclear power archives. Archivists expect to improve the efficiency and quality of massive archive management，while users hope to achieve efficient utilization. Traditional methods are unable to meet the increasingly strong demand for efficient management and convenient utilization from archive personnel and users. The author's company relies on the existing information technology foundation and applies new generation information technologies represented by RPA and AI. By enhancing online service capabilities，introducing digital employees，and building a single system archiving framework，it explores effective ways to improve digitalization and intelligence. It has achieved good results in improving archive basic business efficiency and enhancing archive user experience.

Keywords：nuclear power plants archive；digitalization；intelligence

智慧档案馆建设中信息技术的应用与发展前景

（国家电投集团河北电力有限公司廊坊分公司，河北省廊坊市 065000）

摘 要：随着信息技术的快速发展，智慧档案馆建设已成为现代档案管理的重要发展方向。通过对智慧档案馆建设中信息技术应用现状的分析，探讨了包括人工智能、大数据、区块链等新兴技术在档案管理领域的具体应用方案和实施策略。研究表明，信息技术的深度应用能够显著提升档案管理效率，实现档案资源的智能化管理和利用。通过前瞻性分析，提出了智慧档案馆未来发展的关键路径，为推进档案管理现代化建设提供理论支持和实践指导。

关键词：智慧档案馆；信息技术；人工智能；大数据；区块链

0 引言

信息技术革命带来的数字化转型浪潮正深刻影响着档案管理领域的发展。传统档案馆面临着数字化档案激增、用户需求多样化、管理手段落后等挑战。智慧档案馆的建设是顺应时代发展的必然选择，也是提升档案管理水平和服务质量的重要途径。

1 智慧档案馆建设的必要性

随着信息技术的迅猛发展和数字化时代的全面到来，传统档案馆在管理效率、服务水平和资源利用等方面的局限性日益凸显。建设智慧档案馆已成为适应时代发展的必然选择。首先，档案资源数字化趋势不可逆转，每天产生的电子文件、数字影像等数字档案呈爆炸式增长，传统的人工管理方式已无法满足海量数字档案的管理需求。其次，档案利用者对档案信息服务的要求不断提高，他们期待更便捷的检索方式、更智能的服务模式和更个性化的知识服务，这就要求档案馆必须借助现代信息技术提升服务能力。再次，国家大力推进数字经济发展，"互联网+"战略的深入实施为智慧档案馆建设提供了良好的政策环境和技术支撑。此外，智慧档案馆的建设有助于推动档案信息资源的深度开发和高效利用，为政府决策、学术研究、文化传承等提供更加可靠和便捷的信息支撑。

2 信息技术在智慧档案馆中的具体应用

2.1 人工智能技术的应用

智慧档案馆通过部署 AI 技术提升管理效率。在入库环节，利用高速扫描仪和 OCR 技

术进行数字化采集和文字识别，其准确率 R 可表示为

$$R = \frac{N_c}{N_t} \times 100\% \geqslant 95\%$$

式中：N_c 为正确识别的字符数；N_t 为总字符数。

系统通过深度学习算法自动提取文件关键要素并生成规范著录项。在分类环节，基于预训练模型实现档案快速分类；对音视频档案，利用智能分析技术生成内容摘要和关键帧标注。在服务方面，部署智能问答系统理解用户意图，结合知识图谱提供精准答案，并基于用户行为分析推送个性化资源。

2.2 大数据技术的应用

2.2.1 档案数据分析

大数据技术通过对海量档案数据进行多维度分析，可挖掘档案资源的内在价值。系统采用分布式存储和并行计算技术，对档案的形成时间、来源部门、主题内容、利用频率等特征进行统计分析。通过数据可视化技术，直观展现档案资源的分布特点、增长趋势和利用热点。同时，利用关联规则挖掘技术，发现不同档案之间的关联关系，为档案的整理、鉴定和开发利用提供数据支撑，实现档案资源的科学管理和深度开发。

2.2.2 用户行为分析

通过收集和分析用户在档案利用过程中的检索词汇、浏览路径、停留时间、下载选择等行为数据，系统可以精准画像用户特征和需求偏好。基于用户画像，采用协同过滤算法为不同类型用户推送个性化的档案资源。通过分析用户反馈和评价数据，持续优化档案服务质量。同时，系统可以识别高频访问时段和热门档案资源，合理调配服务资源，提升用户满意度。

2.2.3 预测性维护

大数据技术能够实现档案保管环境和载体状态的智能监测与预警。系统通过物联网传感设备实时采集温湿度、光照、空气质量等环境数据，结合档案载体老化规律，建立预测模型。通过分析历史数据，系统可预测档案破损风险，提前发出预警并制定修复计划。对于电子档案，系统通过监测存储设备状态、数据完整性和访问异常等指标，预判系统故障风险，确保档案数据安全。

2.3 区块链技术的应用

智慧档案馆构建基于区块链的分布式信任体系，保障档案数据可信性。对于每份电子档案，系统生成唯一数字指纹 Hash 值，即

$$H = SHA256(F|T|C)$$

式中：F 为档案内容；T 为时间戳；C 为创建者信息。

这些信息被写入不可篡改账本。在档案流转中，所有操作被记录形成完整使用轨迹。

系统通过智能合约实现档案管理规则自动化执行，包括借阅审批和保管期限管理。采用多节点存储策略建立档案馆区块链联盟，互验数据完整性防止单点故障。同时，通过区块链存证技术提供可信时间戳服务，确保档案法律效力和可追溯性。

3 智慧档案馆建设的关键技术支撑

3.1 云计算平台建设

智慧档案馆的云计算平台采用"公有云+私有云"的混合云架构，实现档案资源的统一管理和弹性调度。在基础设施层，通过虚拟化技术整合服务器、存储和网络资源，建立高可用的计算资源池。在平台层，部署分布式文件系统和数据库集群，支持海量档案数据的存储与处理。在应用层，采用微服务架构，将档案管理、检索服务、用户管理等功能模块化部署，实现服务的独立扩展和灵活调整。平台设置负载均衡机制，根据访问需求自动调节计算资源，保障系统高效运行。同时，建立数据备份和容灾系统，采用多地域数据中心部署方案，确保档案数据的安全性和可用性。云平台还提供开放 API 接口，支持与其他业务系统的数据交换和功能集成，实现档案资源的共享利用。

3.2 物联网基础设施

物联网基础设施是智慧档案馆实现智能化管理的重要支撑。在库房环境监控方面，部署温湿度传感器、光照传感器、空气质量传感器等，构建全方位的环境监测网络。在档案载体保护方面，利用 RFID 技术对实体档案进行智能标识，结合智能定位系统实现档案精确定位和调取。在安防监控方面，布设高清摄像头、门禁系统、红外报警器等设备，构建立体化安防体系。所有感知设备通过物联网网关接入管理平台，采用边缘计算技术对采集数据进行预处理，实现数据的实时分析和快速响应。系统通过物联网管理平台统一管理所有设备，实现设备状态监控、远程配置和故障诊断，确保基础设施的稳定运行。

3.3 5G 网络应用

5G 网络为智慧档案馆提供高速、低延迟、大连接的通信基础。在档案数字化方面，利用 5G 网络的大带宽特性，支持高清影像实时采集和传输，提高档案数字化效率。在档案利用服务方面，基于 5G 网络的超低延迟特性，实现档案资源的实时访问和在线浏览，支持 AR/VR 等新型展示方式，提升用户体验。在移动办公方面，利用 5G 网络的广覆盖特性，实现档案管理人员的远程办公和移动作业，提高工作效率。在数据传输方面，采用 5G 网络切片技术，为不同业务需求提供定制化的网络服务，确保重要业务的网络质量。通过 5G 专网建设，实现档案馆内部网络的安全隔离，保障数据传输安全。

3.4 数据安全保障

数据安全保障体系采用多层次防护策略，确保档案数据的安全性。在网络层，部署防火墙、入侵检测系统、网闸等设备，构建纵深防御体系。在数据层，采用国密算法对重要档案数据进行加密存储，实现数据访问控制和敏感信息脱敏。在应用层，建立统一身份认证和权限管理系统，实现基于角色的访问控制。在管理层，制定完善的数据安全管理制度，定期开展安全评估和应急演练。系统建立全方位的安全审计机制，记录所有数据操作行为，支持安全事件的追踪和取证。同时，采用数据备份和灾难恢复技术，建立多级容灾体系，确保在发生安全事件时能够快速恢复业务。

4　智慧档案馆的发展前景

4.1　全方位智能服务体系

智慧档案馆的未来发展将以用户需求为核心，构建全方位的智能化服务体系。在技术支撑层面，系统将深度整合人工智能技术。通过深度学习算法和知识图谱技术，实现智能问答功能，协助用户快速定位所需档案信息。知识推理能力的加入，使系统能够建立档案资源间的关联，提供更有深度的信息服务。场景感知技术的应用，则能根据用户的具体情境提供精准服务。在交互方式上，系统将突破传统的单一模式。多模态交互技术的引入，使用户可以通过语音指令、手势操作等自然方式与系统互动。虚拟现实技术的应用，更将为用户带来沉浸式的档案查阅体验，让历史档案焕发新的生命力。

在服务模式方面，智能机器人将成为档案馆的重要服务力量。它们不仅能提供基础的咨询和引导服务，还能协助用户精确查找所需档案。7×24h 在线服务模式的建立，配合智能客服系统，确保用户随时都能获得及时响应。在服务优化方面，智能化评价反馈机制的建立至关重要。系统将持续收集用户反馈，通过数据分析不断优化服务流程和内容，提升服务质量。这种动态优化机制确保服务能够始终满足用户不断变化的需求。

4.2　跨域资源整合与共享

智慧档案馆的跨域资源整合与共享是打破传统信息壁垒、提升服务效能的关键举措。通过建立统一的档案资源共享平台，连接档案馆、图书馆、博物馆等文化机构，实现资源互联互通。平台采用统一的元数据标准和数据交换协议，有效解决信息孤岛问题，建立起资源共建共享的长效机制。在技术保障方面，分布式存储和区块链技术的应用确保了共享过程中数据的安全性和可信度。跨区域、跨部门的协同服务机制则保证了档案资源的顺畅流转，提升了资源利用效率。借助大数据分析技术，系统能够深入挖掘不同领域档案资源间的关联关系，构建起多维度的知识服务网络。这种全方位的资源整合与共享模式，不仅扩展了档案资源的服务范围，更为用户提供了更加全面和深入的知识服务支持。

4.3　个性化知识服务

智慧档案馆将深化个性化知识服务能力，通过人工智能技术精准把握用户需求特征。系统基于用户画像技术，分析用户的专业背景、研究领域、使用习惯等特征，建立动态更新的用户模型。利用推荐算法，为不同类型用户提供差异化的档案资源和知识服务。在内容加工方面，系统能够根据用户需求自动生成知识摘要、研究报告和专题汇编等个性化产品。建立智能学习系统，通过分析用户反馈不断优化服务策略。同时，开发移动端应用，为用户提供便捷的个性化服务入口，实现档案知识服务的精准推送和主动服务。

4.4 智慧决策支持

未来智慧档案馆将强化其在辅助决策方面的功能，通过大数据分析和人工智能技术提供智能化的决策支持。系统能够对海量档案数据进行多维度分析，发现潜在的规律和趋势，为管理决策提供数据支撑。通过建立预测模型，对档案利用需求、资源配置、设备维护等方面进行科学预测，支持前瞻性决策。利用知识图谱技术，构建档案领域知识网络，支持复杂问题的分析和决策。系统还将提供可视化的决策分析工具，通过直观的数据展示和交互式分析，辅助管理者制定科学决策，提升档案管理的智能化水平。

5 结语

智慧档案馆建设是档案管理现代化的重要体现，通过信息技术的深度应用，能够有效解决传统档案管理中存在的问题。未来，随着技术的不断进步，智慧档案馆将在档案管理效率提升、服务质量改善、资源利用优化等方面发挥更大作用。持续推进信息技术在档案管理领域的创新应用，对于构建现代化档案管理体系具有重要意义。

参考文献

[1] 周声宇，肖海清，徐中阳，等．新质生产力赋能智慧图书馆发展探析［J］．图书馆理论与实践，2025（1）：76-82，110.

[2] 王少凡．区块链技术在智慧图书馆网络安全中的应用探讨［J］．网络安全技术与应用，2024（11）：122-124.

[3] 姚佳呈，许鑫．大语言模型在智慧图书馆中的应用与挑战［J］．信息与管理研究，2024，9（5）：36-43.

[4] 耿健．数据驱动的智慧图书馆借阅服务策略优化研究——以江苏省公共图书馆为例［J］．信息与管理研究，2024，9（5）：44-54.

[5] 冯菲．智能时代基于 AI 技术的高校图书馆智慧服务探究［J］．文化学刊，2024（10）：163-166.

作者简介

智　永（1977—），男，助理工程师，主要研究方向：智慧档案馆建设中信息技术的应用与发展前景。E-mail：zy83096155@163.com

王　凯（1989—），男，助理工程师，主要研究方向：智慧档案馆建设中信息技术的应用与发展前景。E-mail：328674930@qq.com

Application and Development Prospects of Information Technology in Smart Archives Construction

ZHI Yong, WANG Kai

（The Langfang branch Of SPIC Hebei Electric Power Co., Ltd., Langfang 065000, China）

Abstract: With the rapid development of information technology, the construction of smart archives has become a crucial direction in modern archival management. Through analysis of the current applications of information technology in smart archives construction, this paper explores specific application schemes and implementation strategies of emerging technologies including artificial intelligence, big data, and blockchain in the field of archival management. Research shows that the deep integration of information technology can significantly improve archival management efficiency and achieve intelligent management and utilization of archival resources. Through forward-looking analysis, this paper proposes key development paths for future smart archives, providing theoretical support and practical guidance for advancing the modernization of archival management.

Keywords: smart archives; information technology; artificial intelligence; big data; blockchain

新能源建设项目电子文件单套制归档的困境与破局

张翠平[1]，李国华[2]

（1. 山东电力工程咨询院有限公司，山东省济南市 250100；
2. 国家电力投资集团有限公司办公室，北京市 100029）

摘 要： "双碳"目标下，新能源事业蓬勃发展，新能源建设项目整体管理水平亟待提升，与之配套的档案管理水平更显不足。新技术的应用，对建设项目电子文件单套制归档提供了更多的可能性。本文从目前新能源建设项目电子文件单套制归档的困境进行逐一解析，分析制度、标准、人员等方面的因素，打破常规思维，依托集团级文件控制系统，探索源头筑基、过程监管、标准管控、系统护航、评价夯基等方面入手，找出破局之路。

关键词： 新能源；建设项目；电子文件；单套制归档

0 引言

2020 年 9 月 22 日，习近平总书记在第七十五届联合国大会上提出"碳达峰 碳中和"的双碳愿景目标；2021 年 3 月 5 日，第十三届全国人民代表大会第四次会议上李克强总理作政府工作报告，强调：优化产业结构和能源结构。推动煤炭清洁高效利用，大力发展新能源。紧接着相关主管部门陆续发布《关于引导加大金融支持力度 促进风电和光伏发电等行业健康有序发展的通知》（发改运行〔2021〕266 号）、《关于 2021 年风电、光伏发电开发建设有关事项的通知》（国能发新能〔2021〕25 号）等文件，以实际举措强劲推进新能事业发展。

二十届三中全会公报《中共中央关于进一步全面深化改革 推进中国式现代化的决定》强调：推动国有资本向关系国家安全、国民经济命脉的重要行业和关键领域集中，……向前瞻性战略性新兴产业集中。新能源事业蓬勃高速发展，新能源建设项目是新能源发展事业的重要一环，也是我国新业态、绿色发展的重要支撑。做好新能源建设项目档案工作创新，服务项目高质量建设，已经成为亟待解决的问题；尤其是应对新技术、新发明，对电子文件单套制归档提出了新要求。

1 新能源建设项目电子文件单套制归档的困境

1.1 新能源建设项目管理模式

在调研的过程中发现，绝大部分的新能源建设项目，目前更多的依赖传统的管理模式，主要是参照或照搬传统火电管理模式，但常规火电建设项目适应信息技术发展，开发利用的项目管理系统，在新能源建设项目却未能得到普及或广泛部署。此外，在管理体现机制、人员配置、技术更新等方面，均与新能源建设项目进度、质量、效益的要求存在较大差距。

1.1.1　以参建单位为主体的个体分散管理

新能源建设项目就整体项目管理而言，依托参建单位为主体，分别履行建设单位、监理单位、总承包单位、施工单位、设计单位、调试单位、运行单位等的职责，各单位根据自身管理水平和条件，发挥各自实力，合力做好单个具体建设项目的实施任务。这在新能源建设项目初期发展的初期，是符合实际，也是适用的。

但随着国家相关政策的出台和推动，以五大发电集团为例，2024 年上半年度其新能源"成绩单"相继出炉。国家电投于 2023 年底新能源累计装机超过 1.2 亿千瓦；国家能源集团新能源装机冲破 1 亿千瓦门槛；紧随其后的是华能集团和华电集团，上半年新能源装机分别突破 8000 万千瓦、6000 万千瓦。大唐集团则清洁能源装机占比突破 47%。尤其是大批量大基地、综合智慧清洁能源项目的涌现，对这种分散管理的模式提出严峻的考验[1]。

1.1.2　沿袭传统管理模式为主的项目建设管理

在各参建单位为主体管理的过程中，主要采用的管理模式，大多是将传统火电或者常规火电建设项目管理模式，"拿来主义"的应用到新能源建设项目上。以笔者所在单位为例，组建的新能源事业部、海上风电事业部等，均是将原来的发电事业部人员进行了拆分，一是人员固有的管理经验与管理思维，主要来源于传统火电建设项目；二是在新能源建设项目现场所采用的制度办法等多是沿用其原有的管理制度理办法等，少部分管理相对良好的项目，会进行针对性调整，但力度较小；三是管理组织机构方面，相当数量的新能源项目现场"精简"了专职文档人员；四是鲜有新能源建设项目部署常规火电项目管理信息系统，主要是考虑系统布置周期长、资金投入大，投入产出比很难形成正向反馈，致使新技术、新方法很难更多好地应用到项目建设上。

以某在建光热项目为例，在调研交谈过程中，项目管理人员坦言，新能源建设项目在实际的管理过程中，存在较多的混乱现象：新能源建设参与人员受本身业务能力限制，较多出现因编码的调整、单位工程的调整等造成的文件不断调整；因边施工、边出图或图纸滞后于施工进度等现象造成的设计变更较多等，给施工和管理带来更大的难度；因人员综合能力的限制，在新技术的应用上存在差距，对电子签名、签章的使用，存在抵触心理等。

1.2　新能源建设项目档案管理模式

在新能源建设项目整体管理模式还是传统模式的现状下，项目档案的管理、现场文件的控制，也呈现出同样的问题。

1.2.1　行业标准方面

初期因缺少专门的标准，一般多参照《火电建设项目文件收集及档案整理规范》（DL/T 241）；随着新能源建设项目的发展，逐步出台《风力发电企业科技档案归档与整理规范》（NB/T 31021）《光伏发电建设项目文件归档与档案整理规范》（NB/T 32037）等标准，主要还是针对档案管理方面，且风力的还是针对风力发电企业的管理规范，而非风力发电建设项目；目前还未有储能、生物质、地热、综合智慧能源等项目的具体标准规范。

1.2.2 管理方面

在传统的管理模式下，现场档案人员主要负责文件流转和移交组卷，一方面人工整理，效率低下；另一方面，线下签审经常出现闭合难、跟踪难等问题。另外，因工期、进度等原因，经常出现文件滞后于现场施工进度，甚至事后补报的现象，无法保证文件与现场施工的一致性，也使文件的凭证性价值出现可疑成分。这种低效的管理模式与新能源建设项目工期短、要求高等需求，无法匹配，影响项目整体的进度、质量和效益。

1.3 新能源建设项目电子文件单套制归档的困境

1.3.1 电子文件管理理念缺位

如前文介绍，大部分新能源建设项目的管理人员，沿袭传统的火电管理模式，一是档案人员基本也是火电项目档案人员转入，对档案管理相对更加熟悉，缺少文件控制的概念和理念；二是部分项目控制项目成本，"精简"了专职档案人员，致使档案管理相对薄弱，对文件控制的管理理念就了解更少了；三是少数项目甚至未配置兼职档案人员，档案管理出现混乱或者无人管理的情况，文件控制基本不会被提及。在这种情况下，想要进行电子文件管理或者说文件控制基本上属于"天方夜谭"，从项目经理到各级人员，基本不会考虑文件控制或文件管理的问题，电子文件管理、单套制归档推行先天不足。

1.3.2 电子文件管理制度空白

新能源建设项目普遍存在工期短、投入少的特点，管理较好的项目，能够执行相应的档案收集规范，但项目文件主要在线下产生，依靠人工进行线下签审、流转。对电子文件管理的要求，可以说，基本上属于空白状态，致使电子文件管理无据可依。笔者所在单位于2022年完成国家档案局《建设项目电子文件归档和电子档案管理试点项目》验收工作，编制了《建设项目电子文件元数据标准》《建设项目电子文件封装标准》《建设项目电子文件标准化目录结构管理规定》等企业内部标准，但对整体行业来说，缺少通用的管理制度和标准要求。尤其是针对新能源项目的推广可行性分析，尚待开展。

1.3.3 文件管理系统未见广泛部署

2018—2021年，国家档案局先后开展了三批建设项目电子文件归档和电子档案管理试点工作，共计69个项目，涉及交通、水电、核电、能源、电力等各个行业。但这些项目均是依靠文件管理系统实现的，主要集中传统能源领域，新能源项目目前尚未见到试点实施，主要原因是系统布置周期长、资金投入大，与新能源自身要求的项目工期短、投资规模小之间有难以磨合的问题存在，并且将长期存在。

2 新能源建设项目电子文件单套制归档破局思考

新能源建设项目"小、散、杂"的现状仍然存在，且独立参建单位为主体的管理能力短期内大幅度提升有限，为应对新能源建设项目大批量大基地涌现的管理需求，要求管理主体打破个体思维的固有理念，依托集团级管控的优势，在实现二级单位统一管理标准的基础上，打造统一的集团级项目文件管理系统，以适应更快速发展的新能源建设项目的需求。

2.1　以提升理念为引领，加强新能源建设项目对电子文件单套制归档优势的认识

从多个方面加强宣传教育，从价值和凭证、安全等方面，让电子文件单套制归档被更多地认可和接受，从而有效推动新能源建设项目电子文件单套制归档的进程。

一是加强宣传国家档案局已完成电子文件单套制归档试点的项目效益。这些项目随着电子文件单套制的推广和应用，大力节省了人力资源、提高了现场文件流转效率。仅以笔者单位的试点项目来说，印尼南苏 1 号项目已完成超万张图纸、近两万件施工文件的自动归档。项目提高了项目文件审批效率和竣工档案归档效率，实现了多个信息系统间的数据穿透，提高了电子档案管理系统整体的智能化和便利性，提高了档案管理与服务水平。

二是加强对电子文件凭证性认可的角度，档案法已经明确电子文件具有与纸质文件同等的法律效力，越来越多的领域认可了电子文件的凭证价值。

三是加强对新技术的宣传与应用研究，从技术层面，让广泛受注减少对电子文件单套制归档安全性和可靠性等方面的担忧。

2.2　以人才培养为基石，做好新能源项目电子文件单套制归档的资源保障

科技是第一生产力，人才是第一资源，创新是第一动力。在实现电子文件单套制归档的道路上，这三者依然适用。档案工作从业人员的信息素质，尤其是新能源建设项目的档案工作人员，需要不断提升个人的综合能力，才能适应日益提升的信息化水平，适应数字化转型，甚至人工智能的发展，电子文件单套制归档，也是利用科学技术手段解放了人力资源，实现了档案管理的一大提升。首先，档案专业基础能力不容忽视，这是做好所有档案工作的基础。其次，信息技术不断迭代，要转变工作思路，主动学习，抓住发展的机遇，提升个人综合素质，积极考虑用新的技术提升和拓展本职岗位工作。最后，要勇于担当，创新工作模式，不怕档案工作从尾端走向前端、从"幕后"走到"台前"，从被动转向主动，从给我什么到我要什么、甚至我给什么……才能真正做好电子文件单套制工作的管理。

2.3　以项目文件控制平台为抓手，提升项目文件管理整体水平

2.3.1　源头筑基

做好标准、规范建设，在源头筑牢电子文件单套制归档的基础。学习国家档案局《电子档案管理办法》《电子档案单套管理一般要求》（DA/T 92）等标准和规范要求，依托集团公司已编制完成《集团公司电子文件归档与电子档案管理标准》和《集团公司文件控制体系大纲》，搭建集团公司文件控制标准和制度体系。统一电子文件编制标准、模板、编

码、元数据等要素，为建立统一的集团级文件控制平台夯实"地基"。

2.3.2 过程监管

常规火电建设项目，一般要求在项目建设过程中，做好过程监督检查，质量月度检查、随机抽检、节点交底等，好的管理方法，可以借鉴参考。结合新能源建设项目规模小、工期紧等的特点，厘清建设关键节点和里程碑，做好项目前期、中期、末期的交底工作。如海上风电项目建设隐蔽工程多、危大工程多，针对海缆敷设、耐压试验、第三方试验、塔筒下海、潜水这些关键节点，对声像文件收集的要求和规范进行提前交底等。在项目实施过程中可以根据需要，进行考核和奖励。

2.3.3 标准规范

有据可依，编制工作标准，是统一标准化管理的前提，也是做好电子文件规范化管理的必要条件，以标准促规范。华能集团组织各专业技术人员，集中编制集团级《光伏发电建设项目档案管理手册》和《陆上风电建设项目档案管理手册》，并于2021年出版。国家电投集团组织各二级单位发挥管理所长，编制《国家电投常规建设项目档案管理指南》和《企业境外档案管理指南》，于2022年年初出版。与此同时，编制完成《集团公司电子文件归档与电子档案管理标准》，明确电子文件归档和电子档案管理的集团级标准，如电子档案"五性检测"（真实性、可靠性、完整性、可用性、安全性）等。

在遵循国家档案局、相关行业的标准规范的基础上，利用集团级标准填补相关领域的空白或缺失，如储能项目、生物质项目；管理通用要求的基础，明晰和完善集团级通用要求，如元数据的规则、安全性要求等。以"通用+专业"的模式，辅以模块化管理原则，构建集团级统一标准体系，在条件成熟的情况下，推广至行业或邻近领域。

2.3.4 系统护航

以集团为主体，搭建集团统一的项目文件控制管理系统，将电子文件控制要求、单套制归档要求，如元数据标准、封装标准、"五性检测"等，纳入系统开发环节，以源头的标准化、规范化管理，提升整理水平的提高。

针对少量已经部署项目管理系统的项目，开发完善其电子文件单套制归档功能或模块，做到与文件控制管理系统接口中，实现在线归档，以系统护航，确保电子文件单套制归档满足条件。

以集团为主体搭建文件控制系统，一是所属二级单位可以分摊投入，降低成本；二是由上而下推行，推行力度大，穿透力强。

2.3.5 评价夯基

新能源建设项目的文件控制系统投入使用的同时，建立评估机制，结合标准体系的建设、人员的配置、系统的具体使用情况等，对各二级单位和项目实施主体进行系统评价，并根据评价结果动态调整相关单位的准入资格，与源头筑基、过程监管形成闭环和良性促进的模式，推动电子文件单套制归档走深走实，档案管理信息化水平、数字化水平稳步提高。

3　结语

本文从具体的实践工作和调研中发现的问题出发，总结分析新能源建设项目电子文件单套制归档面临的困境，打破建设项目管理以参建单位为主体的固有理念，依托集团管控优势，从源头治理、过程监管、标准规范、系统护航、评价夯基等方面，探讨新能源建设项目电子文件单套制归档的破局之路，以期实现新能源建设项目电子文件归档来源可靠、程序规范，要素合规，真实记录项目施工过程，反映建设实际，真正发挥电子档案的凭证价值和历史记录价值。本研究在技术实现层面还流于表面，未能进行深入研究，以期后续更多新技术应用到文件控制管理系统，迭代优化系统功能，更好地促进电子文件管理、提升档案管理，助力项目管理，服务主营业务。

参考文献

［1］https：//guangfu.bjx.com.cn/news/20240805/1392909.shtml.

［2］王红娟，刘金串. 国际火电建设项目电子文件单轨制管理初探——以"印尼南苏 1 号项目"为例［J］. 办公室业务，2022（8）：13-15.

［3］李朝霞. 建设项目档案工作从双套制走向单套制的破圈之路［J］. 档案学研究，2024（5）：100-106.

［4］李国华，张彬，程琳，等. 新能源发电项目档案数字资源的收集与管理实践［C］//第九届中国档案学会档案信息化技术委员会，第九届中国档案学会档案信息化技术委员会 2024 年学术交流活动论文集，2024 年 10 月 23-25 日，福州，中国.

作者简介

张翠平（1982—），女，副研究馆员，主要研究方向：企业档案管理体系建设、项目档案管理、企业文档一体化管理、企业数字档案馆建设等。E-mail：zhangcuiping@sdepic.com

李国华（1965—），男，教授级高级工程师，主要研究方向：档案管理体系建设、建设项目档案管理、电子文件、企业数字档案馆建设等。E-mail：liguohua@spic.com.cn

Analysis of the Difficulties and Solutions in Archiving Electronic Documents in a Single Set for New Energy Construction Projects

ZHANG Cuiping[1], LI Guohua[2]

［1. Shandong Electric Power Engineering Consulting Institute Co.，Ltd.（SDEPCI），Jinan 250100，China；

2. State Power Investment Corporation Limited（SPIC），Beijing 100029，China］

Abstract：Under the goal of double carbon，the new energy business is booming，the overall management level of new energy construction projects needs to be improved, and the management level of supporting archives is even more lacking. The application of new technologies provides more possibilities for the single-set archiving of electronic documents in construction. This paper analyzes the current of single-set archiving of electronic documents in new energy construction projects, breaks the traditional thinking, relies on the group-level document system, looks into factors such as systems, standards, personnel, and explores ways to build a solid foundation at the source, supervise the process, control the standards, safeguard the system support, and strengthen the foundation through evaluation to find a way out.

Keywords: new energy; construction project; electronic document; single-set archiving

境外企业档案管理探究

王静雯

（中国电力国际有限公司，北京市　100080）

摘　要：聚焦境外企业档案管理面临的关键挑战，通过融合国家标准及广泛借鉴其他境外企业的档案管理研究，系统总结实践中的难点。在此基础上，提出针对性强、实用性高的建议，旨在为新时期的境外企业档案管理提供有力的参考和指导，确保其重要价值得以充分发挥。

关键词：境外企业；档案管理

0　引言

"一带一路"倡议自提出后，中国与"一带一路"沿线国家在交通、能源和通信等基础设施建设方面合作加强，中国企业在境外注册机构、承揽项目的情况日益增多，境外企业的档案数量快速增长。2018年，国家档案局出台《企业境外档案管理办法》，对境外企业管理工作提出原则性要求和提供了保障。因此，深入探究境外企业档案管理，总结实践经验，提出改进策略，对于提升企业管理水平、保障企业长远发展具有重要意义。本文将从实践出发，对境外企业档案管理进行全面剖析，以期为相关企业提供参考与借鉴。

1　境外企业档案管理难点

1.1　境外档案管控类型复杂

档案管控的权限和程度受资本关系和股权关系影响较大，在项目或公司成立初期签订投资开发合同时的股份占比和参与形式决定了后续境外企业档案管理的空间和范围。因此，境外企业档案作为企业在境外生产经营和管理活动中形成的真实的记录，在档案管理权限和范围方面更加复杂。

1.2　境外档案管理系统割裂

境外档案管理系统的割裂性也是一大挑战。基础设施建设项目业务体系通常比较庞大，包括投资、开发、建设、运营全产业链多个建设主体，各自管理系统和档案管理标准不同导致档案交接范围和深度不匹配。由于不同境外机构之间缺乏有效的信息共享机制，导致档案资源无法得到有效整合和利用。这种割裂状态不仅降低了档案管理的效率和质量，还可能导致重要档案信息的遗漏或丢失。一些境外企业使用的办公系统无法实现有效对接，各主体信息壁垒容易造成"信息孤岛"。

1.3 境外档案管理人员流动性大和专业性不强

对于派驻境外的工作人员常常受所在国签证和出境时间的限制，同时企业需对国内外工作岗位轮换，境外档案管理人员更换频繁。考虑到派驻成本，境外工作人员常身兼数职，时间和精力较分散，难以在档案专业长期耕耘提升，档案人员受专业水平的限制，收集的材料可能会出现不符合归档要求或没有保存价值的情况。

1.4 档案管理意识淡薄且收集困难

部分境外企业设立的目标局限于在所在国开展境外业务、开拓国际市场或者获得经济效益，对档案收集管理的意识淡薄。尤其是在一些国家缺乏档案管理的概念，境外企业日常经营活动或项目建设运营产生的文件随着活动和项目完成而失散。

2 加强境外企业档案管理的建议

2.1 制度、标准体系建设

在加强境外企业档案管理的过程中，制度与标准体系的建设是基石。境外企业的国内主管单位在国家政策下制定实施办法，指导和规范所属境外企业和项目档案管理工作。境外企业和项目应统筹考虑所在国具体要求，制定规范性和可操作性强的档案管理细则并备案，明确档案管理的目的、原则、流程、责任主体及监督机制，这套制度需充分考虑到所在国家或地区的法律法规，确保档案管理的合法性与合规性。同时，应制定档案分类、编码、存储、借阅、销毁等一系列标准，确保档案管理的规范性和一致性。此外，随着境外企业的发展和外部环境的变化，档案管理制度与标准应定期进行评估与更新，建立更具合理性、针对性和操作性的制度和境外企业归档管理指南，并组织培训、宣贯，确保高效、科学的开展档案工作，将档案管理融入到公司业务开展实际工作的各个环节，向业务前端延伸。

2.2 人才队伍建设

境外企业应持续加强人才队伍建设。企业本部设置专人负责档案板块事务并要求持证上岗。境外企业设置兼职档案人员，定期组织开展兼职档案员培训，明确档案工作要求和流程，通过内部培训、外部交流、专业认证等多种方式，提升档案管理人员的专业技能和综合素质提高档案整理工作质效。同时，境外企业应建立完善的激励机制，包括薪酬、晋升、表彰等，以吸引和留住优秀的档案管理人才。此外，企业还应鼓励档案管理人员参与行业交流与研究，了解档案管理的前沿动态和最佳实践，不断提升档案管理水平。

2.3 明确境外企业档案管理权限范围

明确档案管理权限范围是保障档案管理有效性的关键。由于境外企业档案是企业在境外生产经营和管理活动中形成的原始记录，对于企业有重要的意义。现实中不同的境外企业在参与国际投资和项目中，有不同的角色，取决于该企业在投资和项目中的角色，从而决定了在境外档案中的管理权限和范围。因此，境外企业应在前期通过合同约定明确各方权责。境外企业应清晰界定档案管理部门的职责与权限，确保其在档案管理过程中的主导地位。此外，境外企业内部应建立与其他部门的沟通机制，明确各部门在档案管理中的责任与义务，形成协同工作的良好氛围。对于涉及敏感信息或重要决策的档案，境外企业应建立严格的保密和审批制度，确保档案的安全性和完整性。

2.4　充分发挥数字档案系统优势

建设使用与国内主管单位互联互通的数字档案系统，优化境外电子文件归档流程，与业务部门配合，在业务系统前段提前预留归档接口并嵌入自动化归档系统，提高境外档案归档质效。数字档案系统应具备高效的数据处理能力、完善的安全防护措施和便捷的用户界面。境外企业应定期对数字档案系统进行维护与升级，确保其稳定性和安全性。同时，境外企业应加强对员工的数字档案系统培训，提高员工的使用技能和效率。

由于部分境外产生的归档文件材料只能依靠回国人员带回，不能保证归档的及时性，使得文件材料归档滞后，也给回国人员增加了负担。境外企业应充分利用数字档案系统管理功能，探索境外档案数字化归档，在符合所在国法律和规定的前提下，有条件的可利用扫描仪等电子设备对非涉密档案数字化并传送至数字档案馆，并将电子档案备份国内档案室保管，从而可实现档案信息全文检索，提高归档文件材料完整率和档案整理工作效率。

2.5　分级管理，形成档案运回机制

分级管理是确保档案管理有序进行的有效策略。境外企业应根据档案的重要性和敏感性，将其分为不同的等级，并制定相应的管理措施。对于重要档案，企业应建立严格的档案运回机制，确保在必要时能够将档案及时运回国内进行保存和管理。境外企业应对库藏档案分级管理，重要档案应单独排列或作出特殊标识，以在突发事件发生时能及时抢救保管重要档案。档案运回过程应严格遵守相关法律法规和程序，确保档案的安全性和完整性。同时，企业应建立完善的档案跟踪与监督机制，对档案的流向和使用情况进行实时监控和记录。境外企业应建立符合档案安全管理要求的库房并配置相关设施。

2.6　强化思想教育并提升档案管理意识

提升档案管理意识是加强档案管理的重要前提。境外企业应提升管理者和员工的档案意识，随着贸易保护主义抬头和国际贸易摩擦的一日增多，企业应把境外企业档案作为企业合规和守法经营的原始记录和证明，是企业的无形资产，在人力、物力和财力上加大保障，培养管理者和员工的档案证据意识和对档案重要性的认识。境外企业应通过思想教育、培训等方式，提高全体员工对档案管理工作的认识和重视程度。企业应定期开展档案管理知识讲座、案例分析等活动，增强员工的档案管理意识。同时，企业应建立完善的档案管理考核机制，将档案管理工作纳入员工绩效考核体系，激励员工积极参与档案管理工作。

此外，企业还应加强与员工的沟通与交流，了解员工在档案管理中的困难和需求，为员工提供必要的支持和帮助。

2.7　加强与产业链各方协同，促进理解和融合

加强与产业链各方的协同合作是提升档案管理水平的重要途径。境外企业和项目开展过程中所接触的不同主体，文档管理水平差别较大，部分主体对文档管理无法充分理解。境外企业应积极与供应商、客户、合作伙伴等建立紧密的合作关系，共同推动档案管理工作的顺利开展。通过签订合作协议、开展联合培训、共享档案管理经验等方式，加强与产业链各方的沟通与协作。通过产业链各方的共同努力，形成档案管理的合力效应，推动档案管理工作的不断创新和发展。境外企业应主动沟通，介绍档案管理理念、方法和工具，在尊重对方工作习惯和我方企业利益之间通过协商寻求解决方法。

参考文献

［1］赵建红．对境外企业档案管理的几点思考［M］．兰台内外，2021（18）：11-12．

［2］王露露、王洋、夏志鹏．新形势下境外企业档案管理面临的问题及对策研究［J］．中国档案，2021（8）：73．

作者简介

王静雯（1989—），女，经济师，主要研究方向：企业档案管理与实践。E-mail：wangjw1989@163.com

Research on Archive Management of Oversea enterprises

WANG Jingwen

（China Power International Holding Co., Ltd., Beijing 100080，China）

Abstract：Starting from the challenges encountered in the archive management of overseas enterprises，combined with Chinese national standards and other research on the archive management of oversea enterprises，this paper summarizes the difficulties in the practice of archive management of oversea enterprises，and puts forward suggestions in combination with the actual situation，so as to provide reference for the archive management of oversea enterprises in the new era.

Keywords：oversea enterprises；archive management

大数据背景下如何加强企业档案信息化保密管理

余　婧

（国家电投集团广东电力有限公司，广东省广州市　510000）

摘　要： 在大数据背景下，企业档案具有数量庞大、种类繁多的特点，而且蕴含着巨大的商业价值。但是对于这些档案而言，其信息的保密性和安全性也面临着严峻考验。一旦档案信息泄露或被滥用，会对企业造成不可估量的损失。因此，加强企业档案信息化保密管理，确保档案信息的安全性和完整性已成为企业档案管理的重要任务。本文主要就大数据背景下加强企业档案信息化保密管理措施进行分析，以供参考。

关键词： 大数据；企业档案；信息化；保密管理

0　引言

随着大数据技术的广泛应用，企业档案信息的存储、处理与传输方式发生了深刻变革，为企业档案信息的快速检索、智能分析提供了强大支持。大数据背景下，信息泄露、数据篡改、非法访问等风险日益加剧，会对企业的商业秘密、客户隐私产生严重威胁。因此，加强企业档案信息化保密管理能够保障企业信息安全，维护企业合法权益，进而提升企业竞争力，促进企业的可持续发展。

1　大数据背景下企业档案信息化保密管理的重要性

大数据环境下，企业档案信息数量呈现快速增长的趋势，由于档案信息数量的递增，给档案管理带来了一定的难度。因此，企业需要采用先进的信息技术手段来处理和分析这些海量的档案信息数据，加强企业档案信息化保密管理具有重要的现实意义。

1.1　维护企业核心竞争力

企业档案包含大量的商业秘密、技术资料、客户信息等敏感信息，这些信息是企业保持竞争优势的关键。如果这些信息被泄露会直接威胁到企业的生存和发展。因此，大数据背景下，加强企业档案信息化保密管理能够确保档案信息的安全性和完整性，能够提升企业的核心竞争力，确保企业的可持续发展。

1.2　提升企业形象和信誉

企业档案信息化保密管理的水平与企业的形象、信誉息息相关。如果企业能够妥善保管档案信息，防止信息泄露和滥用，就会赢得公众的信任和支持，提升企业形象和信誉。

相反，一旦企业档案管理不够完善，就会导致信息出现泄露或滥用的情况，可能导致企业遭受经济损失，如商业机密被竞争对手获取、客户流失等，对企业的形象和信誉产生影响。

1.3 促进档案信息的合理利用

在保障信息安全的前提下，加强企业档案信息化保密管理能够确保档案信息的合理利用。有效利用信息化技术手段，企业能够更加便捷地检索、分析和利用档案信息，确保档案信息在合法合规的范围内进行共享和交流，促进知识共享和协同创新，为企业的决策和发展提供有力支持。

2 大数据背景下加强企业档案信息化保密管理的方法

2.1 完善信息安全管理制度

企业需要制定详细的档案信息安全管理制度，对档案信息的敏感程度、重要性及业务需求进行分析，制定明确的分类标准，分类标记管理档案信息，确保信息能够得到相应的安全保护。在此过程中，需要选用加密硬盘、专用服务器等可靠、安全的存储介质，制定档案信息的存储规范，根据员工的职责和权限，及逆行不同的访问级别的设置，确保只有经过授权的人员才能进行特定的档案信息访问，做好每次访问档案信息的操作日志的记录工作，进行档案信息传输时要选择安全的传输方式，明确档案信息的传输范围，根据档案信息的重要性和业务需求，制定详细的备份策略，做好档案信息备份，明确销毁条件，进行档案信息销毁时，要选择物理销毁、数据擦除等安全、环保的销毁方式，明确各级责任主体，针对档案信息的各个环节，制定详细的分类流程、存储流程、访问流程、传输流程、备份流程和销毁流程，确保各项操作规范、有序。

2.2 实施安全风险分级管控

安全风险分级管控可以全面排查对档案安全造成影响的各类风险，企业可以进行风险分级，针对不同级别的风险采取相应的管理措施，构建健全的档案信息安全防护体系，全面梳理企业档案信息化保密管理中的各个环节，进行网络攻击、内部泄露、自然灾害等风险源的梳理，分析风险发生的可能性和影响程度，评估识别出的风险，加强物理防护，实施访问控制，进行安全监控的部署，定期对档案信息安全风险进行专项检查，通过审核评估，及时发现并纠正存在的问题，不断完善和优化安全风险分级管控体系，确保档案信息的保密性、完整性和可用性。

2.3 加强数据加密与访问控制

企业档案信息化保密管理需要先进的加密技术，加密处理敏感档案信息，通过特定的算法和密钥，将明文数据转换为密文数据的过程。只有持有相应密钥的人员才能解密并访问原始数据，对存储在硬盘、服务器等存储设备上的敏感档案信息进行加密处理，采用全盘加密、文件夹加密或单个文件加密等方式，根据实际需求选择适合的加密粒度。在传输数据时，采用加密技术确保数据在传输过程中的安全性，使用 SSL/TLS（安全套接层/传输层安全协议）等加密协议，确保数据在传输过程中不被篡改或破坏，提供细粒度的权限管理功能，只有授权用户才能访问和操作敏感数据，提高数据的可控性。建立严格的访问控制机制，确保只有经过授权的人员才能访问特定的档案信息，通过限制对数据的访问和修改权限，采用用户名、密码、生物识别等多种身份认证方式，更新和维护身份认证信息，根据员工的职责和权限，进行不同的访问级别的设置，进行权限更新，记录每次访问档案信息的操作日志，分析和审计访问日志，及时发现并处理异常访问行为。

2.4　完善档案备份与恢复机制

在大数据环境下，企业档案具有网络攻击、硬件故障、软件错误等多种威胁，如果档案数据受到损害，会导致企业业务流程中断，影响企业的正常运营。这就需要定期备份档案数据，在数据受损或丢失时迅速恢复，确保企业在面对突发事件时能够迅速恢复业务。企业应制定定期备份计划，备份频率应根据数据的重要性和变化频率来确定，对于关键数据和频繁变化的数据需要增加备份频率。要想防止自然灾害或人为破坏对档案数据造成毁灭性影响，企业需要实施异地备份策略，将备份数据存储在与企业所在地不同的地理位置，确保在灾难发生时能够迅速恢复数据。企业应采用磁盘备份、磁带备份、云备份，在数据受损时迅速启动恢复流程，定期进行档案恢复演练，引入人工智能和机器学习技术，实现智能化的备份与恢复管理。

2.5　提升员工安全意识与培训

员工的安全意识和行为直接关系到企业档案信息的安全状况。这就需要提高员工对档案信息安全的重视程度，通过培训，确保员工能够了解如何在遇到信息安全事件时迅速响应和妥善处理，加强员工对信息安全法律法规和企业内部政策的理解，确保员工能够详细解释企业的数据安全政策，邀请信息安全专家进行授课，通过案例分析、模拟演练等方式，让员工更直观地了解信息安全的重要性和应对策略。在此过程中，需要提供在线安全学习资源和课程，鼓励员工利用碎片时间进行自主学习，组织安全知识竞赛、模拟攻击演练等活动，做好培训效果的评估，通过考试、问卷调查等方式了解员工对安全知识的掌握情况，提高培训效果。

3　结语

综上所述，大数据背景下企业档案信息化保密管理面临着前所未有的挑战与机遇，企业档案不仅仅是简单的历史记录，而是蕴含着巨大商业价值的知识资产。这就需要建立健全的档案保密管理制度，实施安全风险分级管控，加强数据加密与访问控制，提升员工安全意识与培训，确保档案信息的高效利用。

参考文献

[1]张丽.大数据时代下加强企业档案信息化保密管理的有效策略[J].中国管理信息化，2021，24（14）：

172-173.

[2] 杨莉. 企业档案保密与档案信息化发展的融合实践 [J]. 现代企业，2020（8）：31-32.

[3] 张国明. 企业档案保密与档案信息化发展的融合实践 [J]. 区域治理，2019（50）：226-228.

[4] 姜启洋. 企业档案信息化建设的问题与对策 [J]. 兰台内外，2019（24）：40-41.

[5] 张晨. 企业档案保密与信息化发展的融合探索与实践 [J]. 办公室业务，2018（24）：104.

作者简介

余　婧（1980—），女，档案馆员，主要研究方向：企业档案管理、新能源项目档案管理等。E-mail: 676729477@qq.com

How to Strengthen the Information and Confidentiality Management of Enterprise Archives in the Context of Big Data

YU Jing

（State Power Investment Group Guangdong Electric Power Co., Ltd.，Guangzhou 510000，China）

Abstract： In the context of big data，enterprise archives have the characteristics of a large number and variety，and contain huge commercial value. But for these archives，the confidentiality and security of their information are also severely tested. Once the file information is leaked or abused，it will cause immeasurable losses to the enterprise. Therefore，it has become an important task of enterprise archives management to strengthen the confidentiality management of enterprise archives and ensure the security and integrity of archive information. This paper mainly analyzes the measures to strengthen the confidentiality management of enterprise archives informatization in the context of big data for reference.

Keywords： big data；business profile；confidentiality management

企业档案服务能力建设探索与实践
——以国核自仪为例

何 清

（国核自仪系统工程有限公司，上海市 200241）

摘 要： 国核自仪以"围绕中心、服务大局"为出发点，分析企业档案服务存在的主要问题和不足，结合企业经营业务特点、重点工作部署和数字化转型等需求，通过档案管理体系改革、档案数字资源建设、业务协作和资源平台整合等方式开展档案服务能力建设，提高了档案服务质量，为企业经营发展、员工需求提供了高效的服务支持。

关键词： 档案服务能力；企业档案

0 引言

《企业档案工作规范》将企业档案工作的任务和目标描述为"为企业研发、生产、经营、管理和持续发展提供有效服务"。国核自仪系统工程有限公司（以下简称国核自仪）作为国家电力投资集团有限公司（以下简称国家电投）的二级单位，承担三代核电站数字化仪控系统和设备的国产化、自主化和自主可控国家任务，涵盖数字化仪控系统研发、设计、生产、集成、调试以及全寿期服务的整个环节，主要的产品业务活动主要是以项目制的方式进行管理和实施。为深入贯彻落实档案工作"四个好""两个服务"的要求，国核自仪档案部门以"围绕中心、服务大局"为出发点，以企业重点任务、主要经营活动为切入点，分析公司业务特点、员工日常档案利用重点，思考如何提升企业档案的服务能力，如何为企业发展经营目标和中心主业以及企业员工需求提供更加精准、精细的档案支持服务，开展了相关探索和实践。

1 企业档案服务能力建设的必要性

1.1 新法规制度和管理的要求

《中华人民共和国档案法》《中华人民共和国档案法实施条例》等在近年陆续更新发布实施，新的法律制度对档案服务创新服务形式、强化服务功能、提高服务水平、适应数字化转型需求等提出了更高的要求。《"十四五"全国档案事业发展规划》（以下简称《规划》）提出，"全面推进档案治理体系和档案资源体系、档案利用体系、档案安全体系建设"，并要求"到2035年我国档案服务水平跻身世界前列"，这对企业档案事业发展、业务提升和服务能力建设提出了新的要求和新的目标。

1.2 新形势下企业发展经营的必然需求

企业档案作为企业的重要资产,是企业历史的见证和记录,也是企业经营策略制定、业务管理实施、评优选拔等工作的重要依据。在数字化转型等新形势下,企业经营发展对企业档案资源的完整性、系统性、准确性、安全性,以及利用获取的及时性、便捷性等提出了更高的要求。以国核自仪为例,在某项目进度紧张时期,项目所需档案资源需要实现异地在线查阅、打印利用等,传统的单纯借阅利用服务则无法高效的满足这类需求,这就要求档案部门能提供实时响应和异地信息传输的档案服务能力。

1.3 企业档案价值体现的重要方式

一直以来,企业档案管理部门、档案管理人员经常反映档案部门地位低、工作被重视程度不够等岗位认知和自我认知的问题;同时现今各个企业开展降本提质增效、人员精简优化等经营管理提升活动,在此基础上,档案部门和人员如何展现和提升价值是摆在面前的客观现实。而档案服务作为档案部门、档案人员主要的价值实现方面,如何通过提供让企业和员工满意的高质量、高水平的利用服务,如何协助解决企业业务开展和员工工作中的痛点、难点问题,从而提高档案部门和人员的核心竞争力,则成为档案管理部门和管理人员必然需要思考和探索的问题。

2 企业档案服务能力建设面临的问题和挑战

黄霄羽、靳文君在国家社科基金项目"新时代我国档案服务能力建设研究"成果中将档案服务能力定义为"立足服务职能,在整合和运用内外部资源基础上通过专业服务活动彰显档案独特价值、满足用户档案利用需求、提升自身核心竞争力的具有转化性的综合能力",并从档案服务能力的主体、客体、手段、内容、手段、目标和条件六个要素进行了相关论述。据此,笔者则可将企业档案服务能力定义为:立足企业档案部门的职责职能,在整合和运用企业内外部资源的基础上通过专业服务活动以彰显档案独特价值、满足企业和员工档案利用需求、提升档案管理部门和人员的核心竞争力的具有转化性的综合能力。基于此概念内涵和要素分析国核自仪档案服务能力方面存在的问题和挑战进行分析。

2.1 档案服务能力提升意识及动力不足

一是组织架构设置和人员配置的模式的限制。国核自仪在 2022 年之前,公司的文档管理人员分别隶属于办公室文档管理板块、项目管理部信息文档板块和设计管理板块,分属不同的部门组织。在此职能组织架构设置和人员配置的模式下,囿于文档人员的分散管理、部门职责划分不清晰等限制,较难做到完全突破固有职责范围开展相关档案服务活动。二是档案人员自身能力和认知的限制。档案管理人员能力及认知及配套资源的限制,在创新服务形式、应用先进信息技术手段提高服务效率质量等方面还有待提高。在企业内部档案管理部门作为职能部门，一是不作为直接的企业利润产生部门，二是非主要职能业务部门，因而在企业内部关注度和认可度相对较低，在人员配置上档案部门人员也存在档案专业性知识不足、高水平专业人员数量较少等情况，主要人力资源一般仅能满足日常的事务性工作，对于能力提升发展等更高层级业务扩展方面的资源不足，长此以往导致档案管理部门和人员在档案服务能力提升方面的意识和动力不足。

2.2　档案服务对象需求把握不够精细准确

档案服务与企业重点业务开展推进、员工主要关心的信息资源方面衔接较弱，主要还是依靠员工提供具体的档案编号、题名等信息来提供服务，无法做到部门或员工提出需求，档案部门精准匹配相关档案信息供其参考选择等咨询类的服务。以某首台套专题资料申报为例，需求部门需要相关首台套设备的鉴定试验相关档案资料，但因档案人员对相关首台套设备的信息把握不准，无法快速的给出具体的档案资料范围清单以供利用。

2.3　档案服务资源与需求之间存在差距

首先，因存在存量档案资源为纸质、人员交接频繁等原因，部分档案资源还未完全实现统一清单化、数字化和信息化查询，导致企业员工在利用相关档案资源时查询检索存在不便。其次，因文档及项目管理模式等历史原因，早期一些项目资料、制造文件等还未进行系统性的档案整理归档，因而在完整性和系统性方面还有一定的不足。再次，是对于一些归档文件的可知悉查阅范围模糊不清，在信息系统权限设置时一般以尽量小的范围和权限进行管理，导致员工在使用时难以直接获取资源相关信息来确认自己需要的档案资源是否存在，以及哪些是自己需要利用的档案资源。

2.4　档案服务方式与开放利用之间存在距离

传统的企业档案服务多以"被动服务"员工档案借阅利用为主，较少有主动征集和分析企业内部档案利用需求的情况，在档案编研、专题库、特色库等档案资源深加工方面的工作开展较少。同时受"重管轻用"传统档案管理思维习惯的影响，档案资源利用的范围和方式在模式创新、开放程度上和新时期用户的需求上还存在距离。

3　企业档案服务能力建设的实践和效果

国核自仪基于对档案服务能力建设方面存在的主要不足，系统性、针对性地开展了一系列的探索和实践活动，并取得了一定成效。

3.1　优化管理体系提升服务意识

一是调整组织架构整合人力资源。2022 年年末，国核自仪成立信息文档中心专业执行机构，将原有办公室文档管理和项目管理部的项目文件控制人员进行调整，整合为数字化文档板块，归口公司文档管理工作，负责公司公文、档案业务管理、数字化文档管理、文件控制、竣工文档管理和无纸化电子签名等数字化工作，设置岗位 12 人，汇集了公司现有档案专业人才，实现了文档一体化管理，便于开展文档管控的项目化、专业化、标准化和规范化，理顺了职能职责，有利于文档管理人员的统筹调度和业务内外部接口。二是在信息文档中心开展"产值化"管理，从部门考核到员工绩效评定均与部门"产值"、公司经营状况挂钩，通过层层压力传导调动员工的干事积极性。通过"产值化"管理的开展，强化了档案管理部门和人员的经营意识、成本意识和风险意识，从意识上开始转变，面向生产、突出专业，提高了为公司的经营发展、员工需求服务的动力。

3.2 主动作为紧跟主营业务

基于公司业务开展以项目管理制形式的特点，国核自仪档案管理部门主动作为，将服务关口前移，发挥专业特长，将档案服务融入到项目管理的全过程。

3.2.1 加强规范化管理、管控关口前移

档案管理部门开发了项目文件控制、竣工文件管理、科研档案收集整理规范等业务课程，并组织专兼职项目文档管理人员开展专项和定期培训，提升了相关业务人员的专业能力；加强项目技术文件规范性管控力度，定期开展项目文件质量数据考核，据统计 2024 年三季度技术文件回退率较上一季度降低 22.92%，有力促进了各业务部门文件质量的提升，促进了项目文件档案的交付质量，提高了项目重要里程碑进度的实现效率。

3.2.2 紧扣经营目标开展管理提升

档案管理部门针对工程项目反馈的设备竣工文件交付效率较低影响项目回款进度的问题，主动开展如何提高设备竣工文件报审的 QC 小组等管理提升活动，通过畅通流程、明晰标准、优化工作方法等措施后，某核电仪控项目设备竣工案卷组卷效率提升 32.2%、移交效率提升 10.3%，不仅有力支持了项目回款进度问题的解决为公司年度经营目标达成奠定基础，同时因为管理能效的提高预计单个核电项目可节约人工成本约 10 万元。

3.2.3 助力科研创新统筹科研档案验收和科研数据平台

一是助力科研项目结题验收。随着国家、国家电投集团对科研创新、科研档案验收的重视不断加强、要求不断提高，档案管理部门主动作为，统筹科研项目档案验收工作，组织开展科研项目档案过程指导和验收工作，派出专人开展和指导公司重大专项、国家电投集团 B 类科研课题、公司 C 类课题的档案收集、整理和验收工作，牵头完成公司"十三五"重大专项三个专题有关的 5 个科研课题的结题档案工作，实现公司牵头项目均顺利通过上级单位组织的档案验收，其中 2 个课题为高分通过获得验收专家的高度好评。同时通过验收积极开展科研课题档案验收标准化、培训和指导，在公司级科研项目中进行经验反馈和良好实践推广，为公司科研档案管理培养了一批兼职管理人才，助力了公司科研创新管理能力的建设，也为后续新的科研项目申报落地奠定了口碑和基础。

二是整合内外部科研数据平台资源。引进外部中国知网、读秀等科研文献数字资源为公司科研创新提供丰富的文献资源作为参考和学习，打造《核电仪控技术论坛》为内部科研成果提供交流沟通平台，为公司科研创新创造提供了较好的数据资源和平台环境。

3.3 加快数字化转型建设数字档案资源

国核自仪作为国家电投集团数字档案馆首批推广试点单位，于 2024 年完成公司数字档案室的建设和验收。该系统具有数字化文档管理、数字资源长期保存、数字资源共享服务三大核心管理功能，实现了核心业务信息系统文件在线归档，档案数字化率超 95%，共计完成历史档案数据迁移、增量资源在线归档、纸质历史档案资源数字化转换上线约 60000 件，实现了公司档案管理从传统模式向大数据管理模式转变、档案管理对象从传统载体向电子化文件和数据转变、档案服务方式从被动服务向主动服务的转变，具备了知识管理和数据挖掘服务的能力，提供 7×24h 全天候、多样化的数字档案资源服务体系和多渠道的档案资源获取路径，有效的满足了企业档案资源利用的需求随时、随地的要求。

3.4 精细管理协同协作提升档案服务质量

一是与公司体系管理部门协作，基于有关业务流程的梳理成果，对各部门业务流程产生文件情况进行摸排分析和交流沟通，以规范设备制造记录归档要求、合同招采文件单套制归档为试点，逐步结合各部门业务情况，精细化年度归档计划文件收集范围、归档时效和归档方式要求，保障档案服务可提供资源的完整性和系统性。二是对公司历年档案借阅利用服务内容进行统计分析，基于数字化档案室构建了特色档案专题数据库，提升了档案资源共享利用效率和服务质量，突出主动性。三是协同公司业务部门某科研项目，开展大语言模型等人工智能应用实践，以员工经常使用的公司管理制度文件为切入点，上线"和睿新质宝宝"提供 24h 在线的管理制度问答服务，方便员工准确快速把握公司管理制度要求以便规范开展相关业务工作。

4 结语

国核自仪档案能力建设虽已在档案服务组织体系改革、档案资源体系建设、档案服务主动性等方面取得了一些成效，但在档案利用资源的开放性、档案服务数智化水平、档案服务人员专业拓展方面还存在诸多不足，后续也将在这些薄弱方面加强档案服务能力提升的探索和实践，更好地满足档案管理工作的"三个走向"的要求，不仅要做好企业的"记忆保存者"，更要做好企业经营和战略发展的助力者、企业员工需求的服务者。

参考文献

[1] 中华人民共和国国家档案局. 企业档案工作规范：DA/T42-2009［Z］. 2009-11-02.

[2] 中华人民共和国国家档案局. 中办国办印发《"十四五"全国档案事业发展规划》［EB/OL］.［2024-11-14］.

[3] 黄霄羽，靳文君. 档案服务能力的概念界定与内涵解读［J］. 档案与建设，2023（4）：14-18.

[4] 曾苏. 核电仪控设备竣工文件交付问题与对策研究［J］. 核电仪控技术论坛，2024，48（1）：27-31.

[5] 曾苏. 国核自仪企业数字档案室建设探索与实践［J］. 核电仪控技术论坛，2024，48（1）：20-22.

作者简介

何　清（1989—），女，馆员，主要研究方向：数字化文档、企业档案管理。E-mail：hqing@snpas.com.cn

Exploration and Practice of Building Enterprise Archive Service Capability - Taking SNPAS as an Example

HE Qing

（State Nuclear Power Automation System Engineering Company，Shanghai 200241，China）

Abstract： SNPAS，based on the analysis of the main problems and deficiencies in enterprise archive services，taking "focusing on the center and serving the overall situation" as the starting point，combined with the characteristics of business operations，top priorities，and needs of digital transformation，and carried out archive service capacity building through archive management system reform，archive digital resource construction，business collaboration，and resource platform integration，improving the quality of archive services and providing effective service support for business development and employee needs.

Keywords： archive service capability；enterprise archive

企业数字档案室建设实践与展望
——以国核自仪系统工程有限公司为例

曾 苏

（国核自仪系统工程有限公司，上海市　200241）

摘　要： 国家电力投资集团有限公司是国家档案局企业集团数字档案馆（室）建设第一批试点单位，国核自仪系统工程有限公司为国家电投集团数字档案馆首批推广试点和验收二级单位。以国核自仪数字档案室建设为案例，详述阐述数字档案室建设背景、建设目标、建设内容、建设成效及创新做法、未来展望，以期为其他企业数字档案室建设和档案工作数字化转型提供参考和借鉴。

关键词： 企业数字档案室；数字化转型；电子档案

0　引言

随着信息技术的深入发展和广泛应用，数字档案馆（室）建设已成为企业档案工作提质增效与创新发展的必由之路。国核自仪系统工程有限公司（以下简称"国核自仪"）自2022年7月积极申报并获准开展集团数字档案室首批建设试点工作，经过两年数字档案室建设，于2024年7月顺利通过验收。本文以国核自仪数字档案室建设实践为案例，阐述数字档案室建设背景、建设目标、建设内容、建设成效及创新做法、未来展望，以期为其他企业数字档案室建设和档案工作数字化转型提供参考和借鉴。

1　数字档案室建设背景

为落实《"十四五"全国档案事业发展规划》，推进企业档案工作数字化转型和高质量发展，国家电力投资集团有限公司（以下简称国家电投）积极申报并入选国家档案局企业集团数字档案馆（室）建设第一批试点单位。国家电投集团数字档案馆系统于2021年12月上线，按照试点工作计划拟从2022年7月至2024年12月分批完成全集团60家二级单位381家三级单位数字档案馆系统覆盖及验收。

作为国家电投二级单位，国核自仪2022年成为国家电投集团数字档案馆首批推广单位，按照集团要求积极开展数字档案室建设工作。随着国核自仪档案业务不断深化，档案基础性、支撑性作用越来越明显，通过建设企业数字档案室，整合公司档案资源，优化档案业务流程，是促进公司档案工作提质增效的重要手段和契机。

2 数字档案室建设目标

2.1 推动档案工作数字化转型

以集团数字档案馆平台建设推广为契机，着力提升公司档案管理与服务能力，以数字化思维驱动档案数字化管理，积极构建支撑电子文件档案全生命周期数字化、一体化管理的数字档案管理体系和平台，推进核心业务系统电子文件在线归档和单套制归档，切实推动国核自仪档案管理数字化转型。

2.2 实现电子文件单套制归档

国核自仪作为数字化仪控专业公司，数字化基础较好，公司管理类文件（公文、管理制度、会议纪要、工作联系单等）和业务类文件（技术文件、图纸、项目信函、会议纪要等）已实现电子文件单轨制运行。公司数字档案室建设的重点是推进各业务系统电子文件和数据的在线归档，实现集团统建和公司自建信息系统产生的电子文件单套制归档和长期保存。

2.3 夯实档案管理数智化基础

数智化是在档案数字化转型的基础上，用数据和智能化技术，赋能档案管理"收管存用"全业务流程。档案数字化转型核心在于实现档案数据化，主要内容是存数据、管数据，数智化的核心在于用数据。通过数字档案室建设，构建以数字档案资源管理为核心的档案管理体系，不断推进公司档案管理数智化进程。

3 数字档案室建设内容

国核自仪数字档案室试点工作目标为建设集中统一、规范高效、资源共享的数字档案室系统，实现公司档案业务信息化、档案资源数字化和档案服务知识化，提升档案管理水平和业务规范化程度，推动档案工作数字化转型升级和创新发展，实现电子文件单轨运行和电子档案单套管理的文档一体化全生命周期管理。

3.1 实现"三个转变"

国核自仪数字档案室实现档案管理模式从传统模式向大数据管理模式转变，构建覆盖全公司的文件资源管控体系；档案管理对象从传统载体档案向电子文件和数据转变，拓展管理范围，从档案"后端"走向业务"全程"，打造国核自仪记忆；档案服务方式要实现从被动服务向主动服务转变，从"幕后"走向"前台"，提高服务的质量和效率。

3.2 形成"三个能力"

国核自仪数字档案室形成通过贯通各业务系统的归档接口持续获取数字资源的能力，实现集团统建系统（综合办公系统、外事系统、数字法治平台、招投标系统等）和公司自建系统（设计管理平台、EDRMS 管理系统等）电子文件在线归档；形成对公司各类数字档案资源管理的能力，具备"单轨制""单套制"管理的能力；形成知识管理和数据挖掘服务的能力。

3.3　建立"一套体系"、完善"两个平台"、实现"三大功能"

通过数字档案室建设，国核自仪制定《数字档案馆（室）人员岗位职责制度规范》《电子文件归档和电子档案管理制度》《电子档案管理信息系统运行维护制度规范》《电子档案管理信息系统的机房管理制度规范》《电子档案管理信息系统安全与保密管理的制度规范》等一套数字档案管理制度体系，保障数字档案室规范高效运作；建成数字档案室平台和企业内容管理平台，推动档案工作数字化转型；打造具备数字化文档管理、数字资源长期保存、数字资源共享服务三大核心管理功能的数字档案室系统（见图1），为公司高质量发展提供有力支撑。

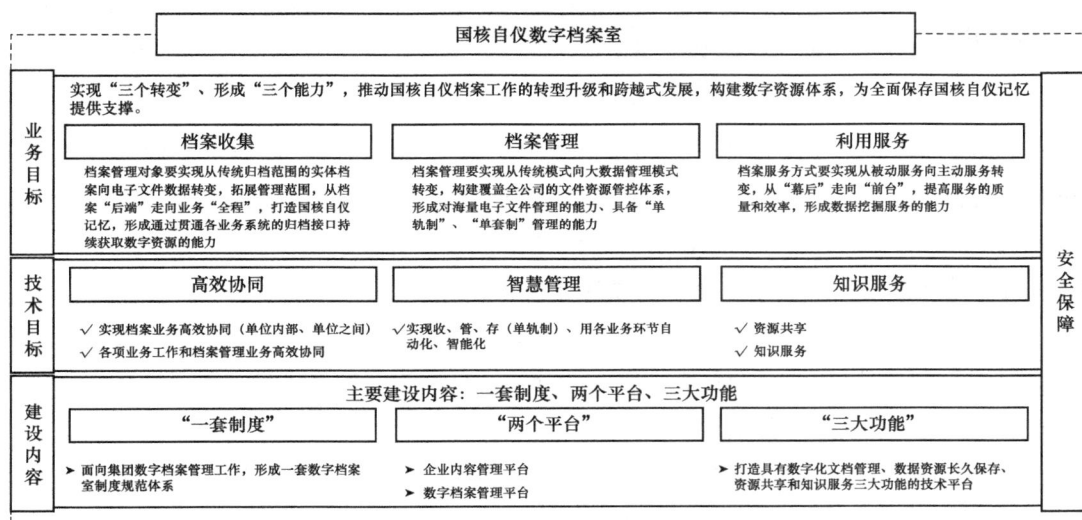

图1　国核自仪数字档案室建设框架图

4　数字档案室建设成效及创新做法

4.1　实现档案管理数字化转型，提质降本增效

国核自仪以建设数字档案室为契机，加速公司档案数字化转型进程，有效实现公司档案管理工作减员降本提质增效，每年可为公司减少人员经费、管理经费近百万元。

一是建立适应数字资源管理专业执行机构"信息文档中心"，集中统一归口管理公司数字化管理和数字化文档管理工作。信息文档中心数字化文档板块具体负责公司档案管理体系和数字档案室建设，牵头成立公司数字档案室实施工作组，承担集团数字档案室首批试点任务，高效完成公司数字档案室建设。

二是实现核心业务信息系统电子文件在线归档，档案数字化率超过95%。完成9个集团统建核心业务系统、2个公司自建核心业务系统电子文件在线归档，实现历史档案数据在线迁移、增量资源在线归档，共计归档电子文件超63000件（约200GB），如图2所示。

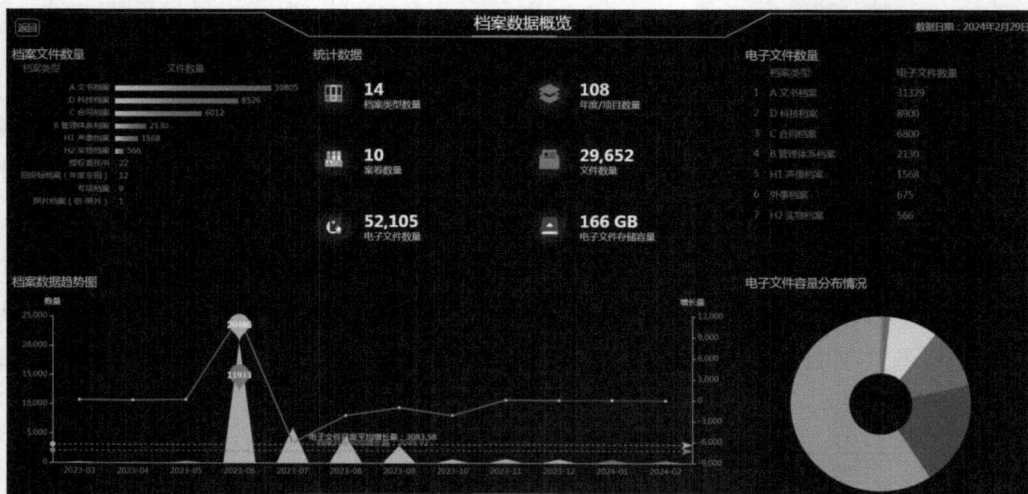

图 2　数字档案室数据概览

三是综合办公系统及设计管理系统形成的应归档文件实现了以电子文件形式归档和保管，为公司节约了大量的数字化加工所需的繁重的工作和巨额的数字化加工的经费，也为公司减少了大量的库房压力，减少管理经费、人员经费支出。

4.2　赋能数字档案资源共享，提供高质量服务

建设公司数字档案室实现增量档案电子化、存量档案数字化，方便了公司员工采用多种检索途径，方便快捷地查询各类档案，充分发挥公司档案的基础性、支撑性作用，更好地各级领导决策服务、为各项管理服务。

一是简化档案归档流程，推行管理类电子文件在线归档，由公司档案人员集中整理归档，减轻公司各部门档案整理工作任务，档案管理工作助力公司降本增效。

二是实现管理类（公文、管理制度、合同、会议纪要等）和业务类（技术文件、图纸、项目信函、会议纪要等）电子档案在线查询和共享利用，为公司主营业务发展和项目推进提供数字资源保障。

三是数字档案室可提供"电投壹"移动端、电脑端等多种访问方式，形成 7×24h 全天候、多样化数字档案资源服务体系，构建特色档案专题数据库，极大提升档案资源共享利用效率和服务水平。

4.3　全面提升档案管理水平，破解档案管理难题

数字档案室的建设完成是国核自仪档案信息化的重要里程碑，是数字化转型的重要起点。通过数字档案室建设，全面提升公司档案管理水平，提供高质量、高水平的档案服务，破解了公司档案管理长期未解决的难题。

一是解决了传统载体档案异质备份问题。按照集团公司数字档案馆（室）建设要求，公司传统载体档案数字化率超过 95%，即公司绝大部分传统载体档案均有数字化成果副本。相较于传统载体档案易受环境、虫害等因素影响，数字化成果副本通过备份、存储等

方式实现了长期保存。

二是解决了公司档案信息资源共享难题。公司数字档案室通过在线检索和提供利用，方便公司员工访问、查阅和利用档案信息资源，实现了多人、远程、异地同时访问和利用档案信息资源，提供了档案信息资源共享。

三是解决了公司业务系统电子文件在线归档难题。公司数字档案室可与各信息系统对接，实现增量电子化档案的在线归档，保证了电子档案来源可靠、程序规范和要素齐全，为进一步推广电子档案单套制管理奠定了基础。

4.4 践行电子档案单套制管理，提高档案人员素质

依托集团数字档案馆（室）建设和上海市档案局科技项目，国核自仪探索实践电子公文单套制管理，为公司电子档案单套制管理进行了理论研究和实践探索，同时也极大提升了公司档案管理人员信息化水平和素养。

一是探索实践电子公文单套制管理。国核自仪承担的上海市档案局科技项目"基于文档一体化的电子公文单套制管理研究"（沪档科 2013）于 2020 年 3 月批准立项，依托数字档案室建设，该项目 2024 年 7 月顺利通过上海市档案局结题验收。国核自仪深入研究电子文件归档和电子档案单套制管理现状及存在问题，创新提出基于文档一体化的电子公文单套制归档模式，制定了一套较为完整的适用于电子公文单套制管理的制度规范，为促进电子公文"单套制"管理提供了理论和方法指导；对电子公文在线归档标准化接口、元数据采集等关键技术进行了应用研究，设计开发了电子公文归档与数字档案室管理系统的接口，实现了企业电子公文在线归档和电子档案管理，为公司全面推行电子文件"单轨制"运行和电子档案"单套制"归档落地打下坚实基础。

二是档案管理人员素质得到大幅度提高。数字档案室实现了公司档案资源数字化、档案管理信息化和档案服务知识化的目标，与传统载体档案管理截然不同。在数字档案室建设和运行过程中，档案管理人员及相关技术人员通过更新知识结构，熟练掌握了电子档案管理、信息技术管理等方面的知识熟练，电子文件和电子档案管理技能得到大幅提升，为公司打造了一支专业素质过硬的数字化文档管理团队。

5 展望

5.1 全面推进电子文件应归尽归

国核自仪数字档案室虽已实现核心信息系统电子文件在线归档，但是财务管理系统、业务流程平台等还未实现归档接口，同时会计档案、人事档案还未实现数字化。公司未实现电子文件应归尽归，未实现档案数字化率 100%，还无法完全实现档案信息资源在线检索和利用，后续将全力开展"增量档案电子化、存量档案数字化"工作。

5.2 持续提升档案管理数智化水平

国核自仪已基本实现电子文件和电子档案业务生态和工作场景，公司管理层和员工较

为适应档案数字资源共享利用方式。数字档案室可提供档案资源归档、查询、利用等基础的数字化服务，同时提供特色专题数据库、资料库等进阶数字化服务，但还未能较好实现智能化服务。国核自仪将持续开展数字档案室智能化服务研究与探索，充分借鉴利用 AI、RPA 等先进技术和工具，聚焦档案数字员工、智能编研、知识服务能业务领域，提升公司档案数智化水平。

5.3 积极探索软件数据类归档方式

作为从事核电站及其相关工业领域仪控系统研发、设计、生产、集成、调试及全寿期服务的科技创新型公司，国核自仪承担了大型先进压水堆及高温气冷堆核电站（06 专项）、核心自主化芯片和基础软件（01 专项）、重型燃机（"两机"专项）三个国家科技重大专项课题研发任务。在科研课题和工程项目执行过程中，会使用多种专业设计工具并形成多种非通用格式的原始数据。建立健全专业转件及其产生数据的归档管理体系和制度，是国核自仪数字档案室建设的重要内容。

参考文献

［1］国家档案局办公室关于印发《企业数字档案馆（室）建设指南》的通知［EB/OL］.［2024-8-8］. https://www.saac.gov.cn/daj/tzgg/201709/520f7404ff78448f85edc3109bb64e2b.shtml

［2］国家档案局办公室关于印发《企业集团数字档案馆（室）建设第一批试点单位名单》的通知［EB/OL］.［2024-08-08］. https://www.saac.gov.cn/daj/tzgg/202206/b8bbe7ad2a8f466b890c6d2005la7656.shtml

作者简介

曾　苏（1986—），男，副研究馆员，主要研究方向：核电文档管理、数字化文档等。E-mial：zengsu@snpas.com.cn

Exploration and Practice of SNPAS Digital Archives Construction

ZENG Su

（State Nuclear Power Automation System Engineering Company，Shanghai 200241，China）

Abstract：SNPAS Digital Archives is the first batch of pilot units to promote SPIC Digital Archives. SNPAS Digital Archives realizes ' three transformations '，forms ' three capabilities '，establishes ' a set of systems '，improves ' two platforms '，realizes ' three major functions '，realizes the digital transformation of archives management，enables the sharing of digital archives resources，practices the single set of electronic archives management，and promotes the high-quality development of company archives management.

Keywords：enterprise digital archives；digital transformation；electronic records

AI 技术赋能企业档案管理的应用和探索

何亚丁，魏思齐

（中电投广西核电有限公司，广西壮族自治区防城港市　538001）

摘　要： 随着信息技术的飞速发展，大数据、云计算、AI 等前沿技术在各行各业中的应用日益广泛，为传统行业的数智化转型提供了新的驱动力，AI 技术先已成为推动行业进步的重要力量，在各个领域都展现出了无限能力。档案作为企业急需数智化转型的业务之一，迫切需要推动传统档案向智慧档案变革。本文首先分析了企业档案管理的现状与挑战，以及 AI 技术的基础特点，技术应用的趋势和必要性，并重点对 AI 技术在档案管理和利用的应用场景进行了介绍，同时指出 AI 技术的应用存在风险和挑战。随着 AI 技术的不断迭代，相信未来会更好的应用到档案工作中，为档案资源开发利用和发挥档案价值提供强有力的驱动。

关键词： AI 技术；档案；应用场景

0　引言

随着信息技术的快速发展，数字化和智能化已成为提升企业竞争力的关键手段，在 2024 年的全国两会《政府工作报告》中首次提到"人工智能（AI）+"行动，提出深化大数据、AI 等研发和应用。档案作为企业重要信息资源和独特文化遗产，价值显而易见。企业需要长久发展，离不开档案。企业对档案的管理利用要求日益凸显。近年来，档案工作环境、对象、内容发生巨大变化。AI 技术应用于档案资源管理成为大家关注的重点问题。档案工作要及时关注技术环境的飞速发展，要拥抱数字转型，要融入数字化的浪潮中，探索研究如何运用 AI 技术赋能档案工作，逐渐成为"兰台人"的一门必修课。

1　企业档案管理的现状与挑战

1.1　现状分析

1.1.1　档案资源形态的演化

随着信息技术的发展，企业的档案资源不再局限于传统的纸质文件。如今，电子文档、电子邮件、多媒体资料（如图片、音频和视频）以及各种类型的数据库记录等多模态数据成为主要的信息载体，这种多样化的数据形式不仅丰富了信息内容，也对如何有效地收集、整理和利用这些资源提出了新的要求。

1.1.2 传统档案管理系统的架构与功能

目前，大多企业会建立自己的档案信息管理系统，用于存储企业自身档案，并对档案进行线上管理，这些系统通常采用 B/S（浏览器/服务器）或 C/S（客户端/服务器）架构运行，并具备基本的文件存储、标题检索、浏览等功能。此外，系统通常还具备数据校验、角色配置、在线编辑等特性，以支持所需要的常用业务场景。然而，在面对日益增长的数据量及新型数据类型时，传统的系统智能化程度低，管理效率低，扩展性和灵活性存在一定局限，难以满足现阶段档案工作要求。

1.2 档案工作面临的问题和挑战

1.2.1 数据量大且零散，整合困难

企业发展过程中会产生海量文件，包括行政类收发文，各类工作报告、会议纪要，各类商务文件，工程项目文件、生产文件、财务文件、人资文件等，这些数据往往来源广泛，且格式多样，企业在档案管理方面容易存在归档不及时，加之档案人员不足，难以短时间内对零散的文件进行整合，给企业档案的统一管理和利用带来了极大不便。

1.2.2 多模态数据的处理需求

除了文本之外，图像、音频、视频等形式的信息同样重要。例如，通过监控摄像头捕捉到的画面可以帮助分析现场情况；而语音通话则可能包含关键决策过程的重要线索。因此，如何高效地整合不同媒介的数据，并从中提取有价值的信息成为亟待解决的问题之一。

1.2.3 档案检索利用的困难

传统的档案管理系统通常依赖于人工输入关键词进行检索，由于技术上的限制，只能对系统中的结构化信息进行检索，这种方式效率较低，且容易出错。传统的档案管理系统在处理大量数据时显得力不从心，需要人工干预和复核，且用户体验上较为单一，怎么查全、查准一直是痛点问题。

2 AI 技术基础特点和应用必要性

2.1 AI 技术定义与基本原理

人工智能（artificial intelligence，AI）是研究模拟、延伸和扩展人的智能的理论、方法、技术及应用的一门新科学技术。AI 技术是一种通过计算机来实现对人类思维活动开展模拟的智能系统。AI 具有适应和学习的特性，同时也具备一定的自我识别能力、自我理解能力以及自我组织能力。当前，AI 已经广泛应用于各个领域，逐渐成为推动社会发展的一项重要技术。AI 在档案管理工作中的应用主要是指将 AI 技术与档案管理工作实施有效融合，使其可以在一定程度上提高档案管理工作的效率和质量。具体来说，AI 技术可以通过分析大量数据信息来实现对档案信息资源的有效开发和利用。同时，AI 还可以

实现对档案信息资源的高效规整与参数化分类。另外，AI 可以通过对人类思维活动开展模拟来提升档案管理工作的质量，从而更好地为档案事业发展提供保障。

2.2　AI 技术应用的必要性

AI 技术能够被用于处理传统档案管理工作中大量重复性、低效率的工作，能够将一些档案信息资源更加深度的挖掘和分析，基于 AI 的这些技术特点，可以使档案管理工作更加高效、便捷，能够提升档案信息的利用效率。

AI 技术作为当前社会发展的重要趋势，其应用已经成为国家发展和社会进步的重要标志之一。因此，在档案管理中探究 AI 技术具有非常重要的意义。一方面，AI 大模型技术能够被用于处理传统档案管理工作中大量重复性、低效率的工作，较好地解决传统档案管理模式下人力资源与能效矛盾问题，较好的提升工作效率质量。另一方面，AI 智能识别技术能够更好地实现对档案信息资源的开发和利用，现在处于大数据时代，AI 技术已经成为人类社会发展中必不可少的一种应用技术，在档案管理领域，能够解决传统档案管理下，档案信息资源难以有效整合的问题。档案信息资源分散、难以整合利用属于常见现象，AI 与大数据、区块链等前言技术一起，成为我国社会经济发展不可或缺的重要力量，在此形势下，AI+档案的应用可以更好地满足企业对档案管理的要求。

3　AI+档案的应用架构

档案信息资源是 AI 技术应用的前提，档案资源类型包含很多，主要有文本、照片、音视频、实物等，底层的档案资源库，在经过技术逻辑的处理后，将信息向知识转化，形成量化、结构化的知识，存在于预处理数据库中，当前档案领域所涉及的 AI 技术主要包含智能识别、机器学习、视觉感知、自然语言处理、知识图谱等相关技术。在基础数据识别过程各类档案应用 AI 识别技术不同，例如文本采用 OCR 技术，照片采用图像识别技术，视频采用语言转换技术等。

除数据治理层面外，顶层的 AI 应用场景才是核心，是 AI 技术应用的着力点，它的实现依赖于档案业务与 AI 技术的相互融合，例如，应用机器学习、自然语言处理实现档案分类、排序到组卷装盒。AI 技术在档案管理的应用主要还有档案智能收集整理、检索利用等场景。当然，伴随着技术的进步和发展，档案管理的应用场景也会逐步增多，仍需进一步探索。"AI+档案"应用架构示意图见图 1。

4　AI+档案应用场景的探索

AI 技术本身只是数智化转型的手段，对应用场景的探索和与业务的融合才是最核心的问题。在档案管理领域，应用场景主要体现在档案智能收集整理、分类与检索、内容的分析与数据挖掘利用等方面。

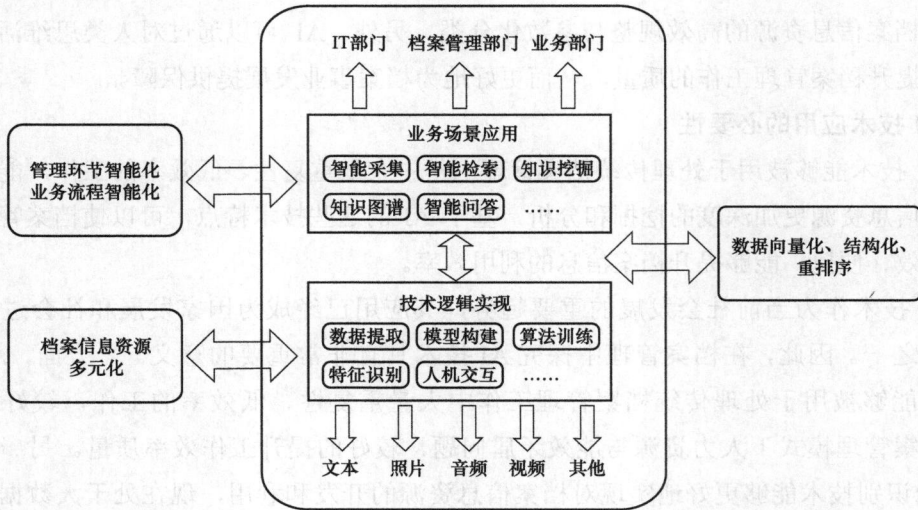

图1 "AI+档案"应用架构示意图

4.1 档案智能信息采集

在当下数字化时代的背景下，企业内部各类信息系统众多，不断的产生海量的非结构化数据，如即时通信、声像数据、邮件等，大量的碎片化收集整理是数据采集的难题，而AI技术能够做到精准识别并深度分析非结构化数据的内容，提取其中的关键信息，形成结构化、语义化的档案知识单元。当然，在此之前，大模型需要利用海量的数据进行迁移学习和样本学习，经过不断的训练，能够实现档案数据的精准规范采集。

4.2 档案分类和检索

基于自然语言处理、机器学习、模式识别等AI技术，可以实现档案的自动分类和排列组合。一是全宗内的档案分类，如自动将相关文档按文书、商务、基建或年度、组织机构、问题等进行分类；二是直接提取文件的相关特征，并进行快速、准确的排列组合，如正文与附件、正本与定稿、来文与复文等自动组合。在档案整理工作上，也可将大量已完成分类的文件导入大模型系统中，系统进行训练建模，利用该模型对归档文件内容进行分析并确定档案的分类档号，系统自动根据归档文件的年度、档号等信息，依据整理规则完成归档文件排序，系统根据装盒规则、文件页数等信息，自动完成装盒操作。逐渐减少人工干预，大大提升档案分类整理效率。

在档案检索工作上，借助自然语言处理技术，将用户的查询请求转化为计算机可以理解的语言，从而快速准确地检索到相关的档案信息。例如，员工可以使用自然语言描述他们想要查找的信息，系统会自动将其转化为关键词或短语，并在数据库中搜索与之相关的档案。大模型技术驱动下的智能检索与传统档案系统检索最大的区别在于语义分析，智能检索自动对词句、语义进行分析，多角度了解检索的真正意图，并提供检索词关联推荐，纠错问询等。

4.3　档案内容分析与知识挖掘

4.3.1　文本生成与理解

通过对大量档案数据的分析和学习，训练出一个能够自动生成和理解文本的大模型。这个模型可以帮助企业从海量的档案中提取有价值的信息，如工程建设和生产运营关键节点、大事记相关材料、企业重要决策等，这些信息一定程度上能够为公司的决策提供支持。

4.3.2　知识图谱构建与应用

利用知识图谱技术，将企业的档案数据组织成一个结构化的知识网络。在这个网络中，每个节点代表一个实体或概念，边则表示它们之间的关系。通过这种方式，可以方便地查找和推理出各种复杂的关系和模式。

4.3.3　经验反馈与偏差单筛选

通过对历史档案的分析，找出其中的成功经验和失败教训，形成有价值的经验反馈，为未来的工作提供参考。同时，还可以通过对比不同版本的档案，找出其中的偏差和错误，以便及时修正。

4.4　档案数字化加工智能检测

档案部门通常要对面繁杂的档案数字化加工工作，传统数字化加工中的扫描、质检、条目著录都依靠人工，工作量大，浪费大量人力物力，且效率不高。借助 AI 技术在数字化加工质检过程中对图像是否有噪点、是否倾斜、是否倒置等进行自动检测，发现问题及时自动进行去噪、纠偏、旋转处理，大幅度降低质检工作量。在条目著录的时候，也可对扫描页面进行版面分析，自动识别档号、题名、责任者等信息，自动提取后完成著录工作。

4.5　档案 AI 智能问答

利用 AI 大模型技术实现智能问答系统，大模型根据提问的问题自动理解文本语义并基于已训练的大模型思考方式进行数据检索和整理，利用强大的自然语言表达能力输出匹配问题的档案信息结果，从而为员工提供一种更为快速、新颖、准确的智能检索方式，提升档案资源的利用效率和管理效率。

4.6　档案智慧编研

企业档案管理通常由大量的编研工作，例如大事记、年鉴、主题展览等，相关材料的收集整理往往占用档案编研人员大量的工作时间，通过大模型对档案数据进行训练学习，使其具备一定深度的档案行业语言理解能力，以及对话、文章创作等能力，编研人员只需要输入编研主题，大模型可以自动开展档案编研工作，自动生成档案编研成果。当然档案编研可能对内容归纳、总结、提炼有较高要求，现阶段档案大模型赋能的编研效果还达不能专业水平，但在材料收集整理，以及内容审查上，能够给编研人员提供很好的帮助。

4.7　声像档案智能处理

传统的技术，无法对照片、录音、录像这些档案重要信息或片段进行快速检索。AI 技术的发展为声像档案处理提供了全新的方案，针对照片档案，通过人脸识别技术，将照片中的人像进行提取，建立人脸库，通过人脸对比开展人物检索，同时对照片档案中的关键内容进行记录标识，从而满足照片档案的检索需求，提高利用价值。对于音视频档案，通过 AI 技术可以将现有的音视频档案进行精确识别，让整个音视频内容一字不漏地变成易于检索利用的文字形式。视频中的关键帧、关键片段可以自动提取、转换成可利用数据，再通过关键字检索全部内容，提高音视频档案的检索利用效率。

5　AI 技术在档案工作中应用的问题和思考

5.1　档案信息的安全性

企业档案中可能涉及敏感信息，这些信息通常不宜完全公开，档案信息安全性至关重要，如果想要确保 AI 技术的准确性，则需将海量的档案数据上传至公司的大模型数据库中，不可避免地存在泄露风险。解决该问题还需从原始数据加密、技术产品选型和权限分析等方面考虑。档案信息存储应考虑加密形式，不随意打开，产品选型应使用开源的、独立自主可控的大语言模型，技术开方，能够完全了解大模型的工作逻辑机制。同时，必须将其部署在内部环境，从根本上保证企业档案信息的安全性。

5.2　全面性的专业人员培养

企业 AI+档案的建设和运维离不开数字化人员，更离不开业务人员。在企业 AI 技术应用的数智转型过程中，往往缺乏既懂业务又懂 IT 的专业人员。作为档案业务人员，一方面，熟知业务需求，接受也乐于尝试 AI 技术应用，意识上需要从传统的、机械性的档案工作方式上转变，大胆探索，勇于创新，同时也具备一定的 IT 知识储备，能够清楚明白 AI 大模型、智能识别技术的架构和底层逻辑。另一方面，企业 IT 人员需要积极适应时代发展新形势，深刻把握和明白 AI 技术在档案管理新质生产力转型变革的价值，实现技术和业务的深度融合。

5.3　技术应用的性价比

AI 技术现阶段，无论硬件、软件或人力成本都非常昂贵，除部分传统已有的复用技术外，大部分功能要实现起来需要企业投入较大的成本。AI 技术正在迅猛发展普及。企业管理者可以结合实际情况进行科学管理，始终关注技术应用的优越性，企业可根据自身实际需要，按轻重缓急分阶段，分批次合理的进行投资，寻找合适的应用场景尝试进行创新，减少一次性投入，提供技术应用的性价比。

6　结语

综上所述，AI 技术在企业档案管理中应用展现出巨大的潜力和实际价值。传统的档案管理系统向智慧档案的转型离不开 AI 技术的支持。AI 技术的发展为智慧档案管理创新理念的应用提供了重要的技术手段，但不可否认其在档案工作中的应用也存在一定的风险与挑战，作为企业档案管理人员仍需进一步探索新技术的发展和场景应用的研究，只有不断的迭代优化，才能真正释放 AI 技术在档案领域的无限潜力，实现档案工作高效管理，充分发挥档案资源的历史文化价值。

参考文献

［1］高聿. 浅析人工智能在档案管理中的应用与发展［J］. 兰台内外，2024（26）：25.

［2］陈慧，罗慧玉，张凯，陈晖. AI 赋能档案：AI 技术在档案管理中的赋能模式探究［J］. 山西档案. 2020（4）：76-83.

［3］周枫，吕东伟. 基于"智能+"档案管理初探［J］. 北京档案，2019（9）：39-41.

作者简介

何亚丁（1985—），男，工程师，主要研究方向：数字化管理、智能档案建设等。E-mail：heyading@spic.com.cn

魏思齐（1993—），女，经济师，主要研究方向：文件控制、档案管理等。E-mail：weisiqi@spic.com.cn

Application and Exploration of Artificial Intelligence Technology Empowering Enterprise Archive Management

HE Yading，WEI Siqi

（China Power Investment Guangxi Nuclear Power Co.，Ltd.，Fangchenggang 538001, China）

Abstract：With the rapid development of information technology，cutting-edge technologies such as big data，cloud computing，and AI are increasingly being applied in various industries，providing new driving forces for the digital transformation of traditional industries. AI technology has become an important force driving industry progress and has demonstrated unlimited capabilities in various fields. As one of the businesses that urgently needs digital transformation for enterprises，archives urgently need to promote the transformation from traditional archives to smart archives. This article first analyzes the current situation and challenges of enterprise archive management，as well as the basic characteristics of AI technology，the trends and necessity of technology application，and focuses on introducing the application scenarios of AI technology in archive management and utilization. At the same time，it points out that there are risks and challenges in the application of AI technology. With the continuous iteration of AI technology，it is believed that it will be better applied to archival work in the future，providing strong driving force for the development and utilization of archival resources and the realization of archival value.

Keywords：artificial intelligence technology；archives；application scenarios